満洲事変

「侵略」論を超えて世界的視野から考える

宮田昌明
Miyata Masaaki

PHP新書

はじめに

近代日本の拡大と歴史認識

一八五三年のペリーの来航により開国した日本は、明治維新を経て国家、経済、社会の近代化を進めた。一八八九年には大日本帝国憲法（明治憲法）を制定し、日清・日露戦争の勝利を経て台湾や樺太南部を領有し、満洲に様々な権益を持ち、韓国を併合した。第一次世界大戦後には、パラオやサイパン、マーシャル諸島など、赤道以北の旧ドイツ領南洋諸島を国際連盟からの委任統治領として統治した。

しかし、日本は中国との対立から一九三一年に満洲事変を起こし、翌年に満洲国を創設、一九三七年には支那事変が勃発し、中国と全面戦争状態となる。これにより、日本は中国の広範な地域を占領するが、さらにフランス領のベトナムに軍を進め、一九四一年にアメリカやイギリスと開戦した。大東亜戦争である。

日本の占領地は、オランダ領インドネシアやイギリス領ビルマに至る東南アジアの広域、南太平洋のニューギニア北岸、ソロモン諸島や、ギルバート諸島、北太平洋のアッツ島、キスカ島にまで及んだ。しかし、日本は戦争に敗れ、台湾領有以来の海外の勢力圏のすべてを失ってしまう。

大東亜戦争は、結果の重大さと戦後歴史学におけるマルクス主義の隆盛によって、日本近代史の理解を方向づけた。すなわち、天皇を頂点とした抑圧的国家の成立と、それに伴うアジアへの侵略から、ヨーロッパ諸国やアメリカとの帝国主義戦争、そして破滅的敗北と戦後の民主化へ、という歴史認識である。その中で満洲事変は、武力によって中国の領土を奪取すると共に、国内に軍国主義を確立し、支那事変、大東亜戦争への流れを決定づけた転機として位置づけられてきた。

しかし、これは、帝国主義戦争を歴史の必然とする理論に基づいた、一つの歴史解釈である。それはまた、現代日本の政治や経済、社会を戦前の帝国主義や軍国主義に結びつけて否定するための、革命運動の一環として創作された歴史であった。

本書はこうした歴史理解とは異なる立場から、十九世紀後半以降の日中関係を中心として、それを外交的に取り巻く欧米、特にイギリスおよびアメリカと、地域的に取り巻くロシア、モンゴル、東トルキスタン(新疆《しんきょう》)、チベット、朝鮮、東南アジアの動向に触れながら、満洲事変に至る過程と、それをめぐる国際情勢について記述する。主な主題は、清朝の領域統治と近代における変容、清朝に欧米列強が形成した権益の概要、日清・日露戦争を経て日本が満洲に保有した権益、日露戦後から一九二〇年代にかけての日本の政治状況と経済政策や社会政策、日本と清朝や中華民国との懸案交渉、日本の対満洲政策、日本政府と陸軍の関係、イギリス、アメリカの内外情勢と外交およびそれに基づく新たな国際理念、一九二〇年代の中華民国の内戦とソ連および国際共産主義運動の干渉などである。

内容は多岐にわたるが、現実の歴史は、より複雑で膨大な事実の連鎖や相互作用の上に成立している。同時並行的な各国の情勢をふまえつつ、全体の推移を捉えていく複合的な視点が、近現代史を理解する上で重要であろう。

以下、特に重要な本書の枠組みを概説し、上記のような歴史理解との相違を総論として明らかにしておく。

合意形成を重視した近代日本

明治以降の日本の内政と外交は、他国との関係や国際情勢の影響を受け、想定外の対応を余儀なくされ、あるいは機会主義的に展開した。その意味で、抑圧的な近代国家の形成から対外膨張主義が展開されたという日本近代史の理解は、誤りである。

伝統的に日本の政治、経済、社会の運営は、階層化された人々の役割分担と合意形成に基づいてなされており、明治維新以降、中央集権国家が形成される中でも、専制や独裁は抑制され、様々な面で政府と民間の協力関係が重視された。それが、行政、経済、社会基盤などの近代化に大きく寄与したのである。

一八九〇年に開設される帝国議会は、それ自体が合意形成機関であると同時に、立法機関として国政について行政側と合意を形成することによって、国家機能を分担した組織であった。戦前の日本の内閣は基本的に、行政を担当する官僚と議会を構成する政党の代表によって構成されており、全体として、官僚内閣から官僚に政党が協力する内閣へ、そして政党に官僚が協力する政党内閣を経て、再び官僚に政党が協力する内閣へと移行した。現在の議院内閣制を前提に、戦前における政党内閣の成立を民主主義の進展、政党内閣の中断を軍国主義への後退として理解するのは、一面的であろう。

こうした、合意形成を重視する日本の伝統は、他方で大国との合意形成を重視する日本の外交を生み出した。近代日本が国際情勢の影響を強く受け続けたのも、一つにはそのためである。その点で日本外交は、積極的に二十世紀の国際秩序を創造したイギリスやアメリカの外交とは、異なっていた。各国の外交や国際関係を理解するためには、各国、各地域固有の歴史的経緯や価値観、思考様式、行動様式の違いに配慮していく必要があろう。

イギリス、アメリカによる世界秩序形成

二十世紀の国際秩序の形成において、イギリスとアメリカ、特にイギリスの果たした役割は絶大であった。また、両国で発達した議会は、民主主義を保証する制度として現代世界に普及している。しかし、そこには、イギリスとアメリカの自由主義の伝統を背景とした、固有の経緯が存在した。

歴史的にイギリスの議会とは、王権に対し、貴族が自らの権利を保護するために創設した組織であり、民主主義的というより、貴族主義的組織であった。また、イギリスの政党政治は、王党派貴族と、王権の抑制を目指す貴族の二大政派の形成によって成立し、その後、国民の政治参加の拡大に応じて民主化した。対してアメリカの場合も、連邦派と中央集権を嫌う反連邦派といった、権力の集中と分散をめぐる有力政治家内の二つの政派が、二大政党の基礎となった。イギリスやアメリカの自由主義とは、こうした、中央政府への権力の集中を抑制する、あるいは国家権力より個人の権利を優先する考え方や行動様式であった。

とはいえ、十九世紀後半から二十世紀初頭にかけ、国民の政治参加が拡大する一方で、産業化による経済格差が発生した。また、国際的競争が激化し、軍備拡張の必要が増大した。そうした中でイギリスやアメリカは、経済格差を是正し、あるいは安全保障を強化するための国家的対応を拡大した。国家権力は抑制されるべき存在であったが、むしろ国家権力による政治的、経済的、社会的格差の是正によって、個人の権利を守り、自由主義の伝統を維持しようとする考え方が登場したのである。それと並行し、国家財政は膨張し、さらに領土も拡大した。

そうしたイギリスとアメリカが目指した二十世紀の国際秩序とは、他の大国の突出した行動を抑えるための大国を中心とした利害調整と、国家主権の尊重や個人の権利保護、民族自決といった超国家的な国際原則の設定に基づいた、欧米優位の安定的な国家関係であった。それは第一次世界大戦後の、経済的に自立可能な国家の創設とその中での少数民族の権利保護という理念や、国際連盟の創設として具体化する。

しかもイギリスやアメリカは、そうした国際秩序の形成を通じ、自国国家権力の不要な拡大をも抑えようとしていた。ただし、イギリスやアメリカにおける十九世紀末から二十世紀初頭にかけての国家権力の拡大は、国内に強い批判を生み出した。それは特にアメリカの国内的、外交的混乱をもたらすこととなる。

日本外交は、こうしたイギリスやアメリカによる大国間の利害調整と適合したが、他方で国際原則の設定に対する対応には苦慮した。とりわけ日本と中国の対立や紛争に際し、イギリスやアメリカの設定した国際原則は、次第に日本に不利な状況をもたらしていく。

本書はそれらの流れを、イギリスのヨーロッパ外交やアメリカのラテンアメリカ外交なども必要な範囲で関連づけながら、記述していく。

も大きかった。

抑圧的国家の形成による周辺諸国に対する攻撃

政治や外交、社会関係における思考様式や価値観、行動様式の違いは、日本と中国の間でも大きかった。

政治権力と地主の関係はその好例であろう。日本の地主とは、基本的に納税する存在であった。日本の地主は伝統的に公的負担を果たす存在として地域自治を担い、帝国憲法の下で開設された議会は、直接国税の納税額を選挙資格とし、地主より多くの議員が選出された。一方、中国における地主とは、地方権力と一体化した、税を徴収する存在であった。中国の地主は徴税によって権力の庇護を受け、小作人や農業労働者を支配したのである。

さらに日本では、近代産業の発達に伴い、地主の地位が低下したのに対し、中国では、地主が清朝、袁世凱政府やその後の軍閥政権、中国国民党の財政基盤として機能し続けた。中国共産党は地主の打倒を目指したが、中国共産党もまた、農村改革を進める上で、地主の存在に配慮せざるを得なかった。

こうした状況は、経済発展の差によるものばかりでなく、何より中国において私的支配と行政が分離していなかったことによる。そのため、日露戦後の日本が、ヨーロッパの諸政策を参考に、国民生活安定のための経済政策や社会政策を導入していくのに対し、中国では農業や商業からの搾取の上に内戦が継続するという、対極的な状況が生まれる。

　辛亥革命後に内戦を繰り広げた袁世凱およびその後継軍閥勢力と、孫文や蔣介石の中国国民党との間に、私的支配と行政や司法の未分離という点で、差異はなかった。辛亥革命後の中国では、憲政や議会、地方自治といった近代的な政治理念や制度、手続きを、むしろ軍閥が自らの権力基盤を補強するために利用した。一方、一九二〇年代末に中国を統一する中国国民党は、民主的手続きや地域自治に否定的であった。国民党が他の軍閥に勝利できたのは、その理念や近代性よりも、敵対勢力の分裂や、ソ連の軍事支援を受けたことによる。

　ところがその後、中国国民党はそのソ連を排撃し、内部で分裂した末に独裁化を進め、さらに人権保護や、政治と司法の分離に対する理解を欠いたまま、欧米列強に治外法権の撤廃を求め、国内外国人に対する司法支配を目指していく。

　私的支配と行政や司法の分離が実現しない中、中国における近代的な思想や理念、制度、あるいは共産主義運動も含めた近代的諸現象の受容は、形式的ないし教条的で、むしろ私的権力の強化や権威づけを図る手段として進められ、あるいは独裁的、専制的権力によって容易に曲解、否定された。辛亥革命後に創設された国会はその典型であろう。近代中国における国会の機能不全は、近代的な理念や制度の基礎となるべき、政治的、社会的な合意形成の伝統が欠如していたことによる。中国における近代的な理論や理想、制度の受容は、それだけで中国社会や政治の近代化を意味したわけではない。理想は現実と共に評価しなければならない。

一九二〇年代に勢力を拡大した中国国民党や中国共産党、あるいは中国の排外的民族運動は、反帝国主義という論理の上に、日本やヨーロッパ列強、アメリカなど他国を攻撃し、敵対する軍閥を外国勢力に通ずる売国勢力とした。それが現在にもつながる中国側の歴史認識でもある。しかし、それも社会的な合意形成の伝統を欠く中、敵を措定することで組織の団結を図り、排外主義を近代的理論によって正当化したものに過ぎない。中国国民党も中国共産党も、その内実は、権力闘争や暴力に明け暮れていたのである。

中国の帝国主義に対する攻撃は、私的支配と行政の未分離に加え、権謀術数や背信、遠交近攻、覇権主義や人権抑圧を繰り返した中国の全体情勢から生まれた。その点で、抑圧的国家の形成による周辺諸国に対する攻撃という視点は、中国史の理解において有効であろう。本書は、こうした中国側の動向を具体的な政治、外交過程として記述し、満洲事変の中国側の原因を解明していく。

日中友好の陥穽

第一次世界大戦中の一九一七年以降、上海で書店を営業し、魯迅と親交の深かった内山完造は、中国人は対内的に個人主義であるが、対外的には集団主義、と述べている[1]。

戦前の日本にも、日中間の相互依存が友好関係につながることへの期待は存在した。しかし、すべての中国人が利益を受ける相互依存などあり得ない。個々の中国人にとって、そこから実利を得られなければ、日中友好という抽象的な理想に意味などなかったのである。その一方で中国では、日本批判が利害関係を超えて広範かつ持続的に支持された。これらは、対内的な個人主義と対外的な集団主義の典型であろう。

明治維新以降、特に日露戦争後から満洲事変の勃発に至る近代日中関係史とは、中国が日本を侵略者として非難し続けながら、日本の軍事行動に対する備えを欠き、日本の強硬措置に対して屈服し、日本に対する広範な社会的憎悪を募らせるという歴史であった。その間、多くの日本人が中国で商業に従事し、多額の投資もなされたが、それらもまた、政府によるもの、民間によるものを問わず、侵略行為として非難され、攻撃された。

近代日本と中国の関係において、個々人の信頼関係は存在したが、国家と国家、社会と社会の間に信頼関係は成立しなかった。一九二〇年代の中国では、私的支配と行政の分離を実現できない中、中央政府が弱体化する一方で、排外主義が昂揚した。その結果、様々な政治勢力が対外関係の安定化を図るより、むしろ民衆と集団主義的に一体化し、諸外国、特に日本に対して攻撃的となったのである。

中国の排外主義、特に日本に対する攻撃姿勢を民族主義、反帝国主義として評価する論理は、日中友好を理想とし、それを阻害した原因を日本の帝国主義に帰する論理である。しかし、理想への思い入れには、現実の理解を阻害しかねない側面がある。日本を帝国主義と規定したところで、日本と中国の歴史に対する理解が深まるわけではないのである。

周辺地域研究からの視点

本書は、日本や中国、あるいはアメリカやヨーロッパ諸国、ロシアといった大国を中心とした場合に周辺地域となる満洲やモンゴル、東トルキスタン（新疆）やチベット、東南アジアについても多く記述している。本書は日中関係史をそれらの地域との関連でも捉えていくが、その目的は、これらの地域に関して蓄積された研究成果を取り入れながら、民族運動を反帝国主義という視点から評価するばかりでなく、相対化するためである。それは、日本を加害者、中国を被害者とする定型的な、あるいは結果から過程を演繹するような歴史を克服することにもつながるであろう。

満洲事変に先立つ一九二〇年代を民族自決の理念が確立した時代とするなら、この時代の中国は、満洲族やモンゴル族、ウイグル族などの民族自決を否定した。私的支配から分離した行政を形成できなかった中国にとって、たとえば経済的に自立可能な国家の創設と少数民族の権利保護という国際理念を受容することは、至難であった。

また、中国における日本人の商業活動に中国人は警戒したが、それをはるかに超える規模で漢族が満洲やモンゴル、東トルキスタン、東南アジアに進出し、経済的権力を確立した。中国の民族運動は日本と対立したが、中国の周辺地域の民族運動は中国人と対立した。東南アジアにおいて、流通面で経済的権力を保持した華僑は、徴税を担当するなど、ヨーロッパの植民地当局と相互依存関係を形成した。中国を被害者とする視点は、東アジアや東南アジアにおける中国の影響を過小評価すると共に、歴史の多面的理解を妨げるものであろう。中国の周辺地域に関心を広げることで、日本が中国の主権を侵害し、満洲に勢力を拡張しようとしていたという理解の一面性も明らかになる。

二十世紀初頭、満洲や内モンゴルは、漢民族の実質的支配下に置かれるようになった。そうした中で満洲に権益を獲得し、辛亥革命を迎えた日本は、中華民国による清朝支配領域の継承と周辺民族に対する漢民族の支配を認めた上で、大陸権益を維持、拡大しようとした。そこに、漢民族によって生活や文化を破壊された満洲族やモンゴル族など、少数民族への関心や配慮は希薄であった。日本は中華民国との関係を優先しており、満洲の奪取など、一部の妄想を除けば想定していなかったのである。

ただし、現在の日本における周辺地域研究は、民族主義の相対化に必ずしも積極的ではない。むしろ、民族主義は伝統的に、ヨーロッパ帝国主義や日本を批判するための〈方法〉としての研究対象であった。その視点は、本文でも言及する一九二〇年のコミンテルン第二回大会に由来する。

現在においても、旧ヨーロッパ領のアジア、アフリカ地域における紛争の原因を、ヨーロッパ諸国による国境設定や民族区分などに帰する言説は多い。そこに、民族主義がヨーロッパ支配の遺産に依存し、それを利用していることへの視点は希薄か、二次的である。しかも、〈方法〉としての民族主義研究で援用される日本近代史は、日本史の研究水準に照らして一般に問題が少なくない。中国史で援用される日本近代史には特にその傾向があろう。

歴史を認識する行為は主観的行為である。であればこそ、多面的、多元的な視点や相互批判により、客観性を目指すべきであろう。そうした観点から、日本と中国の近代史をより対等のものとして、周辺地域に対する影響を踏まえて相対的に捉えていくことが、本書のもう一つの課題である。

ここまで、「中国」という表現を慣習に従って用いてきた。しかし、「中国」とは、満洲族の王朝である清朝と、辛亥革命後に成立した漢族による中華民国とを連続させることによって、清朝の一部ではあったものの漢民族の世界から切り離されていたモンゴル、東トルキスタン（新疆）、チベットに対する漢民族の支配を正当化するために成立した概念である。

中国の近代化とは、漢民族による異民族支配の確立であった。現在、満洲という言葉が中国側によって忌避されるのは、満洲国の存在を否定するためという以上に、漢民族から分離した満洲族の存在や、モンゴル族の自治を抹殺するためである。

そこで以下、本書ではなるべく「中国」の表記を避け、原則として時代に応じて清朝ないし中華民国（民国）、あるいは国民政府などと表記し、「中国人」は可能な限り漢族や漢人、華僑、華人などと表記する。

大東亜戦争の再評価と関連して

第一次世界大戦後、各国の参加する国際機関として国際連盟が創設され、また、民族主義運動や国際共産主義運動が昂揚した。次いで大東亜戦争は、近代日本にとって前後の時代を分ける画期となり、それは世界的にも、ヨーロッパ諸国によるアジア支配の崩壊につながる契機となった。その一方で、第二次世界大戦後、アメリカとソ連という二大国の対立や第三世界の紛争が激化する。そのような歴史に清朝、中華民国、中華人民共和国はどのように関わったのであろうか。

一八八四年に清朝はベトナムをめぐって清仏戦争を戦い、同時に朝鮮半島で勃発した甲申事変に軍事介入した。それから六十六年を経た一九五〇年、中華人民共和国はベトナムの第一次インドシナ戦争と朝鮮戦争に介入している。朝鮮、満洲、中国本土、東南アジアへの日本の勢力拡大はその間のことであり、その過程に漢民族国家の覇権主義や内戦、排外主義が与えた影響は大きかった。また、一九二〇年代から第二次世界大戦後にかけ、東アジア、東南アジアで展開された共産主義運動に、中華民国および中国共産党が与えた影響も絶大であった。

以下に示すように、日清戦争、日露戦争、満洲事変は、明治維新以降の日本の近代化の帰結ではなかった。それらは、続く支那事変、大東亜戦争と共に、近代日本と清朝ないし中華民国との相互作用に、アメリカやヨーロッパ諸国、ロシアないしソ連の動向が影響する中で勃発し、展開したのである。

さらに、一九四九年に成立する中華人民共和国は、その後の東アジア、東南アジアにおける内戦や紛争の中心となった。すなわち、一九五〇年の朝鮮戦争や一九五四年以降の台湾危機、ベトナム戦争やカンボジア内戦をはじめとする東南アジアの地域紛争、一九六二年のインドとの国境紛争、一九六九年のソ連との国境紛争の他、チベット侵攻や内モンゴル、ウイグルの民族運動弾圧などである。

本書は、満洲事変に至る日本の状況とそれをとりまく国際情勢を記述するが、そこには、満洲事変を引き起こした中国側の要因、すなわち、中国による周辺地域、周辺民族に対する暴力的行動が、その後の支那事変や大東亜戦争の展開、さらには戦後の東アジア、東南アジアにおける軍事紛争の決定的な要因として一貫していたのではないか、という展望がある。それが、日中関係史を周辺地域との関連で捉えていく、もう一つの理由である。

なお、本書では、紙幅などの理由により、個々の記述について典拠を明示していない。本書で言及した各地域のより詳しい状況については、参考文献に譲っている。ただし、満洲事変に関する記述では、史料の引用などを行っているので、それらについては、注記の形式で典拠を明示した。史料の引用に際しては、原文の片仮名表記を平仮名表記に改めている。

ＰＨＰ研究所との機縁は、中西輝政京都大学名誉教授のご配慮に始まる。その後、白地利成氏の担当で執筆した拙文を憲政史家の倉山満氏がご覧になり、そのご紹介で川上達史氏が本書の企画を立ち上げて下さった。本書は、川上氏と白地氏のご担当により完成したものである。満洲事変という当初の企画から、時代的にも地域的にも対象が広がり、原稿も遅延を重ねる中、両氏は本書の構想に理解を示して下さり、また、読者への便宜向上のため、ご助力下さった。記して謝意を表する。

満洲事変　「侵略」論を超えて世界的視野から考える　目次

第一章　清朝の近代化とその変容

第二章 近代日本の形成と日清・日露戦争

第三章 辛亥革命、第一次世界大戦と東アジア

第四章 一九二〇年代の国際理念と東アジア情勢

第五章　満洲事変

第一章 清朝の近代化とその変容

清朝の近代化への視点

一八四〇年に勃発したアヘン戦争以降、清朝は欧米列強やロシアに様々な権益を認め、また、太平天国の乱への対応を経て、国内統治や対外関係のあり方を変革する。その過程で、満洲族によって建国され、多民族を支配した清朝は、列強や漢族の利用を図り、列強や漢族への依存を強め、列強の権益拡大と漢族の復興をもたらした。

以下、十九世紀後半の清朝の近代化が、清朝の内外状況や、漢民族とその周辺との関係に与えた影響について概観していく。その影響の上に、日清・日露戦争を経て満洲に権益を保持する日本と清朝との関係や、その後の日本と中華民国との関係が作られていくのである。

漢族特有の利害集団を利用した清朝

清朝は、満洲（女真）族が建国し、万里の長城以南の漢族居住域、モンゴル、東トルキスタン（新疆）、チベットに及ぶ広大な領域を支配した。その統治方法は、満洲族長が軍事力を独占し、また、諸民族の皇帝を兼任することで同君連合を結成し、各民族の伝統的統治を保持しながら、各地を間接的に支配するというものであった。その上、朝鮮、ベトナム、シャム（タイ）、ビルマ、琉球などが朝貢国として、清朝の権威の下に位置づけられていた。

その歴史的経緯と実態を以下に概観していく。

十七世紀初頭、清朝は建国以前に満洲で勢力を拡大する過程で、各地の血縁集団や地縁集団を旗という軍隊組織に編成した。一六一五年に八旗が確立した。一六三五年、ホンタイジは北元（モンゴルへ撤退した後の元朝）のリンダン・ハーンの遺児より玉璽を譲られ、民族名を女直から満洲に改めた。満洲の地名はこの民族名に由来する。これに伴い、モンゴル族による八旗蒙古が創設され、三七年には八旗漢族も増設される。一六三六年、瀋陽（盛京）で開催された満洲、モンゴル、漢族の代表会議でホンタイジが皇帝に推挙されて清朝が誕生し、一六四四年の明朝滅亡を機に北京を制圧した。

万里の長城以南の漢族領域の各省に巡撫《じゅんぶ》、一省ないし三省毎に総督が置かれ、その下に民政を担当する布政使と司法を担当する按察使が、その下に道台―知府―知県の職が置かれた。漢族の統治を担う漢人官僚は、地位の世襲を認められず、科挙を通じて登用された。科挙は伝統的な官僚登用制度であったが、厳しい競争を通じた出世の機会を保障することで、清朝は上層漢族を統治機構に組み入れ、相互依存関係を形成したのである。

こうした統治機構は、漢民族の社会原理に対応したものでもあった。漢族社会は、祖先を同じくする同姓の父系血縁団体である宗族を基本単位とし、宗族は祖先祭祀を共同で行った他、経済活動や生活の様々な面で相互扶助を行った。また、血縁以外にも、利害の共有、とりわけ自衛の必要から、漢族はしばしば強固な団結を結成した。これを幇や行、会党、秘密結社などという。特に故郷を離れた漢族は、同郷の漢族と密接な相互扶助を行い、外部勢力に対抗した。清朝が競争原理に基づいて漢人官僚を登用したのは、漢族の団結、とりわけ清朝に対する反乱勢力の結成に警戒したからでもある。

清朝はまた、地方官を出身地に任官させず、頻繁に異動させると共に、地方官より皇帝に直接報告を提出させた。これにより、地方官に地方を監視させながら、地方官と地方有力者や様々な結社との癒着を防止したのである。

清朝にとって、漢族特有の利害集団は、監視対象であると共に、それを清朝の利益のために利用すべき存在でもあった。清朝は、とりわけ徴税業務において、地域や業界有力者の集団に依存した。清朝は、地主や自作農など土地所有者を対象として、銀納の土地税を課した。その際、清朝は地主より税を徴収する代償として、地主の小作料徴収を公権力として保護した。これにより、地主が実質的に徴税を担ったのである。地主階層は科挙の合格者を輩出する経済的富裕層でもあった。こうした階層を郷紳という。

こうした利害集団との癒着に基づく徴税は、対外貿易においても同様であった。清朝は一七五七年より対外貿易を広州のみに限定していたが、貿易に当たった特権商人である公行(広東十三行)は、独占的貿易権を与えられる代償として、通商に伴う税の徴収に当たった。

しかし、こうした貿易体制が、イギリスとのアヘン戦争を招く背景ともなる。

清朝の満洲統治

満洲は清朝発祥の地であり、その統治は満洲の原状保持を重視するものであった。清朝は、一六四四年の北京占領後、瀋陽に内大臣副都統を設置した。これが盛京（奉天）将軍となる。しかし、十七世紀のロシアの勢力拡大に対応し、吉林将軍と、アイグン（愛琿）に設置され、チチハルに移駐する黒龍江将軍が置かれた。清朝とロシアの武力衝突を経て、一六八九年にネルチンスク条約、一七二七年にはキャフタ条約が締結され、清朝とロシアの国境が画定された。

満洲族の北京移動後、満洲の荒廃が進んだ。そこで十八世紀初頭にかけ、遼東への漢民族の移民が図られ、遼東、遼西を中心に、官荘や王公荘園、旗地、民地などの開墾地が開かれた。清朝皇室経費や、吉林、黒龍江の駐留兵の糧食を確保するためである。しかし、一七四〇年以降、漢族の移住は抑制され、流民の取締りが強化された。これを一般に封禁という。

とはいえ、漢族の移民は継続し、経済的に困窮した旗人による土地売却もなされるようになった。売却された旗地は八旗の官荘とされ、漢族の耕作を認めた上で、租税が徴収された。一七六一年には商人、職人、単身労働者の奉天居住が許可された。移住漢族は、直隷省や山東省出身者が多く、故郷の地主と小作人の関係が満洲に持ち込まれ、単独者、少数者は農業労働者となった。商人は直隷省、山西省出身者が多かった。このように、満洲への漢族の入植は、モンゴルや東トルキスタン（新疆）に先行して進んでいた。

漢族統治から切り離されたモンゴル、チベット、東トルキスタン統治

清朝皇帝はモンゴル皇帝を兼任し、十七世紀から十八世紀にかけて外モンゴルから東トルキスタン、チベットにまたがる広大な領域に出征した。西モンゴルではオイラト部（族）の遊牧帝国ジューンガルが勢力を拡大し、一六八八年に北モンゴルのハルハ部が内モンゴルに移った。一六九一年にハルハ王公はドロンノール（多倫）で康熙帝に臣従し、康熙帝は九六年より北モンゴルに親征した。康熙帝また、一七二〇年に内紛の続くチベットへも遠征し、続く乾隆帝が一七五一年に支配を確立、さらに一七五五年にはジューンガルを滅ぼし、東トルキスタンを支配下に置いた。

清朝にとってモンゴルは、漢民族に対する軍事同盟関係にあると共に、警戒の対象でもあった。清朝の支配下で、内外モンゴル、東トルキスタン、チベットは藩部とされ、それぞれモンゴル王公、トルコ系のベグ、ダライ・ラマによる伝統的支配が存置され、それらを理藩院が管轄した。理藩院とは、清朝皇帝と、皇帝に直属しながら独自の支配組織を保持した各

清朝版図

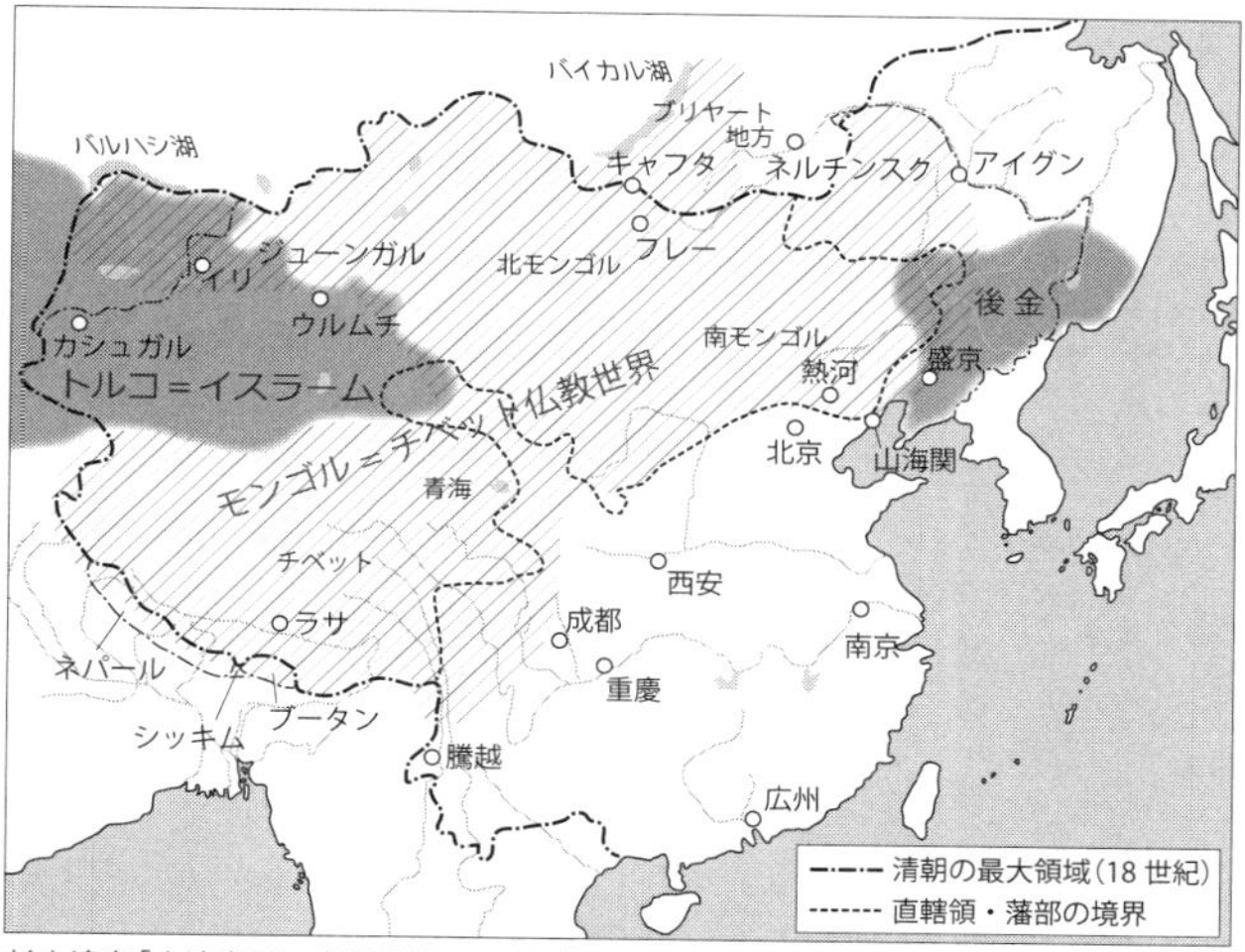

杉山清彦「大清帝国の支配構造」岡田編『清朝とは何か』133頁より作成。

民族とを媒介する事務局であり、理藩院が各民族の統治に介入することはなかった。

清朝は、漢族のモンゴル入植や牧地の開墾、モンゴル族による漢姓使用や漢字漢文の習得を禁止した。また、清朝皇帝、王公とモンゴル王公の通婚が頻繁に行われた。さらに清朝皇帝は、承徳（熱河）に離宮を建設した。承徳の南は長城の古北口を経て北京に通じ、東は朝陽府を経て奉天府（盛京）に、北は清朝皇帝の狩場である木蘭囲場を経てオンニュート・モンゴル族の牧地に、西北はドロンノールに通じており、熱河離宮はモンゴル皇帝の地位を象徴したのである。

その一方で清朝は、モンゴル旧来の部

を旗（ホショー）にまとめ、放牧も一定の領域内に制限し、モンゴル部族を分断した。外モンゴル、青海、東トルキスタンでは、旧来の部と盟が人的、地域的にほぼ対応したのに対し、内モンゴルの旧来の部と盟の関係は断ち切られ、分断が徹底されていた。

清朝のチベット統治は、ラサのダライ・ラマ、パンチェン・ラマを頂点とするチベット仏教の権威を利用して行われた。清朝は二人の活仏を保護する一方で、政権をダライ・ラマに直属する四人のカルンに委ね、清朝から派遣された駐蔵大臣がそれらを監督した。チベット仏教はモンゴルでも信仰されており、清朝は、モンゴルの旗ごとの菩提寺を保護し、活仏のチャンキャ・ホトクト（内モンゴル）とジェブツンダムバ・ホトクト（外モンゴル）をダライ・ラマに代わる権威として後援した。ホトクトは転生を繰り返し、居所のドロンノールとフレー（庫倫《クーロン》、後のウランバートル）はラサと並ぶ宗教的中心となった。清朝はダライ・ラマを相対化しながら、チベット仏教をモンゴル支配にも利用したのである。

東トルキスタンは清朝の最後の征服地であり、新疆と呼称された。東トルキスタンは、シルクロード以来の東西交易路の東部、すなわちトルコ系イスラームの活動地域の東端で、チベット仏教世界のモンゴル、チベット、青海に囲まれた多民族地域である。天山山脈の北側は草原地帯で、西のイリ地方はジューンガル帝国の根拠地であったが、清朝による征服後、反乱鎮圧と天然痘により人口は激減し、清朝は満洲族やモンゴル族の入植を進めた。天山山脈の南側、タリム盆地は、広大な砂漠地帯で、山岳からの雪解け水によるオアシスが点在し、それらをつなぐ通商路が形成された。天山山脈南麓ではモンゴル族（旧トルグート）が遊牧を営み、オアシスではトルコ系ウイグル族が農耕や商業に従事していた。

清朝は東トルキスタンに軍政を施行した。イリに伊犁《イリ》将軍が配置され、ウルムチなど漢族の多い東部には漢族領域と同様、州県制が施行された。モンゴル族や、清朝の征服前に帰順したウイグル族の首長には、王、公、貝勒《バイロク》、貝子《バイシ》などの世襲爵位と領地支配権が与えられ、ジャサク、すなわち旗長として、軍事力を提供する義務が課された。ジャサクは相互に分断され、各地に駐留する大臣を通じ、伊犁将軍の監督下に置かれた。一方、天山南路のウイグル族にも、オアシス都市の清朝官吏や軍隊の監督下で、自治が認められた。ウイグルの官職名には「阿奇木伯克」（ハーキム・ベク、都市行政長官）のように、「伯克《ベク》」が付されていた。これは、イスラーム支配時代の支配階層の称号であるベクに由来する。ただし、ジャサクが世襲されたのに対し、ベクは軍事権を保持しない地方官にとどまり、世襲されなかった。また、イスラームに対する保護もなかった。

このように、清朝によるモンゴル、チベット、東トルキスタン（新疆）に対する統治は、漢族の統治から切り離され、各地の伝統的統治権力を保持しながら、それに依存する形で行われた。ただし、漢族や内モンゴルなど、権力中枢に近く、軍事力を有する異民族に対しては、分断が徹底されていた。こうした清朝の統治体制を大きく変質させたのが、アヘン戦争に始まる欧米との緊張および太平天国の乱を中心とする大規模な内乱の発生であった。

アヘン戦争、太平天国の乱、アロー戦争の衝撃

アヘン戦争は、イギリスが自由貿易の拡大を目指す中で、引き起こされた。十七世紀以来、イギリスのアジア貿易は東インド会社によって独占的に行われており、清朝との貿易においては、イギリスは茶などを輸入したが、毛織物などの輸出は振るわなかった。そこで東インド会社は、インド産アヘンの輸出によって赤字を補填するようになった。アヘン輸出は激増し、逆に清朝側が貿易決済のための銀の対外流出に直面した。

ただし、清朝へのアヘン輸出は、東インド会社の委託を受けた地方貿易商人が行い、東インド会社は本国への送金など主に金融部門を担う一方で、アヘン貿易も、広東以外の広範な地域に密輸として拡大した。つまり、アヘン貿易の実質的な自由化が進んでおり、それを背景に、一八三三年、東インド会社の清朝との貿易独占権は廃止された。一八四〇年、清朝の道光帝がアヘンを禁止し、貿易商人のアヘンを没収するなど強硬措置に出ると、イギリスの世論は、アヘン貿易への批判と自由貿易推進論で分裂した。議会は軍艦の派遣を僅差で可決し、アヘン戦争が勃発した。

戦後、一八四二年に締結された南京条約は、香港の割譲や五港の開港、賠償金の支払いなどを規定していた。さらに追加協定や各国との条約により、欧米諸国の権利が拡大し、とりわけ上海には最大の租界が形成される。

一八五〇年、道光帝が死去し、咸豊帝《かんぽう》が即位した。翌一八五一年、洪秀全による太平天国の乱が勃発し、太平天国軍は一八五三年に南京を占領した。

太平天国の乱が清朝にもたらした影響は絶大であった。八旗の無能が露呈し、清朝は乱を鎮圧するため、各地で自衛のために結成された団練、すなわち民間の軍事力を動員する方針に転じた。これに応じて台頭したのが曾国藩であった。曾国藩は故郷の湖南省で湘軍を創設した。そこでは、同郷出身者の結合や地域支配が活かされたのである。曾国藩は一八五三年以降、太平天国軍と激戦を繰り広げた。

一八六〇年、太平天国軍が長江下流域を制圧し、上海を攻撃すると、曾国藩は配下の李鴻章に淮南で軍を編成させた。北京ではアロー戦争により、咸豊帝らが熱河の離宮へ退避する中、曾国藩が両江総督（江南、江西省）に任命された。曾国藩は浙江から福建にかけての地域を左宗棠《さそうとう》に委ね、自らは南京の奪回を目指した。一八六二年に李鴻章が上海に派遣され、太平天国軍による再度の上海攻撃に応戦した。

清朝は一八五三年以降、地方に軍費調達のための釐金《りきん》の徴収を容認するようになった。釐金とは、地域流通を担う商人に課された流通税である。当初は臨時の措置であったが、釐金は莫大な税収をもたらし、太平天国の乱後も継続された。ただし、釐金は自由貿易の障壁とみなされ、ヨーロッパ諸国との間で大きな外交懸案となる。

一八五六年十月、広東でイギリス国旗を掲げていた貨物船アロー号に清朝官憲が乗り込み、国旗を引きずり降ろす事件が発生、これをきっかけにアロー戦争が勃発した。イギリス、フランス連合軍は広州を占領し、さらにアメリカとロシアを加えた四カ国は、通商拡大のための新たな条約を清朝に要求した。一八五八年、イギリス、フランス、アメリカ、ロシアと清朝の間に天津条約が締結された。具体的な通商関連交渉が上海で行われ、新たな関税率やアヘン貿易の合法化などが定められた。しかし、一八五九年に大沽《ターク―》で再び軍事衝突が発生し、一八六〇年に北京条約が締結された。

一八六一年、咸豊帝が熱河で病死した。六歳の同治帝が即位したが、恭親王奕訢《えききん》と同治帝の実母の西太后が政変を起こし、権力を掌握した。奕訢は、太平天国をまず鎮圧し、次いでロシアを抑え、それからイギリスに対処すべきとして、総理各国事務衙門（総理衙門）を新設した。イギリスやフランスの求める開国に応じ、外国を利用しながら、国内鎮定を進めようとしたのである。

上海でも、富商で税収の実権を掌握する楊坊が、女婿のアメリカ人船員ウォードに資金を提供し、外国人将校の指揮する漢族部隊を編成させていた。内乱を鎮定するために外国人を利用する先駆的な動きである。

北京条約成立後、イギリスやフランスは清朝を支持する方針に転じた。一八六二年、清朝はウォードの部隊を常勝軍と名づけたが、同年の上海攻防戦でウォードは戦死し、さらにその後任は楊坊と対立し、太平天国軍に寝返ってしまう。上海防衛に派遣されていた李鴻章は、その機会を捉えて上海の徴税利権を掌握し、李鴻章の台頭がここから始まる。一方、イギリス軍は、北京攻略に参戦していたゴードンを常勝軍の指揮官に任命した。左宗棠の湘軍にも英仏より援助が与えられ、一八六四年、太平天国の乱は鎮定された。こうした、上海での漢人官僚とヨーロッパ勢力との協力経験が、洋務運動の契機となるのである。

清朝が太平天国の乱を鎮定するため、曾国藩や李鴻章など漢人官僚の軍隊に依存したことは、清朝の統治構造を激変させた。第一に、曾国藩らは故郷で軍隊を創設し、欧米の支援を得て軍備の強化を図ったが、これは、清朝による軍事力の独占や、漢族による地域勢力の形成阻止という、異民族支配の原則を崩壊させた。第二に、そうした漢人官僚により、洋務運動が進められると共に、清朝周辺地域の直轄化や支配領域の拡大が積極化する。それに付随し、朝貢国をめぐる諸外国との対立も発生する。

欧米列強はいかに清朝を浸食したか

清朝における欧米列強の権益の基礎は、アヘン戦争から太平天国の乱の時期に形成された。アヘン戦争の結果、一八四二年に締結された南京条約は、香港の割譲、広東、厦門、福州、寧波、上海の五港の開港、二千百万ドルの賠償金の支払い、公行の廃止を規定していたが、翌年の虎門寨追加条約と一八四四年の米清望厦条約、仏清黄埔条約により、治外法権、宗教布教権とそれに伴う内陸居住権、内河航行権の他、租界の設置や、清朝の輸入関税率を従価五％に設定することなどが定められた。

清朝において、外国人は原則として外国人居留地である租界のみに居住を認められた。租界の行政権は清朝が保持したが、治外法権に付随して外国人による自治が形成されていった。治外法権とは、民事、刑事事件に対する司法管轄権を、被告ないし被告人の帰属する国家が有することを定めた通商条約上の規定である。これは、文化、慣習の違いによる人権侵害、特に外国人が自らの帰属しない法を根拠にその権利を侵害される事態を防ぐための規定であって、外国人を超法規的存在にするためのものではなかった。イギリスの場合、イギリス公使は一八六五年の枢密院令に基づき、在外イギリス人に滞在国で違法とされる行為を禁止する権限を認められていたのである。

しかし、外国人居留民は、居留民代表の参事会を設立し、居留民が拠出した税金に基づいて建築物や道路を建設し、行政を執行するようになった。こうして租界は、清朝政府ばかりでなく、イギリスなどの本国政府も容易に介入できない、外国人自治区域となっていく。

上海は、長江の河口付近の支流である黄浦江の西岸に位置する。上海租界は一八四五年にイギリスによって設置され、一八四八年にアメリカ租界、その翌年にフランス租界が設置されたが、一八六三年にイギリス租界とアメリカ租界は合併し、共同租界が誕生した。清朝が租界の拡大に激しく抵抗するようになると、上海租界は租界外への道路の建設を通じて実質的に拡大していった。そのような道路を越界道路という（301頁地図）。

上海租界はまた、太平天国の乱への対応を通じて、行政権と司法権を拡張した。乱の勃発により、清朝の行政機能全般、とりわけ治安維持機能が低下した。一八五三年に小刀会が上海県城を占領すると、上海道台をはじめ、官吏も租界に避難した。本来、租界内に漢人の居住は認められていなかったが、太平天国軍が上海を攻撃すると、漢人は大規模に上海租界に避難した。漢人の租界居住は既成事実化し、租界内の漢人を管轄するための裁判所が租界内に設置された。

しかし、清朝の司法は行政と分離せず、政治的な判断に基づく裁判が常態化していた。とりわけ、外国人が漢人を提訴した場合の裁判や、外国人に雇用される漢人をめぐる裁判において、不当な判決や人権侵害の懸念があった。そのため、外国人と漢人被告ないし被告人の間の懸案、すなわち混合裁判については、清朝の裁判所に外国領事が観審官として出席し、次第に裁判に干渉するようになった。これを会審衙門という。

太平天国の乱は、海関、すなわち関税業務にも重大な影響を与えた。南京条約の締結による五港の開港以降、関税業務は各地の地方政府が担当した。しかし、徴税に当たっては賄賂の授受がなされた。しかも、一八五三年の上海県城占領で、海関業務は停止してしまう。そこで一八五四年六月にイギリス、アメリカ、フランスの三国と上海道台の合意により、三国による関税管理委員会が組織され、徴税事務を担当した。

その間、一八五一年に清朝はロシアとイリ通商条約を締結し、東トルキスタンのイリおよびタルバガタイが開放された（50頁地図）。さらに一八五八年のアイグン条約および六〇年の北京条約で、清朝はロシアにアムール川左岸およびウスリー川以東を割譲している。東トルキスタンは、対ヨーロッパ関係が安定化する一八七〇年代に新たな係争地となる。

アロー戦争後に締結された一八五八年の天津条約により、欧米の諸権利はさらに拡大された。北京における外交使節の常駐、漢口、南京、天津など条約港十一港の追加、内地旅行権や、キリスト教布教権の拡大、漢人外国渡航の承認、イギリス人による海関総税務司就任および外国人税務司制度の全開港場への拡大、香港対岸の九龍のイギリスへの割譲などである。また、海関に関連し、子口半税の規定が定められた。これは、外国商品の輸入に伴う関税の支払いに際し、従価五％の半分、つまり二・五％の追加税（子口半税）を支払うことで、釐金を免除するというものであった。この規定はその後の流通、外交上に大きな意味を持つ。

これらの利権は、清朝との様々な摩擦、軋轢を生みだすが、その一方で治安維持や産業化、海関収入など、外国利権に清朝や漢族が大きく依存する状況も生まれるのである。

洋務運動

太平天国の乱後、一八六三年に左宗棠《さそうとう》は閩浙《びんせつ》総督（福建省、浙江省）に、一八六五年に李鴻章は両江総督に就任した。そして一八六八年、曾国藩は地方官最高の直隷総督（直隷省、河南省、山東省）に漢族として初めて就任した。しかし、曾国藩は、一八七〇年に天津で発生した反フランス暴動への処理をめぐって両江総督に転任させられ、李鴻章が後任の直隷総督に就任した。

李鴻章は一八六五年に軍需工場として江南製造局および金陵機器局を、左宗棠は六六年に福州船政局を設立した。これらはいずれも官弁、すなわち政府事業であった。工場は、反乱鎮圧のための軍事的必要に基づいて創設され、李鴻章はイギリス、左宗棠はフランスの支援を受けるなど、技術者は外国人によって占められた。ただし、経営に当たった官僚は知識や経験を欠いた上、浪費と物資の私物化が横行していた。

こうした経営上の問題に対処するため、一八七〇年代以降の洋務運動は、民間企業を政府が監督する半官半民の「官督商弁」経営へと移行する。一八七二年、李鴻章は上海に清朝最初の汽船会社である輪船招商局を設立、側近の実業家である盛宣懐や買弁の参加によって資本を拡充した。

一八七四年の日本の台湾出兵を受け、翌年に総理衙門は北洋水師の建設を決定した。以後の五年間、李鴻章はイギリスから八隻の軍艦を、次いで一八八〇年から八七年にかけてドイツから戦艦二隻（定遠、鎮遠）を含む六隻の軍艦を購入した。清朝は海軍全体を統括するため、北京に海軍衙門を設け、北洋艦隊、南洋艦隊、広東艦隊など各艦隊を統括することとした。しかし、北洋艦隊の指揮権は李鴻章が保持し、海軍衙門はそれに関与できなかった。

このように、洋務運動とは、太平天国の乱の鎮圧に当たった漢人官僚によるヨーロッパ産業や軍備の導入の試みであったが、そこには、人材の育成も含まれていた。一八六二年に総理衙門付属外国語教育機関である同文館が設立され、翌年には李鴻章により上海広方言館が設立されている。ただし、それらは、科挙の下位に位置づけられており、外交官を含めた洋務に関わる官僚は、洋務運動を進めた漢人官僚の配下として活躍する。初代の駐英仏公使に任命された郭嵩燾《かくすうとう》や、アメリカ、スペイン、ペルー三国公使の陳蘭彬《ちんらんひん》は共に曾国藩の幕下出身であり、また、郭嵩燾の後任としてイリ問題をめぐるロシアとの交渉や清仏戦争への対応に当たる曾紀沢は、曾国藩の長男であった。こうした現象は、洋務運動に伴う清朝の官僚機構が有力漢人官僚の私的支配下に置かれることを意味したのである。

東トルキスタン、イリ地方をめぐるロシアとの関係

清朝のモンゴル、チベット、東トルキスタン（新疆）の統治も、アヘン戦争以来の清朝の内外の危機や、十九世紀後半の漢人官僚の台頭に伴い、劇的に変化した。太平天国の乱と並行して発生した陝西、甘粛の反乱は、東トルキスタンにも波及した。一八六四年にクチャで発生したトルコ系住民の反乱から、東トルキスタン全域に反乱が拡大し、各地にイスラーム政権が誕生した。カシュガルでは、コーカンド・ハン国に亡命していたホージャ・ブズルグ（ホージャとはイスラームの世襲称号）を招いたが、随行したヤークーブ・ベクが反乱を起こし、タリム盆地のオアシスを平定した。

こうした中、ロシアは一八六四年にコーカンド・ハン国に進攻、一八六八年に保護国とした。次いで一八七一年には、イリとタルバガタイのロシア領事館がイスラームの反乱に伴って襲撃されたため、イリ地方を軍事占領した。翌七二年、ヤークーブ・ベクはロシアと、七

清朝支配下のモンゴルと東トルキスタン

- 内属蒙古
  - ①チャハル／帰化城トゥメド／②フルンボイル
  - タンヌ・オリヤンハイなど／ホブドのウールドなど
- 外藩蒙古
  - 内ジャサク
    - ③ジリム盟／④ジョソト盟／⑤ジョーウダ盟
    - ⑥シリーンゴル盟／⑦ウランチャブ盟／⑧イフジョー盟
  - 外ジャサク
    - ⑨チェチェン・ハン部／⑩トシェート・ハン部
    - ⑪サインノヤン・ハン部／⑫ジャサクト・ハン部
    - ⑬ドゥルブド部など／イリ将軍管轄旗
    - 青海諸旗／⑭アラシャ旗／⑮エジネ旗

宮脇『モンゴルの歴史』230頁、橘『ボグド・ハーン政権の研究』5頁より作成。

四年にはロシアに対抗するイギリスと通商協定を締結した。

　これに危機感を強めた清朝は、一八七五年に左宗棠を派遣し、翌年にヤークーブ・ベク政権を崩壊させた。とはいえ、ロシアはその後も撤兵せず、一八七九年、清朝はロシアとイリ条約を締結し、ロシアにホルゴス河以西のイリ地方西部を割譲した上、賠償金を払うこととなった。

　ロシアとの交渉妥結後、清朝は東トルキスタンの直接支配へと統治方針を転換し、一八八四年に新疆省が新設された。湘軍系の劉錦棠が新疆巡撫としてウルムチに派遣されるなど、長官の多くは漢族であった。つまり、清朝は周辺地域の直接支配のため、漢人官僚に依存したのである。これと並行し、東トルキスタンやモンゴル、少数民族の居住する西南諸省への漢民族の移住も進んだ。清朝による漢族利用が、漢族による異民族支配、弾圧への端緒を開いたのである。

東トルキスタン、満洲、内モンゴルへの漢族入植とその影響

一八八四年に成立した新疆省の課題は、相次ぐ反乱鎮圧で荒廃した新疆の再建であった。しかし、再建には莫大な資金を要した。そこで進められたのが、漢族の入植であった。移住農民は、湘軍の縁故で移住した湖南省出身者の他、陝西、甘粛の戦乱から逃れた貧民が多かった。それら生活困窮者により、特にウルムチ東方の奇台地方ではケシ栽培が行われた。

一方、モンゴルでは大規模な反乱は発生しなかったが、十九世紀を通じ、漢族のモンゴル進出が進んでいた。しかも清朝は、アヘン戦争、アロー戦争、太平天国の乱などに際してモンゴルに派兵を求め、多額の銀両の徴発を行い、モンゴル経済を疲弊させた。これらを背景に、十九世紀を通じ、牧民による領主の搾取を訴える運動が増加する。

モンゴルに進出した漢族商人は、出身地による幇を作り、北京を本拠とする京幇が内外モンゴル各地、山西商人を主体とする西幇が内モンゴル西部に商業網を形成した。漢族商人は

モンゴルの各都市に漢族商人街を形成し、モンゴル人は次第に漢族の経済的従属下に置かれるようになった。漢族農民のモンゴル移植も進んだ。とはいえ、降水量の少ない遊牧地の開拓は牧地を砂漠化した。さらに内モンゴルの長城線隣接地域では、モンゴル王公が寄生地主化する一方で、漢族商人に多額の債務を負うようになった。

十九世紀後半、清朝はロシアの脅威と財政難に対処するため、漢族による満洲農地の開墾を奨励するようになった。奉天地方は早くから漢族の入植が進んでいたが、モンゴルのゴルロス旗の南端部分に当たる長春付近でも開墾が進み、移民は吉林地方に及んだ。

一八九一年、内モンゴル東南部のジョーウダ盟、ジョソト盟（後の熱河省地域）で、移住した白蓮教一派の漢族がモンゴル人を殺害し、王府を襲撃して土地の権利書を廃棄する事件が発生した。これにより、アウハン旗、オンニュート左右旗、ハラチン三旗、トゥメト左右旗、ナイマン旗、ハルハ旗などのモンゴル人は財産や家畜を失い、ジリム盟に避難している。漢族の満洲やモンゴルへの入植は、各地の人々の生活を破壊したのである。

アヘン戦争以降の清朝の開港の影響も、満洲に波及した。一八四〇年代までに、ヨーロッパではマンチュリア（満洲）を地名として用いるのが一般化し、一八五八年の天津条約では、満洲の開港地として牛荘が指定された。しかし、土砂の堆積により、港としての機能が低下したため、代替港として営口が発展する。

内モンゴル東部の盟旗

楊『チベットに舞う日本刀』36頁より作成。

営口は冬季に河口が凍結するため、貿易港として制約があったが、イギリス資本がまず営口に進出し、一八七六年に日本領事館が開設された。一八九四年、三井物産が満洲産大豆の輸入を開始し、営口は貿易港として急速に発展する。

チベットをめぐる清朝とイギリスの関係

以上のような東トルキスタン（新疆）や内外モンゴルとは対照的に、十九世紀後半のチベットは、国際関係の影響下で、清朝との関係を変化させた。その契機は、チベットの南に位置するシッキムをめぐるイギリスとの紛争であった（37頁地図）。

シッキム王国は北のチベット、東のブータン、西のネパール、南のインドに囲まれ、十八世紀にブータン、次いでネパールの進攻を受けて領土を失っていた。一八一四年、インド支配を拡大するイギリス東インド会社がネパールと開戦すると、シッキムはイギリス東インド会社に協力するが、逆に会社の実質的保護下に置かれてしまう。一八六一年にイギリスはシッキムを軍事占領し、シッキムを保護国とする条約を清朝と締結した。

イギリスは、一八六〇年の北京条約以降、清朝との協調に政策を転換し、太平天国の乱の鎮圧に協力していた。また、一八六二年にはビルマと通商条約を締結したこともあり、イギリスでは、インド、チベットから重慶に至る、あるいはビルマ北部、雲南を経由して重慶に至る陸路と、長江の水運とを接続し、華中の通商網を拡大しようとする構想が立てられた。一八七五年、雲南西部の騰越でイギリス探検隊の通訳が殺害されるマーガリー事件が発生し、翌年、イギリスと清朝の間で芝罘《チーフー》条約が締結された。これに伴い、清朝は、湖北省の宜昌、安徽省の蕪湖、四川省の重慶、広東省の北海の開港の他、北京から甘粛または四川、そしてチベットを経由してインドに至るチベット探検隊の派遣を承認した。つまり、イギリスはチベットに対する清朝の宗主権を認めることでチベット通過権を獲得し、清朝はイギリスによるチベット探検を認めることでチベット支配の承認を得たのである。

ダライ・ラマ政権は反発し、一八八七年にシッキムに派兵したが、イギリス軍に撃退されてしまう。一八九〇年、イギリスは清朝と、シッキム、チベット間の国境確定条約を締結し、九三年にはインドとチベットの通商を開始する追加条項を締結した。しかし、その後、チベットはロシアへの接近を図り、イギリスの軍事侵攻を招くこととなる。

朝鮮をめぐる日清関係

朝鮮では一八六三年に若年の高宗（李熙）が国王に即位し、実父の大院君（李是応）が摂政となったが、東学（キリスト教に対抗する神仙思想）やキリスト教（西学）を弾圧し、フランスやアメリカによる江華島の一時的占領を招くなど、紛争を起こしている。また、明治維新後の日本に対しても、国交を拒否するなど、排外政策を徹底していた。

一八七一年九月、清朝と日本は日清修好条規を締結し、刑事事件について相互に領事裁判権を認め合う形で近代的国交を樹立した。とはいえ、直後の十月、宮古島の漂流民が台湾に漂着し、殺害される事件が発生した。翌七二年十月、日本は琉球王国を琉球藩と改めて琉球の外交権を掌握し、七四年に台湾に出兵した。台湾をめぐる紛争であったが、対立の焦点は琉球の帰属であり、さらに対立は朝鮮にも波及する。

一八七三年、朝鮮では王妃閔一族が大院君を退陣させ、権力を掌握したが、一八七五年の江華島事件を経て、翌七六年、日朝修好条規が締結された。以後、朝鮮では日本を模範とする内政改革が始まり、日本式軍隊も創設された。さらに一八七九年三月、日本は琉球藩を廃止して沖縄県を設置した。清朝はこうした状況に危機感を強め、朝鮮に対する支配権の強化に乗り出す。

一八八一年、李鴻章はアメリカと朝鮮の開国交渉を行い、米朝修好通商条約を仮調印、同条約は翌八二年五月に米朝間で調印された。つまり、李鴻章は、一八七六年の芝罘条約におけるチベットの扱いを発展させ、清朝が欧米に朝鮮の開国を承認することで、朝鮮の属国化を進めようとしたのである。

さらに一八八二年七月、朝鮮で壬午事変が勃発した。これは、新式軍隊の編成により不満を感じた旧軍兵士が暴動を起こし、その機会に大院君が政権を奪取したものである。対して日清両国が部隊を派遣したが、清朝は大院君を天津に連行し、閔氏政権を復活させた。乱後、李鴻章は、進軍を朝鮮に駐留させ、朝鮮の軍隊を清朝式に改編する。

しかし、それに対する反発から、一八八四年十二月に金玉均が清仏戦争の勃発の機会を利用して政権奪取を試みた。甲申事変である。金玉均は日本滞在中に福沢諭吉の支援を受け、朝鮮の独立と近代化を目指すようになり、政変を決行したが、袁世凱の軍事介入により、新政権は崩壊した。日本公使館も焼き払われ、三十人余りの日本人居留民が殺害された。

翌年四月、伊藤博文が天津に派遣され、李鴻章との交渉を経て、天津条約が成立した。交渉において李鴻章は、朝鮮を清朝の属国とし、内乱に対する出兵権を主張したが、伊藤は両国対等の原則を固持し、外国からの進攻に対処する場合を除く、両国の出兵禁止を提案した。結局、天津条約により、朝鮮派兵の場合、日清両国が相互に通告を行うこと（行文知照）などが定められた。

この年の日本は不況の中で財政再建を進めており、年末には内閣制度を導入する。その一方で、イギリスは四月に巨文島を極東ロシア海軍への対抗拠点として占領している（105頁地図）。李鴻章に対する伊藤の提案は、対外紛争への関与を抑え、国内改革を優先するためであった。この後の日本政府は、イギリスやロシアの朝鮮進出を抑えるため、清朝と対決するのではなく、むしろ朝鮮における清朝の勢力拡大に容認的となるのである。

とはいえ、清朝に対する朝鮮の反発は強く、二度にわたってロシアの支援を求める動きが生じ、清朝によって阻止されている。その間、袁世凱がソウルに駐留し、閔氏政権は清朝の保護下で開化政策を継続するが、政権内では官職売買や賄賂が横行し、地方官は住民への収奪を強めた。そのため、一八八八年以降、民衆反乱が頻発するようになった。

東南アジアへの欧米勢力の形成と清朝および華僑

清朝への欧米勢力の拡大は、海外で商業や労働に従事する漢族、すなわち華僑の増加をもたらした。華僑は本国への帰属意識を保ち、活動地域への短期的滞在を前提としたが、華僑の長期かつ広範な活動の中で、現地に永住し、子孫を形成する華僑も増加した。そうした華僑の後裔を華人という。

伝統的に東南アジアは華僑の最大の活動地域であったが、アヘン戦争後の清朝の開国によって海外に向かう華僑が激増し、伝統的華人社会にも変化が生じた。また、アメリカやオーストラリアの華僑も増加し、日本と欧米との通商開始に伴い、日本にも多くの華僑が来訪する。さらに十九世紀以降の東南アジアにおけるヨーロッパ諸国の勢力拡大に応じ、清朝と東南アジア諸国、諸地域との関係も大きく変化した。

東南アジアは歴史的に、西からインド、イスラーム、ヨーロッパ、北からは中国より多くの移民や商人が往来する中で、諸王朝や諸領主が争っていた。紛争の当事者は頻繁に外部勢力の支援を求め、それがヨーロッパ諸国の勢力拡大や、華僑による東南アジア各地の政治、経済への介入を引き起こした。また、清朝はベトナム、シャム（タイ）、ビルマを朝貢国とする一方で、ヨーロッパ諸国は東南アジアを資源供給地や中国との貿易中継地とした。こうした中国と東南アジアの位置関係が、東南アジア各地の情勢と相互に影響しながら、清朝とヨーロッパの複雑な関係を生み出したのである。

スペイン統治下のフィリピン

東南アジアにおけるヨーロッパの拠点の内、古いものはフィリピンとジャワであり、大航海時代の十六世紀から十七世紀にかけて拠点が築かれた。フィリピンを支配したスペインは、メキシコとマニラを結ぶガレオン貿易を始めた。それは、既存の華僑によるマニラと福建の間の貿易と結びつき、メキシコの銀を明朝にもたらした。また、フィリピンにおける華僑商業網も形成され、フィリピンの経済活動は華僑が担うようになった。

スペインは、漢族を商人、フィリピン人を農民、メスティーソ、すなわち漢族とフィリピン人の混血をその中間とし、民族区分を設定した。その一方でスペインは、カトリック入信

東南アジアにおける欧米列強の勢力範囲

を義務化し、混血を進めながら、新たな華僑の入国制限を強化した。しかし、一八三四年にマニラが開港されると、華僑の流入が増大し、十九世紀中頃から一八八〇年代にかけ、フィリピン商業における華僑の優位が確立する。メスティーソは大土地所有者に転身し、輸出向け商品作物の生産を行うようになった。

一八八〇年代、カトリック教育を受けた有産階級のスペイン留学が盛んになり、その中から、民族運動が生まれる。ホセ・リサールは華人系メスティーソで、スペイン留学を経てフィリピン独立を目指したが、逮捕され、一八九六年の秘密結社カティプーナンの蜂起に際し、処刑されてしまう。その一方で、スペインとの戦闘で台頭したのが、アギナルドであった。アギナルドも華人系メスティーソで、スペインとの戦いに続き、米西戦争によってフィリピンを領有したアメリカとも戦った。戦闘でフィリピン側は二十万人を超す死傷者を出している。

フィリピンは華僑の商業活動地域であったが、スペインによる移入制限と受け入れ再開を経て、華人系メスティーソが大地主富裕層となり、民族運動が生まれる一方で、華僑が商業の七十％以上を専有した。後のフィリピン民族主義は、こうした華僑の経済力を克服対象として意識していくのである。

オランダによるインドネシアへの勢力拡張と華僑

十七世期初頭、マタラム王国がジャワやスマトラ、スラウェシ、モルッカなどに勢力を広げていた。また、スマトラの最北端にはアチェ王国が存在した。しかし、一六一九年、オランダ東インド会社がジャワのバタヴィアを占領し、マタラム王国の内紛に乗じて勢力を拡張、十八世紀半ばには中部ジャワから東部ジャワに至る沿岸部を掌握した。

オランダ東インド会社は、香料貿易を行いながら、コーヒーや後には砂糖の栽培を行うようになり、デサ賃貸制を導入した。これは一定の村（デサ）を一定期間、華人に貸し与え、賃借料を納めさせた制度である。ジャワの華僑は、現地のマレー系女性と結婚し、名目的にでもイスラームに改宗して永住し、諸税の請負などで王宮に仕えていた。そこで華人は、農民から米、その他の作物を取り立ててオランダ東インド会社に税を納め、農民への高利貸しや労働力の徴発も行ったのである。また、華人は、塩の貯蔵所や関所、質屋、賭博場などにも関わり、糖業をほぼ独占的に経営する。華人は、ペラナカンと称される独自の社会を形成し、人口比一％程度の富裕層を構成した。

十九世紀、ナポレオン戦争後のオランダは、支配地の積極的拡大を図り、マタラム王国の直轄地以外を掌握した。一八二四年にはイギリスとの協定によって東南アジアの島嶼部を自らの勢力範囲とし、スマトラへの勢力拡大を進めた。一八三〇年以降、西部ジャワにコーヒーの強制栽培を導入した。それはデサ賃貸とは異なり、ヨーロッパ企業と住民の直接契約に基づいていたが、ペラナカンは農民から作物、とくにアヘンの集荷や徴税の請負をまかされ、引き続き流通を担った。その一方で、プランテーションが拡大し、労働需要が増加すると、新家とよばれる華南各地の移民が到来した。新家は、農業労働、行商、小売店主などに従事し、次第にペラナカンを圧倒していった。

オランダは一八五八年以降、スマトラ島東岸の諸スルタン国の保護国化を進め、それら諸国への宗主権を主張するアチェと対立した。オランダは一八七三年にアチェと開戦し、翌年に首都を占領した。スルタンはその後も抵抗を続けたが、一九〇三年に降伏し、他の抵抗も一九一〇年頃までに制圧され、オランダの支配が確立した。

フランスによるベトナム領有と清朝

十八世紀後半のベトナムでは、西山阮朝《せいざんげんちょう》《タイソン》によって滅ぼされた広南阮朝の阮福映が、シャムや華人、フランス人の支援を受けて全国を統一し、一八〇四年に清朝より封冊を受けて越南（ベトナム）を建国した。一方、アヘン戦争後のフランスは、ベトナムを清朝との貿易拠点として位置づけ、ベトナムに断続的な開港要求や宣教師殺害に関する軍事制裁などを行い、一八六二年のサイゴン条約でベトナム南部のコーチシナ東部三省を獲得、翌年にはカンボジアを保護領とし、六七年にはコーチシナ西部三省を併合した。

一八六〇年代後半、フランスはメコン川流域の探検を行い、北ベトナムのソンコイ川（紅河）を通ずる雲南との貿易を目指すようになり、さらに雲南への武器の密輸が行われた。これに反発するベトナムは、華人武装集団の黒旗軍の支援を受けてフランスと軍事衝突し、フランスは一八七四年のサイゴン条約でコーチシナ全域を支配下に置いた。翌年、フランスは

イギリス領ビルマ・マレーとフランス領インドシナの成立

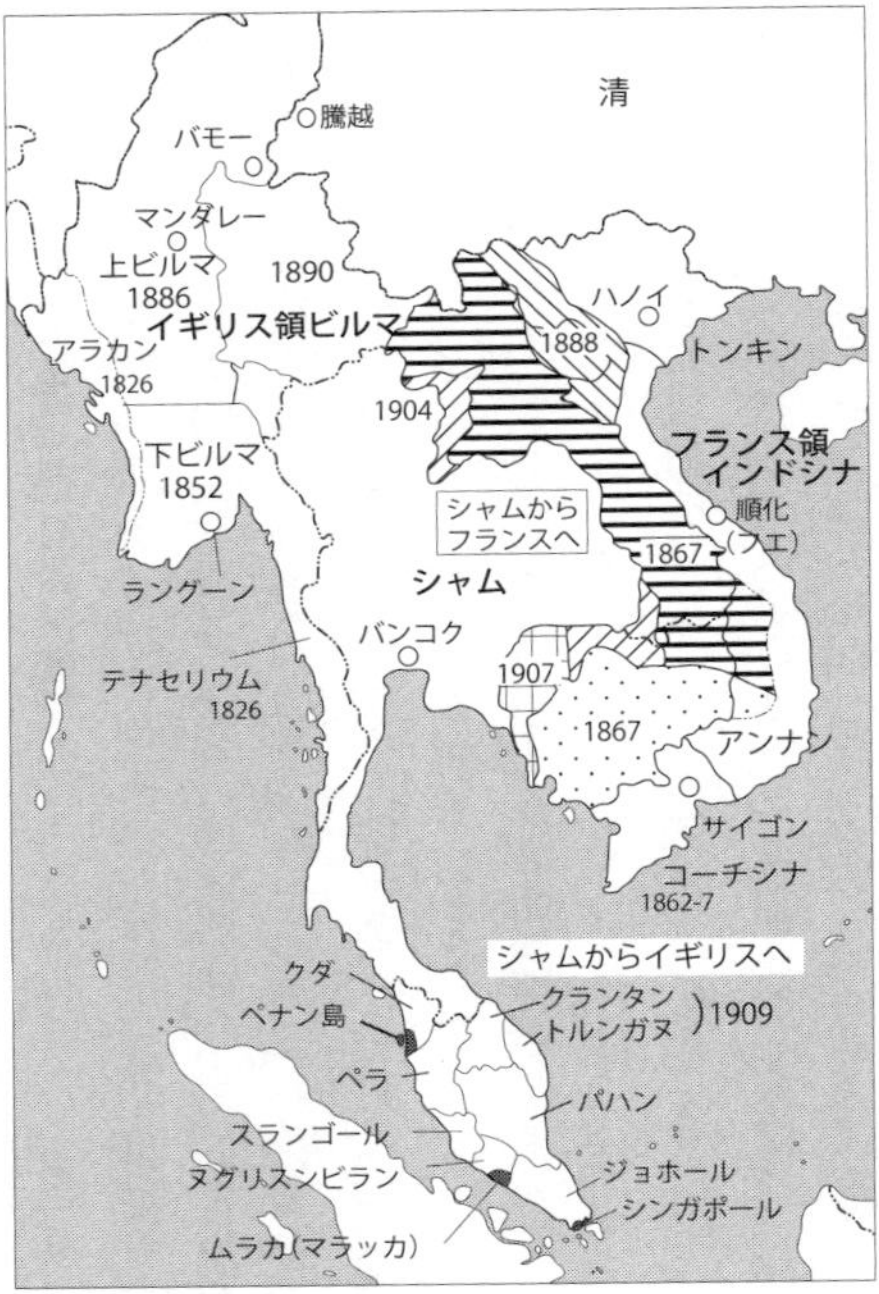

Porter (ed.), *The Oxford History of the British Empire,* vol. III, p. 373. 石井他『東南アジア史』I, 408頁、より作成。

清朝に条約について通告したが、清朝はベトナムに対する宗主権を主張した。

一八八二年以降、ベトナムとフランス部隊の衝突に清朝が援軍を派遣したことから、清仏戦争が勃発した。並行して李鴻章とフランス側の折衝も続けられたが、一八八三年五月にフランスはフエ（順化）を攻略し、フエ条約（アルマン条約）を締結、ベトナムを保護国とした。一八八四年三月、清朝軍の主力が潰走したため、恭親王奕訢が失脚、西太后が実権を掌握した。六月、フランスとベトナムは第二次フエ条約を締結したが、清朝とフランス軍の衝突が続き、八月にフランス艦隊が台湾や福州を攻撃し、左宗棠の福建艦隊を壊滅させた。

一八八五年六月、天津条約が成立し、清朝はフランスのベトナム支配を認めたが、清朝は台湾に対する危機感を再び高め、一八八五年十月に台湾省の設置を決定した。フランス軍に応戦していた、李鴻章の部下で淮軍出身の劉銘伝が台湾巡撫に任命された。

一八八七年十月、フランス領インドシナ連邦が成立した。その後、一八九九年にラオス保護国、一九〇〇年に清朝の広州湾租借地を編入し、一九〇七年にはシャムよりカンボジア北西部の三州を奪取している。これにより、インドシナ連邦は、直轄地（コーチシナと、ハノイ、ハイフォン、ダナンの三直轄都市およびシャムから奪取した三州）、保護国（トンキン、アンナン、カンボジア、ラオス）、そして広州湾租借地からなる支配領域を確定した。

イギリスによるビルマ併合と清朝

一七五六年に成立したビルマのコンバウン朝は、一七六六年の乾隆帝による攻撃を撃退した後、清朝に十年に一度、使節を派遣するという条件で講和した。清朝はこれをビルマによる朝貢とした。とはいえ、コンバウン朝は一七八四年にアラカン王国を領有して以降、チッタゴンを支配するイギリス東インド会社と対立するようになり、一八二四年、一八五一年の両次の戦争を通じ、アラカン、テナセリム、イラワジ川下流の下ビルマを喪失した。

一八六二年、イギリスはビルマと通商条約を締結し、ビルマと雲南を結ぶ通商路の開拓を目指した。六八年に探検隊がイラワジ川を遡行し、ビルマ北部のバモーに到達、探検隊は七四年に雲南の騰越に向かうが、翌年、探検の途中で通訳のマーガリーが武装華人に殺害される事件が発生し、イギリスは一八七六年に清朝と芝罘条約を締結した。

一八八四年、コンバウン朝がボンベイ・バーマ貿易会社による過剰な森林伐採に制裁金を課す事件が発生した。しかもコンバウン朝はフランスへの接近を図っていたため、イギリスはビルマと開戦し、ビルマ全域がイギリス領となった。

一八八六年、イギリスは清朝とビルマおよびチベットに関する協定を締結した。交渉では、ビルマと清朝の朝貢関係が争点となり、最終的にイギリスのビルマ総督は十年ごとの「伝統的な使節」の派遣を行うこととし、清朝はイギリスのビルマ支配を認めた。一八九五年、ビルマから協定に基づく使節が派遣されたが、これが唯一の使節派遣となった。

シャムの近代化と華僑、朝貢問題

東南アジアにおいて、近代以前より華僑を最も積極的に受け入れたのが、シャム（タイ）であり、シャムの政治、経済、社会における華僑や華人の影響は絶大であった。十六世紀末にビルマを撃退して独立を回復したアユタヤは、明朝に使節を派遣し、外交や通商関連の役職を華僑に委ねていたが、一七六七年にビルマの攻撃で滅亡する。その後、華僑を父に持つタークシンが勢力を回復するが、部下の反乱で滅亡、一七八二年にラッタナコーシン朝（チャクリ朝）が創始された。ラッタナコーシン朝は、三年に一度、一八三九年以降は四年に一度、さらに双方の治世の交代などの機会に清朝に使節を派遣した。

シャムの支配権力は分権的であり、独自の権力基盤を持つ貴族や地方有力者を国王が緩やかに統合し、周辺部にはシャムに朝貢する独立的王国も存在した。そうした中で王朝は、貿易独占権を保持し、外国を利用することで権力を保持しており、そのような状況が外交や貿易を華僑に委ねる背景となったのである。

一八五二年、ラーマ四世（モンクット王）は清朝に使節を派遣したが、使節は太平天国軍の襲撃を受け、以後の使節派遣は停止された。その一方で、一八五五年にシャムはイギリス、アメリカ、フランスと通商条約を締結し、治外法権や交易権などを認めている。続くラーマ五世（チュラーロンコーン王）は、税制改革や、国王の諮問機関である国政参議会や枢密院の創設、奴隷制の廃止、王立学校の設立、官吏試験制度の導入、統一陸軍の創設などを進めた。その際、ラーマ五世は、政府要職に王族を配置し、王権強化を通じた中央集権化を目指している。また、メナム川デルタの水田干拓を進め、シャム米は清朝、東南アジア、西欧に対する最大の輸出品となった。ただし、アヘン、賭博、酒類などの徴税は華僑が担い、また、精米事業や労働部門においても華僑がシャム人を圧倒していた。

とはいえ、シャムはフランスの脅威にさらされ、一八六七年にカンボジア、一八九三年にラオスを失う。さらにフランス領事館は、インドシナ出身の華僑を保護民として登録し、治外法権を与えた。これにより、華人による脱税や司法逃れが横行するようになった。一方、イギリスはフランスの勢力拡大に警戒し、一八九六年にフランスとシャムを緩衝国とする合意を作り、翌九七年にシャムと秘密防衛協定を締結した。

こうした国際情勢を背景に、シャムは一九〇四年以降、メコン川右岸などの領土をフランスに割譲することで、アジア系保護民に対する裁判権を回復した。また、イギリスに対しても、一九〇九年にマレー半島のスルタン領四州を割譲することで、マレー国境からバンコクに至る鉄道建設借款を受け、また、イギリス人に対する第一次裁判権を回復している。ただし、イギリスは裁判移送権を留保した。これは、イギリス側がシャムの裁判を不当とみなした場合、イギリスの領事裁判に移送されるという権利である。このように、シャムはイギリスとフランスに領土で譲歩しながら、司法権の部分的回収を進めていったのである。

一方、シャムにおける華僑は、一九〇八年十一月の孫文の訪問などに刺激されて中華意識を昂揚させ、以後、同盟会を組織した他、中華学校や漢語新聞を創刊し、革命運動を支援した。こうした中でシャムは、一九〇九年に華人に対する三年に一度の人頭税を廃止し、シャム人と同様の毎年の人頭税を導入した。華人が多いバンコクへの適用は翌年となったが、華僑商店は一斉に抗議閉店した。その衝撃は大きかった。こうしてシャムは、華僑を外国人とし、その経済支配を脅威として受け止めていくのである。

イギリスによるマレー支配と華僑

一五一一年、マレー半島西岸のムラカ（マラッカ）王国が、ポルトガルによって滅ぼされた。国王はマレー半島南端の島に移り、ジョホール王国を建国、ポルトガルやスマトラ島北端のアチェ王国と抗争しながら勢力を拡大していた。こうした中、一六四一年にオランダ東インド会社がマラッカを占領し、貿易拠点とした。

一七八六年、マレー半島西部のクダ王国の内紛を機にイギリス東インド会社がペナンを占領した。また、一七八五年以降のジョホール王国とオランダ東インド会社の紛争や王国の内紛を背景に、一八一九年にイギリス東インド会社のラッフルズが、ジョホール王国のスルタンに対する支援の見返りに、シンガプラ島、後のシンガポールを獲得した。一八二四年の英蘭条約で、オランダはジャワ、イギリスはマレーを勢力範囲とし、マラッカはイギリス領となる。一八三二年よりペナン、マラッカ、シンガポールは、海峡植民地と呼称されるようになった。

海峡植民地は、華僑の活動拠点ともなった。さらに十九世紀に増加したマレーの錫産出においても、華僑は中心的な役割を果たした。福建や広東の華商がスルタンや貴族、地主などの鉱山に融資し、華僑労働者を雇用させ、錫を採掘し、輸出したのである。また、シンガポールでは、人口の過半を華僑が占めることとなる。一八六六年から七四年にかけ、スランゴール王国の内紛と華僑の対立が絡み合い、内戦が勃発した。一八七四年、イギリスは諸王国と華僑の有力者を調停し、以後、イギリスはスルタンに理事官を派遣し、イギリスの実質的な施政権が成立した。

また、マレー半島と共に、東方対岸のボルネオ北西部もイギリスの貿易拠点となった。一八三六年、ブルネイ王国の属領サラワクにおいて反乱が勃発し、その鎮圧にイギリス人のブルックが協力したことから、一八四一年よりブルック家の世襲による白人王（ホワイト・ラジャ）による統治が成立した。さらに一八七八年にイギリス人とオーストラリア人によって北ボルネオ会社（後、北ボルネオ特許会社）が設立され、ブルネイおよびスールー王国から北ボルネオの土地を賃借した。一八八五年、イギリスはスールー諸島に対するスペインの宗主権を承認すると共に、北ボルネオを自らの勢力圏として確立している。

一八八八年、イギリスはブルック王国、ブルネイ王国、北ボルネオ特許会社の支配地域を保護領とした。次いで一八九五年、マレー半島のペラ、スランゴール、ヌグリ・スンビラン、パハンがイギリスの保護下に入り、翌九六年にマレー連合州が成立する。一九一四年にはジョホールも組み込まれた。これにより、現在のマレーシアの領域が成立する。各スルタンの下のイギリス理事官は、徴税権や軍事警察権を掌握し、王族、貴族、各地の首長は、年金生活者、州参事会議員、州政府官吏となった。イギリスの支配下で、有力者間の武力紛争は消滅する一方で、華僑が流通や徴税を担い、イギリスのマレー支配を補完した。一九〇〇年にはシンガポールで海峡華英協会が発足し、イギリスは統治に関わる委員会などの人員を同協会から選出した。その一方で華僑は、中華意識を高めて孫文を支援し、一九一二年にはシンガポールに中国国民党支部が設置されている。

アメリカ、オーストラリアにおける華僑移民問題

東南アジアは伝統的な華僑の活動地域であったが、十九世紀に新たな華僑の移動先となったのが、アメリカやオーストラリアであった。一八三三年のイギリスによる奴隷貿易廃止に各国が続いたことで、華僑の労働力に対する需要が増加したのである。

一八四八年、アメリカ領となる直前のスペイン領カリフォルニアのサクラメント郊外で金鉱が発見された。一八五一年にはオーストラリアのニューサウスウェールズ南部でも金鉱が発見され、同地域は急激な人口増加により、この年、ヴィクトリアとして独立する。こうし

たゴールドラッシュを背景に、一八五〇年代、万単位の移民がアメリカやオーストラリアに渡った。一八六〇年代にアメリカで大陸横断鉄道の建設が始まると、華僑は関連労働に従事した。しかし、華僑労働者の急激な増加は各地で反発を招き、移民制限が導入される。

イギリス本国は、一八五二年にカナダに自治権を付与し、また、一八五六年までにオーストラリア東部の各植民地に二院制の議会を持つ自治政府を成立させていた。こうした自治の拡大が、現地主導による移民規制の強化をもたらした。一八七〇年代にオーストラリアの華僑が都市部の労働に従事するようになると、労働組合が華僑排斥運動を展開した。一八八一年にはオーストラリア植民地間会議が華僑移民の制限をイギリス本国に求めた。イギリスは、自治政府の要望と清朝に対する外交的配慮とを両立するため、特定国を対象としない移民抑制策として、南アフリカのナタールを先例とする移民への言語試験制度を提案し、それが一九〇一年に成立するオーストラリア連邦へと引き継がれる。

アメリカでも華僑排斥の主体となったのは労働運動であった。一八七七年、サンフランシスコで鉄道労働者が華僑居住街を襲撃し、十八名が死傷、一八八五年にはワイオミング州ロックスプリングスで二十八人の華僑が殺害されている。こうした事件を背景に、一八八二年、アメリカは清朝からの労働者の入国を十年間禁止する華人排斥法を制定した。一八九二年と一九〇二年に同法は延長され、一九〇四年には清朝からの労働移民が恒久的に禁止された。翌一九〇五年、清朝ではアメリカ製品への排斥運動が発生している。

孫文の革命運動を支えた華僑ネットワーク

清朝打倒の先駆的活動家であった孫文は、以上のような華僑の活動を背景に、一八七九年に出身地の広東省香山県に隣接するマカオから、母と共にハワイの兄の許に移住している。一八八三年に香港に戻り、広州や香港で欧米系の学校で医学を学んだが、清仏戦争を機に清朝打倒を目指すようになった。一八九四年、孫文は再び上海からハワイに渡り、武装蜂起の資金を集めた。同年十一月、孫文は二十人余りの同士と共に興中会を結成する。翌年、香港に戻り、陸皓東、鄭士良、尤列《ゆうれつ》らと広州蜂起の準備を進めた。しかし、計画は露見し、孫文らは香港へ逃亡したが、陸皓東は逮捕、処刑されてしまう。

蜂起の失敗後、孫文らは日本に渡り、華僑の支援により二十人余りの興中会分会を組織した。その後、孫文はハワイへ移り、サンフランシスコからアメリカを横断してニューヨーク、そしてロンドンへと移動し、一八九七年にロンドンからカナダを経て来日し、宮崎滔天と出会う。その間、鄭士良らは恵州で蜂起するが、失敗する。以後も孫文の計画は失敗の連続であったが、それを継続できたのは、清朝における欧米の拠点と華僑の世界的な活動が存在したからであった。

欧米との敵対的相互依存、中華復興と周辺地域、華僑と本国

以上のように、アヘン戦争以来、清朝は欧米との武力衝突や内乱に直面し、改革を迫られた。その過程で清朝は、欧米が獲得した権益をめぐって対立しながらも、欧米の権益から利益を享受し、相互依存的関係を形成した。と同時に、清朝は漢族への依存を強め、漢族は清朝の支配領域を漢族の支配領域としていった。結果、チベット、東トルキスタン、モンゴル、満洲は漢族の支配下に置かれ、外モンゴルを除く現代中国の支配領域が形成される。

さらに十九世紀の東南アジアに対する欧米の勢力拡大に伴い、清朝はベトナムやシャム（タイ）、ビルマとの朝貢関係を失った。その一方で、東南アジアで活動した華僑は、各地で経済的権力を確立し、欧米の東南アジア支配を補完すると共に、清朝打倒を目指す革命運動の支持基盤ともなった。結果、華僑は東南アジアの民族運動において次第に克服対象とされていく一方で、東南アジア情勢に影響を与える華僑の新たな政治運動が始まる。

清朝の近代化は、漢民族による周辺民族支配や周辺諸国への政治的、経済的介入への端緒をも開いた。それは、新たな漢族覇権主義への兆候でもあった。

第二章

近代日本の形成と日清・日露戦争

近代日本形成の前提

明治維新以降の日本の近代化は、欧米の制度や技術の導入のみによって進められたわけではない。むしろそれらを受容し、自己変革に成功した江戸時代以前の日本の社会関係や経済状況が、近代化の重要な前提となった。また、日本の近代化は専制的、独裁的な権力によって進められたわけでも、近代化によって専制的、独裁的な権力が確立したわけでもない。日本にはむしろ、専制、独裁を抑制する合議の伝統が存在し、それを基礎として、近代日本の中央、地方制度の改革が実現した。それは、天皇を頂点とする抑圧的国家ではなく、分業と連帯責任によって統合され、民主主義への柔軟性を備えた近代国家であった。

以下、中央政府と地方行政の近代化や、金融・財政・社会基盤の近代化、自由民権運動などを例として、政府内および政府と民間の合意形成や協力関係について述べていく。その上で、当時の国際関係と国内改革の影響を受けた条約改正や、政府と近代陸軍の関係についても取り上げ、日清・日露戦争以降の国際情勢と近代日本の関係を再考していく。

江戸時代の合議

江戸時代の日本は、幕府直轄領および旗本領と各大名の領地に分かれ、それぞれの領地では幕府、旗本、各大名によって行政、立法、司法の一体運用がなされていた。大名家の起源は独立領主の連合体であり、それは大名と家臣団の合議によって運営されていた。

合議とは、対処の必要な問題に対し、関係する当事者が相互に意見を調整し、上位権力に意見を述べる、つまり、上申を行った上で、上位権力が裁定を下し、各当事者に実務を委任する、という手続きである。意見表明の権利を有したのは、決定事項の遂行を担う人々であった。

江戸幕府の場合、合議に参画し、実務を遂行する家臣団とは、徳川家の旧来の家臣である譜代大名や旗本であった。譜代大名が老中や若年寄に就任し、旗本が奉行などに就任する。老中が幕政全体を監督し、必要な場合は方針を決定し、将軍の裁可を得た上で、担当部局に実務を委任するのである。結果、譜代大名は、自らの領国の統治は家臣団との合議によって行い、自らは将軍の家臣として幕府運営に参画した。

合議に基づく決定方式は、農村の運営においても同様であった。江戸時代の農村は、幕府や藩に対し、村単位で定まった年貢を納付し、その代償として自治権を付与されていた。それを村請《むらうけ》という。つまり、幕府や藩は、年貢納付を村の連帯責任とし、個々の年貢徴収を村の裁量に委ねたのである。そのため、江戸時代の農村に武家の行政機関は存在せず、幕府や藩は、代官所を通じて農村側に通達を発し、農村を間接的に統治した。一方、村では、名主ないし庄屋以下の村方三役が村の指導者となり、年貢を納付する百姓を本百姓とし、村の行政に関わる権利を年貢納付の負担に応じて共有した。本百姓には百姓株が認定された。株とは、義務や負担に応じて与えられる権利の資格である。

こうした幕府や藩、農村の合議に基づく政務の決定方式が、明治以降の改革や近代化の重要な基礎の一つとなる。

中央行政と地方行政の改革

明治政府は江戸幕府の旧領や戊辰戦争で没収した領地に府や県を設置した。これにより、政府の直轄地である府県と藩が並存することとなった。明治二（一八六九）年、版籍奉還が行われ、各藩主は知藩事に任命された。その一方で、東京には公議所が設置された。公議所とは、府藩県から政府に派遣された代表により、明治政府に建議を行う機関である。つまり、府藩県の有識者による政府諮問機関であった。

版籍奉還後、太政官の改革が実施された。太政官の下に、民部省、大蔵省、兵部省、刑部省、宮内省、外務省が設置され、公議所は集議院に改組された。太政官とは政府の最高機関であり、太政・左右大臣や大納言と参議で構成される。大臣や大納言は実質的に三条実美と岩倉具視の官位に応じて置かれ、その下の参議に薩長土肥の有力政治家が就任して全体の国政方針を決定し、大臣を補佐した。太政官は各省より実務の報告を受け、裁定を下すと共に、天皇への上奏を行った。各省は明治政府の実務機関で、府県に行政命令を発することで、絶大な権力を行使した。

こうした改革は、中央集権的な政権運営を機能的に実現しようとするものであった。つまり、藩が存続し、財政や軍事の分権的状況は解消されなかったが、藩主は知藩事として中央政府の命令に服する一方で、公議所およびそれを継いだ集議院により、それまで中央政府から排除されていた旧外様大名にも、中央政治に対する意見表明の機会が与えられた。これにより、明治政府による一元的な統治と、全藩を統合する合意形成とを両立的に実現しようとしたのである。

とはいえ、この構想は十分に機能しなかった。各藩は自立性を失う一方で、中央政府に対する意見表明の機会は不十分であった。また、中央政府にとって、全国改革に限界があった上、経済政策も失敗続きで、継続が困難になったのである。そこで明治四（一八七一）年に廃藩置県が断行された。知藩事は罷免されて東京に集められ、全国に三府三百二県が設置された。その後、県の統廃合が進められていった。

廃藩置県の後、岩倉具視、大久保利通、木戸孝允、伊藤博文など、明治政府の中枢は、アメリカを経てヨーロッパ諸国をめぐる海外視察に出発した。岩倉使節団である。使節団の欧米視察は、廃藩置県後の内政改革の方針を定めるために行われた。また、幕末に締結された欧米諸国との通商条約の改定期限を控えていたこともあり、条約改正交渉を開始することも重要な目的であった。

その一方で留守政府は、廃藩置県実施以前に着手していた改革を実施した。最初の事業は、戸籍の作成であった。廃藩置県前の明治四（一八七一）年四月、政府は全国民を対象とした戸籍を作成するため、戸籍法を制定し、これに伴い、各府県に区を設置した。区とは、戸籍作成の地域単位として設定されたもので、多くの府県で大区、小区の階層が設けられた。小区の戸籍作成責任者として戸長が置かれ、数村を統合する範囲を管轄した。廃藩置県後、庄屋や名主は廃止されたが、戸籍作成の実務は、江戸時代以来の地域の有力者に委託された。そして小区を統合する大区には区長が設置された。これにより、県から区長、区長から戸長、戸長から各町村民へと指示が伝えられる命令体系が確立した。

戸長には、地方の意向を代弁するより行政命令を執行する機能が期待され、戸長事務は戸籍作成以外にも、地租改正関連業務、学校の設立、道路の敷設、さらには徴兵関連事務など、国、県、町村の業務すべてに及んだ。廃藩置県後の改革を象徴する、地租改正、学制の発布、徴兵制の導入は、いずれも自治的な地方村落に対する行政命令によって実施されたのである。

以上のような政府からの行政命令に対応し、各府県には、政府命令を執行する上で必要な細目や分担を決定するため、府県の裁量に基づく地方議会としての民会の開設が認められた。地方民会の設置に関し、全国的な統一基準は存在せず、議員の選出法や議会運営などの細目は各府県で多様であった。ただし、地方に課せられた負担の大きさから、民会と県はしばしば対立した。

このように、明治政府の新規事業は、各省が定めた方針を、江戸時代の農村自治の伝統を継承する地方が実施することによって実現した。明治の近代化は、国民の負担と協力によって成し遂げられたのである。

大久保政権期の外交、内乱、地方改革

留守政府は国内改革と並行し、朝鮮との国交回復を行おうとした。明治維新後、朝鮮は明治政権を承認せず、国交が断絶していたためである。留守政府は朝鮮の排外姿勢に照らし、武力行使の可能性を念頭に西郷隆盛を朝鮮に派遣し、問題の決着を図ろうとした。しかし、帰国した岩倉具視や大久保利通の反対で、西郷の朝鮮派遣は中止される。反発した西郷や板垣退助、江藤新平、後藤象二郎らは参議を辞職した。明治六年政変という。

大久保は日本の産業化を優先課題と考えていた。そこで政変直後の十一月に内務省を設置

し、内務卿に就任した。大久保は、政務全般を合議で統括する参議ではなく、産業化や地方制度改革を担当する省の長官として、実権を掌握したのである。とはいえ、一八七四年二月に江藤新平が佐賀の乱を起こし、五月には琉球民の帰属問題を契機とする台湾出兵が実施され、八月にはロシアとの国境交渉が開始された。このように大久保は、国内紛争に対処し、日本の領土確定も進めながら、さらに地方行政や司法の改革を推進する。

一八七五年四月、政府は漸次立憲政体樹立の詔書を発した。これにより、元老院、大審院、地方官会議が設置された。元老院とは、廃藩置県後に設置された左院を引き継ぐ有識者諮問機関であり、元老院の審議を経て発布された政府命令は、布告や達《たつし》と称された他の政府命令とは格の異なる法律として位置づけられた。また、元老院は、憲法草案の検討も行っている。

大審院は司法の最高機関として設置された。明治維新以降、裁判所の設置は財政難のために進捗せず、裁判業務は、県の裁判担当部局が、司法省から指示を受け、あるいは司法省に疑義について照会しながら、行っていた。しかし、専門的知識を要する近代的法体系の導入に伴い、地方行政による司法代行は、次第に困難になった。大審院の設置とそれに並行する地方の裁判所の整備により、県に委託されていた司法業務は独立裁判所の業務へと移行した。このように、日本の司法と行政は、業務の専門化に対応して分離したのである。

最後の地方官会議とは、地方統治の責任者である地方官を通じ、全国の民意を間接的に集約しようとしたものである。諸改革に伴う国民の負担に対応し、地方民会が設置されていたが、国政に民意を反映させる制度はなかった。地方官会議は、選挙を通じた議会ではなく、業務担当者の合議を通じて民意に応えていこうとする、日本の政治決定の伝統を反映したものであった。

一八七五年五月、ロシアとの交渉が妥結し、樺太・千島交換条約が調印された。七月には琉球に清朝への朝貢停止が命じられた。さらに九月、江華島事件が発生し、二月に日朝修好条規が調印された。とはいえ、国内では十月に熊本で神風連の乱、福岡県で秋月の乱、山口県で萩の乱が勃発した。それらの鎮圧後、茨城、三重、愛知、岐阜、堺の各県で農民一揆が勃発した。さらに七七年二月には西南戦争が勃発した。

西南戦争後、大久保利通内務卿は地方改革に着手し、大久保暗殺後の一八七八年七月、地方三新法が制定された。これは、郡区町村編制法、府県会規則、地方税規則からなるが、これにより、地方民会に代わる、全国統一規則に基づいた地方議会が設置され、府県は議会によって予算を決定する公共団体としての地位を確立した。さらに帝国憲法の制定と並行し、市町村議会に関する法整備がなされる。これにより、国民負担に対応した、中央議会、地方議会の制度が確立するのである。また、一八七九年三月に沖縄県が設置され、台湾出兵以来の琉球問題も解決した。

財政・金融の安定化

江戸後期より各藩の財政は逼迫しており、発足当初の明治政府も深刻な財政難の状態にあった。当初、明治政府は太政官札という紙幣を発行した。これは本来、民間商業を活性化させるために発行されたが、現実には各藩や明治政府が財政赤字の補塡に利用したため、紙幣価値の下落と物価高騰を引き起こした。

明治政府は、通貨の信用を維持するため、一八七二年にアメリカの金融制度を模範とする国立銀行の制度を導入した。これは、民間銀行に太政官札を準備金とする紙幣発行権を認めたもので、政府紙幣に民間資本による信用の裏づけを与えようとしたのである。とはいえ、当初の明治政府は実質的に、不換紙幣を発行しながら急場を凌ぎ、その後の物価高騰に応じて紙幣を回収するという、民間資産に対する収奪的な財政政策を展開していた。

明治政府は、財政再建のため、近代改革を遂行する過程で歴史的役割を終えた武士に対する俸禄を停止した。その際、導入されたのが、金禄公債であった。これは、給与的性格を持つ俸禄を相応の資産の付与によって廃止するものであり、しかも資産を証書とすることで政府は単年度の支出を抑え、証書保有者は証書の売却や証書を担保とした借り入れにより資金を調達できた。これにより、政府財政の負担は大きく緩和された。

金禄公債の発行に合わせ、一八七六年八月に新国立銀行条例が公布された。これは、金禄公債を資本とする国立銀行の設置を認め、それらに紙幣を発行させることによって、金禄公債の大量売却による価値の暴落を防ぎながら、政府と民間資産の信用裏づけに基づいた新たな資金を市場に供給しようとしたのである。

新国立銀行条例によって設立された国立銀行は、より近代的な銀行としての機能を備え、同時に、士族資産の保護と通貨流通の安定化を図ろうとしていた。これにより、日本鉄道会社への出資や、生糸輸出に必要な資金供給、大阪紡績会社設立に要する資本準備などが可能になった。

日本の財政、金融安定化の画期となったのが、明治十四年政変の後の松方財政の登場であった。政変による大隈重信の失脚後、松方正義が後任の大蔵卿に就任し、財政、通貨、物価問題に対処することとなった。

松方は一八八二年に日本銀行を設立すると共に、増税と支出削減による財政再建を進めた。一八八四年五月に日本銀行券は銀と兌換、すなわち交換されることとなり、銀本位制が確立すると共に、国立銀行は通貨発行権を喪失した。これにより、中央銀行単独の紙幣発行が実現し、各銀行は預金銀行へと再編されていく。

ただし、この間に景気は悪化し、企業、銀行の倒産が続出した。特に米価の暴落は深刻で、中規模自作農の経営破綻や農地売却による地主への土地の集積が進んだ。しかし、財政再建と通貨信用の回復が進むことで、一八八五年頃より生糸の輸出が増加し、また、紡績業、鉄道、鉱山業などを中心とする民間経済の成長も始まるのである。

自由民権運動

自由民権運動は、明治時代の著名な政治的運動である。明治六年の政変で参議を辞職した板垣退助が翌一八七四年に民撰議院設立の建白を行い、立志社を設立したことで始まった。以来、一八八〇年の国会期成同盟の結成、明治十四年政変後の板垣による自由党、大隈重信による立憲改進党の結成、翌一八八二年以降の激化事件の続発と政党の解散、さらに条約改正問題などを契機に一八八六年に展開された大同団結運動へと続く。

自由民権運動には、大きく二つの流れがあった。国会開設を求める運動と反政府暴動である。国会開設運動とは、伝統的な合議を求める運動であった。その主体となったのは、板垣退助や大隈重信、あるいは大同団結運動を主導した後藤象二郎など、政府を離れた有力政治家と、地方民会で活動していた豪農と呼ばれる有力な地方農民である。彼らは国会の開設を求めたが、合議の論理に則り、無制限な参政権を求めたわけでなく、そこには、社会的責任を担う上層階層の国政参加の権利を求めるという、社会階層的な論理があった。

一方、反政府暴動は、一連の激化事件を指す。主体となったのは不平士族や貧民であった。特に明治十四年政変後、松方財政により不況が深刻化したことで、東海、信越、北関東、東北という中部以東の各地で発生した。

自由民権運動と一括される現象でも、合議を求める運動と、政府に対する暴動や反乱とは、相容れなかったが、激化事件の続発で、自由民権運動は停滞する。しかし、国会開設の接近と条約改正問題の浮上により、自由民権運動は再び昂揚し、国会開設後の政府と議会の対立へとつながる。

陸運、海運、鉄道の整備

日本の産業部門の近代化は多岐にわたり、いずれも試行錯誤を経て、経済発展の基礎を築いた。ここでは、陸運、海運の近代化と鉄道の敷設を通じ、社会基盤の近代化を実現した政府と民間の関係の一端を紹介する。

江戸時代の通信は、駅逓や飛脚が担っていた。それは、荷物を宿駅で受け渡し、引き継ぎながら遠隔地に輸送するというもので、幕府や藩は、陸運を維持するため、宿駅の周辺農村に必要な負担を供出させていた。一八七〇年、明治政府は、宿駅を会社に再編させ、自らの裁量で料金を徴収する自立採算制へと移行した。これによって設立された会社は、陸運会社と称された。

一八七二年、政府は東京の飛脚問屋などを統合し、陸運元会社を設立させた。陸運元会社は、全国の陸運会社を順次合併すると共に、発足当初の政府の郵便業務を補佐する役割も果たした。陸運元会社は一八七五年に内国通運会社へと再編された。一八七九年には独占権が廃止され、一般企業として活動し、現在の日本通運に至る。このように、明治の陸運は、江戸時代の伝統的運輸を会社組織へと改編し、政府命令の下で全国的運輸を整備した後、自由化を図ることで、近代化を実現したのである。

次に海運に関しては、江戸時代より駅逓や飛脚と並行し、菱垣廻船、樽廻船、北前船など沿岸海運や河川による水運が発達していた。そこで明治初中期の日本は、内陸から都市部への道路整備、都市部から沿岸港湾地への鉄道敷設、そして港湾間の沿岸航路の開設という複合的交通網を通じた全国運輸の整備を目指した。

ペリー来航後、幕府や雄藩は、迅速かつ大規模な輸送力を持つ交通手段として西洋の汽船に注目し、導入した。それが民間に貸し下げられ、一八七二年、半官半民の日本国郵便蒸気船会社が設立された。これは、陸運会社に準じた政府命令に基づく民間の廻漕会社を統合したもので、東京—大阪間の定期航路が開設された。

一方、一八七五年、旧土佐藩の岩崎弥太郎が九十九商会を発展させ、郵便汽船三菱会社を設立した。一八七四年の台湾出兵に際し、郵便蒸気船会社が通常業務を優先したのに対し、三菱会社は大久保に積極的に協力した。以後、三菱会社は急成長し、郵便蒸気汽船会社を吸収する。しかし、三菱に対抗し、一八八二年、三井が井上馨らの要望を受けて共同運輸を設立し、三菱と激しい競争を繰り広げた。結果、政府の斡旋により、一八八五年に両社は合併し、日本郵船が設立された。他方で一八八四年、瀬戸内航路と住友により設立された大阪商船が開業し、二大海運会社となる。

このように、海運は陸運と同様の民間組織と、政府による汽船の貸し下げにより発足したが、政府内の対立や外交政策の混乱による影響を受けながら、外国海運に対抗するため、政府方針で独占的会社が創設された。その後、鉄道の普及により、国内輸送における海運の比重が低下すると、一八九六年に制定された航海奨励法により、政府助成の下で日本の海運は海外航路へ進出する。

最後に日本における鉄道敷設は、建設や運営を外国に委ねず、外国から顧問を招き、日本人が技術を習得し、日本人によって敷設する方針で進められた。一八七二年には新橋—横浜間の鉄道が開通し、一八七七年には京都—神戸線、さらに一八八九年には新橋—神戸間が開通した。日本人による技術の習得は、その後の産業化の重要な基礎となった。

ただし、自力建設の方針は、多額の資金を要した。また、東海道線に先立ち、中央線の敷設を試み、挫折するなど、試行錯誤もあった。そうした中で政府は、民間資本の活用へと方針を転換した。一八八一年、日本鉄道会社が設立された。日本鉄道は、一八八五年に横浜—高崎間の路線を開通し、生糸輸送で大きな収益を上げると共に、生糸産業の発展や輸出の拡大に貢献した。一八九一年には上野—青森間の営業を開始している。

日本鉄道の発足以降、日本の鉄道業は五大私鉄の時代を迎える。五大私鉄とは、日本鉄道、一八八八年開業の関西鉄道および山陽鉄道、一八八七年開業の九州鉄道、一八八九年に民営化された北海道炭礦鉄道である。このように、日本の鉄道は政府と民間の協力によって進められた。当初、政府主導で東京から神戸まで敷設されたが、資金不足により、民間事業が路線の拡大を引き継いだのである。とはいえ、民間主導の鉄道敷設は採算性の制約などがあり、計画的、全国的な鉄道敷設への要望が高まった。そのため、特に帝国議会開設後、鉄道国有化が問題となり、日露戦争後の一九〇六年に主要幹線が国有化され、国鉄時代を迎える。

以上のように、日本の鉄道敷設においては、政府と民間が技術習得や資金調達の面で協力し、困難を克服した。これに対し、清朝では後述のように、十九世紀末から二十世紀初頭に外国による鉄道敷設権や借款が設定され、利権回収運動が生じる一方で、清朝は主要幹線の国有化を決定し、辛亥革命が勃発する。日本とは対照的に、外国の利権と資金をめぐり、国内の対立が深刻化するのである。

輸出中小企業の支援

江戸時代における商工業は、生産や流通の独占権と一体化した同業職種ないし利害共有集団によって担われていた。これを株仲間という。明治維新後、政府は株仲間の廃止により、営業独占や価格統制を撤廃し、商業の自由化を図った。とはいえ、営業の自由化により、粗製濫造や流通の混乱などが生じた。そこで明治十年代を迎える頃には、新たな商業上の秩序を形成すべく、有力商人層を中心とする業界の組織化が試みられるようになった。その成果として、一八七八年三月に東京商法会議所（八三年より東京商工会、九一年より東京商業会議所）、八月には大阪商法会議所（八一年より大阪商業会議所）が設立された。

一方、幕末以降の日本の輸出は、生糸や茶をはじめとする在来産業によって担われた。在来産業は、家内生産を主とする、資産規模の小さい民間業者で構成され、株仲間を構成していた。そうした同業集団を継承したのが、同業組合と呼ばれる組合であった。

幕末以来、巨大な輸出需要のあった生糸、織物、茶業、陶磁器、漆器、花筵、米穀、石炭などにおいて、明治初期から十年代にかけて同業組合規則が整備されていった。これにより、一定地域内の同業者が組合を結成し、品質管理の向上や営業利益の増進を図った。ただし、同業組合には、生産量の制限や賃金ないし価格協定といった自由経済に反する措置を行う懸念があり、それらに関する規制も導入された。

一八九七年、輸出振興を目的に、重要輸出品同業組合法が公布された。同法は一九〇〇年に重要物産同業組合法へと改編され、適用範囲が拡大されると共に、一九二五年の重要輸出品工業組合法へ引き継がれていく。

同業組合は業界の自主規制を目的とする組合であったが、他方で明治中期以降、協同事業の有効性が認識され始め、一九〇〇年に産業組合法が制定される。産業組合とは、静岡県掛川市の報徳運動を一つの起源とし、農村における相互扶助の仕組みとして法制化されたものである。産業組合は市町村を単位として設立され、共同購入、共同販売、共同金融などの協同事業に従事する。中心的業務は信用組合であり、これはその後の農協、漁協、信用金庫、医療組合（健康保険組合）などの基礎となった。

明治時代の就業人口の過半は農業に従事し、国家の税収も地租に依存していたが、金融機関としての銀行は、財閥や地方資産家によって設立され、主に都市部の系列業への融資を行った。そのため、地方、とりわけ農村の金融は逼迫傾向にあった。信用組合はそうした状況に対処するため、地域で調達した資金を地方に還元するものとされた。この後、産業組合連合会および中央会の設立が認められ、地域組織の限界を広域の相互扶助によって補う制度整備が進められる。

これらは、民間の中小企業の経営効率化を政府が支援するために導入した法制度の一例である。

内閣制度と帝国憲法

一八八五年十二月、内閣制度が導入され、伊藤博文が総理大臣に就任した。これは、政府内で実務に関わらない太政大臣および左右大臣を廃止すると共に、各省長官（卿）を大臣に格上げし、実務を担当する最高責任者による合議機関を創設したものである。また、各省大臣は、主管事務について総理大臣に報告するものとされた。

一八八八年、地方三新法に続く市制町村制の制定により、市町村議会と財政が法的に確立された。こうした国家および地方制度の整備を通じ、過大な国家事業が地方に委任されるというそれまでの状況は解消し、むしろ地方事業に対する国庫補助が拡大するようになる。こうした、中央と地方の行政、財政制度の改革の上に、憲法の制定が図られたのである。

帝国憲法は、一八八九年二月十一日、黒田清隆内閣によって発布された。帝国憲法は、天皇が統治権を有すること、法律および予算を決定する議会を開設すること、天皇が国務大臣によって個別に補佐（輔弼《ほひつ》）されることを規定した。また、条約や緊急勅令（特別の事情により議会決議を経ずに発せられる、その意味で憲法に抵触しかねない法律的行政命令）については、枢密院が審議に当たった。枢密院とは、憲法制定のために設置され、憲法制定後は憲法に関わる法令を行政から独立して審議し、天皇を補佐した機関である。他にも統帥部や宮中事務全般を管轄する宮内省および宮内大臣など、政府の管掌から切り離された専門的組織も存在したが、いずれも天皇を輔弼する機関とされた。

帝国憲法によって、立法、行政、司法の三権の実務は天皇より関係機関に委任され、各機関は天皇の大権を代行するものと位置づけられた。一方、天皇は上奏に対して、中立、公正と判断される見解を述べなければならなかった。その意味で、憲法の制定を含めた近代日本の国政改革とは、担当部局によって政策が起案され、天皇への上奏、裁可を経て、各部局に実務の遂行が委任される伝統的な合議手続きの近代化であった。これに伴い、すべての法律は、議会の協賛を経たことを明記の上、御名御璽と関連大臣の署名がなされた上で、公布されることとなった。

天皇と各国家機関は直属の上奏、裁可の関係、ないし司法については業務の委任関係にあったが、そのような、国務に包括的に関与する天皇の立場や負担に対応し、天皇と関係機関の合議を補佐する侍従などの役職が設置された。同様の役職は陸海軍に関しても設置された。侍従武官という。

二十世紀になると、憲法の制定や初期議会への対応に当たってきた伊藤博文や山県有朋、松方正義、井上馨らが、元老として、天皇の最高顧問の役割を担った。大正後期から昭和初期にかけ、元老は西園寺公望一人となり、内大臣が元老を補佐するようになる。内大臣とはそれまで、御璽の保管とそれに関連する事務を担う非政治職であったが、大正末より元老を補い、それを部分的に代替し始める。そして一九三〇年代には、首相指名に関与するなど、大きな政治的影響力を行使する。

天皇は、侍従や元老、内大臣などと合議し、その補佐を受けながら、政務担当者と合議し、国家諸機関が政策の立案、決定、遂行の責任を負った。天皇は実務を各機関に委任するため政治的な責任を負うことのできない存在であったが、天皇は自らの職務を、歴代天皇の職務を引き継ぐと共に、国家国民の平和、安寧に直結するものとして意識し、責任を自覚し続けた。その意味で天皇の存在は、国家権力の独裁化、専制化をむしろ抑制するものとなったのである。

近代陸海軍の創設

明治政府は近代的軍隊を創設するため、藩という地域で分断され、世襲的な身分で上下関係が固定化された武士を否定し、中央政府に付属する一元化された陸海軍の組織整備や、専門的な指揮官（将校）の養成、そして一般国民を兵卒として動員し、訓練する徴兵制の導入などを進めた。

西南戦争後の一八七八年、参謀本部が設立された。これにより、軍政と軍令、すなわち予算や人事などの軍事行政と、作戦立案、部隊指揮、訓練などの純軍事事項（統帥《とうすい》）が分離された。これはドイツの制度に由来し、軍に対する様々な政治的影響を予防するためであった。ただし、海軍はこの時点で同様の制度改革を行わなかった。

一八八五年に陸軍は鎮台を師団へと改編した。鎮台とは六地方に設置され、広域の治安維持を任務とした地方部隊である。対して師団とは、機動性を有する部隊単位である。師団の創設により、機動的防衛や部隊の外征も可能になった。日清戦争開戦前の陸軍は七個師団、日露戦争時には十三個師団を有し、その後、増設と削減を経て十七個師団で満洲事変を迎える。

一八八五年十二月に内閣制度が発足すると、各大臣は総理大臣に主管事務を報告するものとされた。これに伴い、参謀本部長より天皇に直接上奏する軍機事項であっても、陸軍大臣から首相に事案について報告するものとされた。

内閣発足の翌一八八六年、陸軍参謀本部と海軍省軍事部が合併された。参謀本部長には皇族が就任し、陸海軍の統一的運用を目指す制度改革が行われたが、一八八九年に参謀本部は陸軍のみの組織となった。陸軍側は参謀総長による陸海軍全般の統括を目指したが、海軍側がそれを拒否したのである。一八九三年五月、海軍軍令部条例と戦時大本営条例が公布され、海軍軍令部が設置された。海軍軍令部は参謀本部に対応する天皇直属の独立機関となり、作戦、防衛計画、訓練などを管轄することとなった。

統帥部門が政府の組織、つまり陸海軍省から分離する経緯は、陸軍と海軍で異なっていた。陸軍は統帥を政治的影響から隔離するため、内閣の発足以前に軍政と軍令を分離したのに対し、海軍は実質的に陸軍の指揮下に置かれるのを回避するため、憲法制定後に軍令の独立が実現した。

政府と統帥の分離は、外部からの干渉を嫌う組織原理に基づいて成立しており、それのみで政府に対する軍の優位をもたらしたわけではない。それどころか、軍に対する外部の影響を排除する措置は、特に陸軍において、山県有朋を頂点とする長州閥という派閥を形成、温存することとなり、それが政府と軍の関係を調整する役割を果たすことにもなるのである。

条約改正と国会開設

条約改正は明治政府の重要外交課題であった。交渉は岩倉使節団によって開始され、一八七五年に寺島宗則外務卿の下で、関税自主権の回復を目指す方針が定められた。これは殖産興業を進め、また、外貨収入の増加を図るためであった。

一八八〇年代になると、列国との条約改正会議を通じた治外法権の撤廃交渉が行われた。これは、最恵国待遇、すなわち条約締約国が日本から認められた有利な待遇を共有するという規定が存在し、関係国すべてとの条約改正が必要であったためである。

一八八六年以降、イギリスとドイツの提案に基づき、日本の内地開放、ヨーロッパ式の法律制定、そして外国人裁判官の任用などをめぐって交渉が進展した。しかし、外国人裁判官の任用などが国内で批判され、交渉に当たった井上馨外務卿・外相は辞任した。

治外法権の撤廃には、清朝との交渉も必要であった。日清修好条規は、日清両国が相互に刑事事件に関する治外法権を認め合っており、日本政府は、たとえばアヘンを吸引する在日華僑の取締りに支障をきたしていた。しかも、一八七九年日本が琉球藩を廃止して沖縄県を設置して以降、清朝側は在日華僑の取締りに関する交渉に応じなくなる。その後、日本はヨーロッパとの条約改正交渉と並行し、条約改正が実現した場合にその内容を日清条約に反映させることを清朝に求めたが、清朝はやはり交渉に応じなかった。

さらに条約改正問題は、自由民権運動を刺激した。反対運動が昂揚したため、黒田内閣は一八八九年二月に大隈重信を外相に起用し、立憲改進党系の支持を確保しようとした。大隈は合同会議方式を撤回し、ドイツ、ロシアとイギリスとが国際的に対立していたことを利用し、各国と個別交渉を進めた。そして大隈は、アメリカ、ドイツ、ロシアと条約調印を実現し、その上で、イギリスが条約改正に応じない場合、条約を破棄するという強硬姿勢でイギリスとの交渉に臨もうとした。しかし、大隈の条約案は、大審院の判事に限り、外国人裁判官を任用するという条件を入れていた。これが漏洩《ろうえい》し、大隈は爆弾を投げつけられ、片脚を失う重症を負った。黒田清隆内閣も総辞職に追い込まれてしまう。こうして、憲法制定に伴う条約改正は失敗した。

一八八九年十二月、山県有朋内閣が成立し、外相に青木周蔵が就任した。条約改正が外交上の最重要課題であり、イギリスが条約改正に応じる姿勢を示したことから、政府は準備を進めた。ところが、翌年十一月末に議会が開会して以降、議会は政府の条約改正交渉を批判する一方で、政府は予算を優先せざるを得なかった。また、議会は条約改正の前提となる民法や商法の施行を延期した。議会の開設が条約改正の障害となったのである。さらに内閣の交代も交渉の支障となった。

一八九二年八月、第二次伊藤博文内閣が成立した。山県有朋や黒田清隆、井上馨ら元勲が入閣する一方で、外務大臣に自由党との関係の深い陸奥宗光が起用された。陸奥の起用は、議会対策と条約改正交渉のためであった。一八九三年七月、伊藤内閣は条約改正案を閣議決定し、イギリスとの交渉に当たったが、イギリス側は日本の内政が不安定であるため、交渉に消極的で、しかも、十一月末に開会した第五議会は、条約改正に関する政府の交渉姿勢を強く批判した。伊藤内閣は議会を停会とした後、十二月三十日に衆議院を解散した。

日清開戦

一八九四年二月、朝鮮で東学の指導者が地方官の圧政に抗して蜂起した。反乱は広範囲に拡大し、全羅道を制圧したため、甲午農民戦争ともいう。甲申事変以来の朝鮮に対する清朝の干渉は、朝鮮の財政を悪化させ、増税をもたらし、反乱を多発させていた。それが甲午農民戦争につながったのである。

三月一日、日本では総選挙が実施された。同月、イギリスでは、グラッドストン内閣からローズベリー内閣へと政府が交代した。四月以降、ロンドンで条約改正交渉が進められたが、交渉は昨年末の議会解散の時点での想定より遅延しており、さらに朝鮮問題が発生する中で、議会開会を迎えた。

第六議会は五月十二日に召集された。二十一日に衆議院は、政府の議会解散に対する不信任決議を可決、三十一日には外交を批判する決議が可決された。その間、朝鮮政府は袁世凱に清軍の出動を要請し、李鴻章は淮軍七千の兵力を派遣することとなった。

六月二日、伊藤内閣は再び議会を解散すると共に、朝鮮への派兵を決定した。八千の兵力であった。派兵は清朝との戦争を目的とせず、居留民および公使館保護のためであったが、兵力が大規模になったのは、甲申事変のような、清朝の軍隊に実力で排除される事態を警戒したためであろう。その意味で日本政府に清朝への対抗意識は存在した。しかし、日本政府に、朝鮮における新たな利権獲得や甲申事変以前の状態への復帰を目指す意図が存在したわけではなかった。

六日、李鴻章の北洋軍約二千が忠清道牙山に派遣された。同日、日本の先発隊千名余が宇品より出港した。翌七日、日清両国は行文知照を行った。日本の先遣隊は十二日に仁川に上陸した。しかし、その時点で、反乱は収拾していた。ところが、日本政府は、成果のない撤兵を不可能と判断した。議会解散直後で、しかも世論は清朝に対する強硬措置を求めていたからである。政府はその動向に制約された。

十三日、伊藤首相は日清共同の朝鮮内政改革案を決定した。朝鮮の反乱によって日清の再出兵がなされた以上、事件の再発を防ぎ、日清の対立を回避するため、必要と判断されたのである。対して陸奥外相は、改革実現まで撤兵せず、清朝が拒否した場合、日本が単独で内政改革に当たるとする方針を提議し、閣議決定された。伊藤が陸奥の提案を受け入れたのは、清朝の拒否や非協力的態度を想定し、朝鮮改革に向けた強い姿勢を示す必要があると判断されたからであろう。清朝は日本の提案を拒否した。

六月下旬にロシアは日本に撤兵を要請し、イギリスも日清の同時撤兵について打診した。伊藤首相らの衝撃は大きく、開戦には慎重にならざるを得なかった。イギリスとの通商条約改定交渉も概ね合意に達し、反発を回避しなければならなかった。

清朝では李鴻章が日本との軍事紛争を回避しようとした。しかし、一八八九年に始まった光緒帝の親政を支持する清流派と呼ばれる皇帝側近は、李鴻章を批判した。西太后の信任を受け、北洋軍を率い、外交を担当してきた李鴻章が対外紛争の回避を目指したのに対し、皇帝権力の強化や清朝の権威発揚を目指す清流派は、軍事情勢を顧みることなく、日本に強硬で、非妥協的であった。

イギリスは日清両国に朝鮮内政改革のための条件を照会したが、イギリスの調停は総理衙門によって拒絶されてしまう。十一日、日本は清朝非難の通告を決定した。合わせてイギリスとの条約交渉における最後の懸案事項についてすべて譲歩し、早急に調印を行うこととした。十二日、日本は清朝に対する通告を実施した。通告に光緒帝は激怒し、対日開戦を決意する。七月十六日、日英通商航海条約が調印された。これにより、五年間の猶予期間後の治外法権撤廃が実現することとなった。ただし、この時点で日清戦争は避けられない情勢となっていた。

日本は清朝に対し、朝鮮を独立国とする主張を一貫して行ってきたが、これは多分に名目的であった。日本にとって朝鮮の独立とは、朝鮮を属国とする清朝の主張に対抗するものであって、朝鮮に対する日清の内政干渉を排除していなかった。そこにはおそらく世論への配慮もあった。

清朝に対する日本の対決姿勢に、条約改正問題は複雑な影響を与えた。まず、日本政府はイギリスとの早期条約改正を目指し、一八九三年末に議会を解散したが、イギリスとの交渉は遅延し、議会との対立をかえって激化させた。そうした中で朝鮮で反乱が勃発し、清朝に対抗する出兵と、議会の再解散が重なった。日本政府は、清朝との衝突を警戒して大規模な派兵を行った後、世論に拘束された。日本政府は、清朝の覇権主義や朝鮮統治の失敗に対する反発から、朝鮮共同内政改革案を強い姿勢で清朝に提起した。日本国内では、特に陸海軍と世論の清朝に対する反発は強かった。日本政府はイギリスへの配慮から清朝との開戦を躊躇する一方で、清朝によるイギリスの調停拒否が、日本側に開戦の口実を与えた。

その上、イギリスとの条約改正実現により、清朝のみが日本で治外法権を行使し続ける見通しとなった。イギリスとそれに続いた各国が、清朝の治外法権存続にもかかわらず、新条約による治外法権の撤廃に同意したためである。それは、近代法の施行される国家において、前近代的法律の適用される国民が治外法権を享受するという異例の事態であった。

日本は、日清修好条規の改定交渉に消極的な清朝の姿勢に苦慮しており、イギリスとの条約改正と清朝との対立が重なったことは、日本にとって、日清修好条規を無効化する好機ともなった。日本は日清修好条規を廃棄するために開戦を決意したわけではないが、日清修好条規改定交渉の経験は、清朝の高圧的姿勢に対する日本政府の反発を蓄積させ、開戦に対する抑制を失わせていたのである。

日清戦争

七月二十三日未明、日本軍は朝鮮王宮を包囲、閔妃一派を排斥して大院君を擁立し、二十五日に清朝との宗属関係を解消させた。この日、豊島沖海戦が発生した。八月一日に日清両国が宣戦し、九月中旬に日本軍は平壌を攻略、黄海海戦でも日本軍が勝利した。十月下旬、日本軍は鴨緑江を渡河すると共に、遼東半島に軍を上陸させ、十一月に北洋艦隊の基地である旅順を攻略した。一八九五年一月、山東半島に日本軍が上陸、北洋艦隊の残存艦艇の停泊する威海衛を攻略した。その後も北洋艦隊は定遠、鎮遠の艦砲射撃で抵抗したが、二月に司令官の丁汝昌が自決し、北洋艦隊は降伏した。三月、李鴻章が門司に到着し、下関で講和交渉が始まったが、日本海軍は澎湖諸島を占領した。四月十七日、講和条約が調印された。

清朝は下関条約により、朝鮮の独立や、日本に対する遼東半島、台湾、澎湖諸島の割譲、賠償金二億両の支払い、重慶、蘇州、杭州などの開港と開港場における企業経営権を承認した。李鴻章は講和交渉に際し、日本側要求をヨーロッパ側に通知しており、四月二十三日、遼東半島の割譲に対するロシア、ドイツ、フランスの抗議、すなわち三国干渉がなされた。これにより遼東半島の割譲は撤回され、賠償金三千万両が追加された。

日清戦争における日本軍の進路

原田『日清・日露戦争』67頁、『日清戦争』10頁、菊池『ラストエンペラーと近代中国』90頁、趙『異端の民衆反乱』312頁より作成。

日清戦争後に一気に拡大した外国利権

日清戦争の賠償金は、清朝の国庫収入の三年分に相当した。賠償が多額に上ったのは、戦費賠償が含まれたからである。それだけ、近代戦争における敗北の代償は巨大なものとなっていた。ただし、賠償を条約批准後三年以内に完済すると、利子二千百二十五万両が免除される規定であった。そこで清朝は一八九四年から九八年にかけてイギリス、ドイツ、フランス、ロシアの各国より七回にわたって外債を導入し、賠償を支払った。これにより、清朝の外債依存が強まった。

一八九六年、李鴻章はニコライ二世の戴冠式に出席するため、ロシアを訪問し、日本を仮想敵国とする同盟密約をロシアと締結した。これに伴い、李鴻章は、満洲を通過する鉄道の敷設をロシアに認めた。満洲里から綏芬河に至る路線で、中国東方鉄道（東清鉄道・中東鉄道）という。清朝は、ロシアを利用しようとし、ロシアに権益を与えたのである。

一八九八年三月、ドイツは前年十一月に山東省で発生したドイツ人宣教師の殺害を理由として膠州湾（青島）を占領し、清朝に九十九年間の租借や、山東省における鉄道敷設権などを認めさせた。租借地とは、条約に基づき国家間で貸借された区域であり、租借した国の法律、行政が施行され、一般に租借期限が設定されていた。

さらにロシアも、ドイツの膠州湾占領に対抗し、清朝支援の名目で旅順、大連を含む遼東半島南部を二十五年間にわたって租借する権利を清朝に認めさせた。旅順は一八八〇年に北洋海軍の拠点となった軍港であり、ロシアは租借地を関東州と命名した。対してイギリスも、ロシアが旅順港を租借する期間の威海衛の租借を清朝に認めさせた。また、フランスは広州湾に、それに対抗してイギリスも九龍半島に租借地を獲得した。

辛亥革命前後の清朝の鉄道

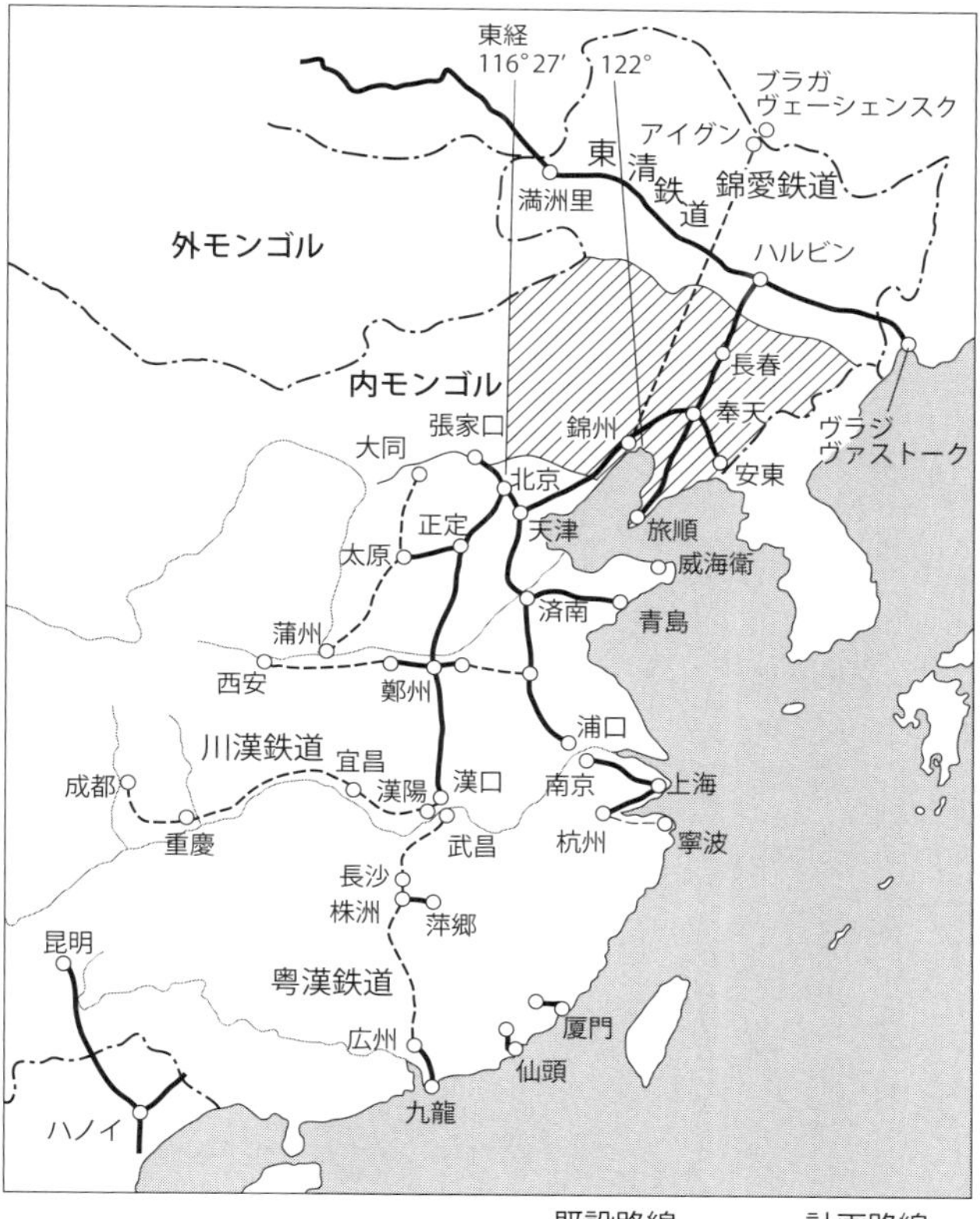

既設路線　---- 計画路線

日露協約における日本の利益範囲
第 1 次 (1907) 東経 122° 以東
第 3 次 (1912) 東経 116° 27′ 以東

姫田他『中国近現代史』上巻184頁、吉田『近代露清関係史』261頁より作成。

一八九八年はまた、各国が清朝より鉄道敷設権を獲得する年となった。ロシアとフランスはベルギー財団の名目で、北京近郊の盧溝橋から漢口に到る鉄道の建設資金の融資に関する契約を締結した。対してイギリスは、天津―浦口（南京の対岸）間（津浦鉄道）、広州―九龍間、蘇州―杭州間、さらに京奉線（北京―奉天）の建設権を獲得した。アメリカも粤漢鉄道（広東―漢口）の建設権を獲得している。ロシアはさらにハルビンから旅順、大連に至る東清鉄道南部支線の敷設権を獲得した。

以上と並行し、既存の租界の拡大や新たな通商拠点の開放も進んだ。一八九九年、上海租界はそれまでの越界道路区域を合併し、租界面積は三倍以上に拡大した。その一方で清朝自らも外国通商のための開放地を設定した。一八九七年の岳州（湖南省）、一八九八年の三都澳《さんとおう》（福建省）、一八九九年の南京、一九〇四年の済南（山東省）などで、これらを自開商埠地という。

上記のように、下関条約には、開港場において製造業の営業を認める規定があり、各国も権利を共有した。これに基づき、一八九七年に四工場が上海で操業を開始している。日本の工場進出は遅れるが、一九一一年に内外棉会社が上海に工場を建設し、事業を拡大していく。こうした、上海や後に青島に進出した日本の綿紡績業を在華紡という。

さらに鉄鉱資源をめぐる日本と清朝の貿易関係も始まった。一八九〇年、張之洞湖広総督によって設立された湖北鉄政局は、漢陽鉄政局へと改められた後、一八九六年に李鴻章配下の盛宣懐に経営が委任されていたが、一八九九年、八幡製鉄所による十五年間の大冶鉄山鉄鉱石の輸入契約が成立し、その後、日本興行銀行や横浜正金銀行から借款がなされる。漢陽鉄政局は、後に外交問題となる漢冶萍公司《かんやひょうコンス》の前身である。

日清戦争後の日本の政局と金本位制

日清戦争後、伊藤博文内閣は自由党との提携を強化した。次いで一八九六年九月に成立した第二次松方正義内閣は、改進党を母体として成立した進歩党を与党とし、大隈重信が外相として入閣した。日清戦争後、藩閥政府と議会政党との協力関係が形成され始めたのである。松方と大隈は、明治初中期の財政を指導した中心的政治家であり、同内閣は一八九七年三月に金本位制への移行を実現した。

金本位制とは、自国紙幣と金の固定相場を定め、原則として紙幣と金の兌換を無制限に認める制度である。これにより、紙幣の発行は準備金に制約され、貿易赤字などで自国通貨の実態相場が下落すると、金が国外に流出し、それに合わせて流通紙幣が収縮、物価の下落や金利の上昇を招く。それが輸出や紙幣価値の回復をもたらし、金本位制採用国間の貿易均衡を回復すると考えられたのである。

一八九八年一月に成立した第三次伊藤博文内閣は、政党との関係を断絶した。自由党と進歩党は合同して憲政党を結成、六月に憲政党を与党とする大隈内閣が成立した。とはいえ、憲政党は憲政党と憲政本党に分裂し、大隈内閣は四カ月で総辞職に至るが、議会の安定運営に政党は無視できない存在となっていた。一九〇〇年九月、伊藤博文は憲政党と提携し、立憲政友会を結成する。伊藤は議会政治安定化のため、自ら政党を組織したのである。これを受け、山県内閣は総辞職し、第四次伊藤内閣が成立した。

金本位制の採用は欧米の採用する国際通貨制度に対応したものであり、政友会の成立は政党政治に向けた大きな変化であった。それらは、特にイギリスが主導する国際経済秩序や国内政治秩序に日本が順応し、憲法をはじめとする大陸ヨーロッパの影響を受けた制度をイギリス流に運用していく、その後の変化を象徴するものでもあった。

日清戦争後の朝鮮をめぐる日露関係

日清戦争開戦に合わせ、日本軍の圧力の下で大院君が擁立され、金弘集内閣が成立した。京釜・京仁鉄道と電信線の利権や全羅道沿岸における開港地の設定などを規定した日朝暫定合同条款が締結され、新式貨幣発行章程が発布された。これにより、日本の銀貨が朝鮮に流通することとなった。朝鮮の貨幣や商品の流通は未発達であり、日本銀貨の流通による金融部門における日本の影響力拡大と朝鮮商業および対日貿易の活性化が期待されたのである。

とはいえ、大院君や金弘集は日本に非協力的であった。そこで、朝鮮の内政改革を推進するため、井上馨が朝鮮公使として赴任した。井上は大院君を引退させ、高宗の親政を復活させた。また、金弘集総理、魚允中蔵相を中心とする政権に朴泳孝らを加え、支援しようとした。しかし、三国干渉により状況は一変する。金弘集政権の日本に対する抵抗は強くなり、日本の干渉に対するアメリカ、イギリス、ロシア、ドイツの抗議もあった。井上は辞任し、三浦梧楼が公使となった。

高宗の親政復活と共に閔妃一派が勢力を回復した。閔妃はロシア公使ヴェーベルの支援を得て、朴泳孝を失脚させ、日本の支援によって設立された訓練隊を解散させようとした。一八九五年十月、閔妃殺害事件が発生した。事件には三浦梧楼が関与していた。一八九六年二月、高宗はロシア公使館に移った。俄館播遷《がかんはせん》という。親ロシア派内閣が成立し、金弘集や魚允中は群衆によって惨殺された。これと並行し、日本人襲撃や軍用電線切断などが多発し、十月頃まで日本軍守備隊との衝突が続いた。

一八九六年五月、小村寿太郎公使とヴェーベル公使の間で、朝鮮の内政改革に対する日露共同監督について合意した。次いで六月、山県有朋がロシアを訪問し、ニコライ二世の戴冠式に列席した際、ロバーノフ外相と会談の上、朝鮮問題に関する合意に至った。内容は、日露両国が朝鮮の財政均衡を勧告し、電信の管理や敷設権の範囲を設定した他、秘密協定として、朝鮮の内戦などで軍隊を派遣する場合、両国軍間に空白地帯を設定し、また、朝鮮軍が創設されるまで、日露両軍は同兵力を駐留するというものであった。

一八九七年二月、高宗はロシア公使館から慶運宮に一年ぶりに帰還した。ヴェーベルは高宗に軍事教官の招聘を求め、五月、六千人の部隊創設案やロシアの軍事教官の招聘について合意に至った。八月、高宗は皇帝に即位し、国号を大韓帝国と改めた。

ロシアが旅順、大連の租借を清朝に要求している最中の一八九八年二月、林董駐露公使はムラヴィヨーフ外相に日露協定案を提示した。内容は、(1)日露は韓国の独立を維持する、(2)軍事教官はロシア政府に任せる、(3)財政顧問は日本政府に任せる、というものであった。しかし、同月に朝鮮政府は、刻印付円銀の通用禁止令を布告し、三月に露韓銀行が発足した。露韓銀行は貨幣鋳造特権を有していた。ところが、朝鮮内の反対運動で、ロシアの財政顧問は解任され、露韓銀行も閉鎖されてしまう。

このように、朝鮮のロシアに対する方針が混迷する中、四月に西徳次郎外相とローゼン駐日公使の間で合意が成立した。交渉において日本側は、韓国が外国の助言を求める場合、対応を日本に一任する一方で、満洲とその沿岸を日本の利益範囲外とするという提案を行ったが、最終合意は、(1)日露は韓国の主権、独立を確認し、内政に直接の干渉をしない、(2)韓国が日露に助力を求める場合、軍事教官、財務顧問に関しては相互協商の上で対処する、などとしていた。日本の当初の主張は、韓国に対するロシアの介入を自制させようとするもので、それはロシアの支援を得て日本に対抗しようとする韓国内の勢力を念頭に置いたものであろう。しかし、ロシアはそれを受け入れず、この時点では朝鮮に対する日本とロシアの対等の関係を確認することとなった。

　七月、韓国は円銀の通用禁止を解除するが、一九〇〇年の北清事変（義和団の乱）で円銀は清朝に流出し、さらに一九〇一年二月、韓国は貨幣条例を発布した。これは、親ロシア派の内蔵院卿李容翊が発布し、日本に合わせて金本位制を採用したものであった。ところが、金貨は一枚も鋳造されず、韓国は従来の旧二銭五分白銅貨を流通させた。これはロシアとフランスの同盟的借款を念頭に、円銀を放逐するための措置であった。これに対抗し、日本の第一銀行は朝鮮政府の許可を得ないまま、一九〇二年五月より第一銀行券を発行する。韓国側も中央銀行を設立して対抗しようとするが、日露戦争を迎えてしまう。

　日本では一九〇〇年十月に第四次伊藤博文内閣が成立した。内閣成立の直前、イギリスとドイツの間に、清朝の河川、沿海の諸港をすべての国の経済活動に開放し、領土の獲得を目指さないとする協定が成立しており、伊藤内閣はこれに参加する。しかし、その間、清朝では義和団の乱が勃発していた。

袁世凱らの「新軍」創設と義和団の乱

日清戦争後、北洋軍の壊滅により、清朝にとって軍の再建が重要課題となった。その中心となったのが袁世凱であり、その軍隊は新軍（新建陸軍）と呼ばれた。新軍はドイツ軍を模範とし、段祺瑞、馮国璋、王士珍らが幹部に就任した。段祺瑞らは、李鴻章の創設した北洋武備学堂を経てドイツに留学した経験を持つ。

一方、一八九八年、光緒帝は、康有為の提案に触発され、中央、地方の制度改革、科挙の改革、京師大学堂の設置などを開始した。戊戌の変法という。しかし、保守派は反発し、西太后は、側近で甥の栄禄の軍を北京に動員した。改革は三カ月で失敗し、康有為や梁啓超は日本へ亡命した。栄禄は指揮下の軍隊や袁世凱の新軍などを統合し、武衛隊を創設した。これにより、清朝は直属の新鋭軍隊を保持したが、保守派もまた新軍に依存したのである。

清朝の伝統的統治の崩壊を決定づけたのは、外国利権の拡大に伴う排外主義の昂揚であった。ドイツが進出した山東省では、義和拳という呪術と武術の修練で超人的能力を身につけようとする集団が勢力を広げ、教会や宣教師に対する襲撃事件が多発した。一九〇〇年、義和団は北京に入り、日本公使館書記官やドイツ公使を殺害した。六月、清朝は紛議の末、西太后の決断により、列強に宣戦した。列強八カ国は連合軍を結成し、北京を占領した。西太后と光緒帝は西安に脱出した。

義和団の蜂起は満洲にも波及した。東清鉄道の敷設に従事していた労働者には、山東省から遼東半島に渡った労働者が多かったからである。ロシアは十七万余りの兵力を派遣し、満洲を占領した。東清鉄道は五百九十キロ近くが破壊された。他方、上海および長江流域では、盛宣懐らの仲介で、南洋大臣・両広総督の劉坤一、湖広総督の張之洞と列強の間で各国民の保護が合意され、戦闘は回避された。

反乱中の一九〇一年一月末、西安の西太后から軍機大臣以下、各省督撫《とくぶ》に、政治、財政などの改革案の提出が求められた。張之洞と劉坤一の連名による会奏は、文武の学堂創設、文科挙の内容改定、武科挙の廃止、海外留学の奨励を提言していた。内容は、日本の制度を模範とした学校体系の導入や、改定文科挙を十年間で廃止し、学堂卒業者に代替していくこと、移行期間中、速成教育効果の期待できる日本留学を奨励し、卒業、帰国後に試験を行い、科挙合格者の待遇を与えることなどであった。こうして光緒新政が開始された。

列強との交渉は、慶親王奕劻《えききょう》と老齢の李鴻章が当たった。九月、清朝と十一カ国との間で北京議定書が締結され、講和が成立した。清朝は四億五千万両の賠償金を課され、北京公使館区域の安全や海岸との自由交通確保のため、各国に軍隊駐留権を認めた。こうして天津の日本の駐留部隊、すなわち支那駐屯軍（天津軍）が成立する。また、総理衙門は外務部に改編され、他の国内統治機関の上位に置かれることとなった。

十一月、李鴻章は死去し、袁世凱が後任の北洋大臣兼直隷総督に任命された。義和団の乱後、清朝中央の有力者は、戦死、処刑、失脚などによりほぼ一掃されていた。栄禄の武衛軍も壊滅した。対して袁世凱は、兵力を温存した上、北京陥落後に義和団を鎮圧し、列強側との関係修復に寄与していた。科挙の廃止決定と、科挙を経ない軍人の最高行政官への就任は、科挙を通じた清朝の漢族支配から漢族軍人による清朝支配への変化を象徴する事態であった。

義和団の乱後のロシア、イギリス、日本と清朝

ロシア軍は北京議定書の成立後も満洲より撤兵せず、東清鉄道はロシア軍の保護下で建設が再開された。一九〇三年三月にハルビンから綏芬河に至る東部線が開通、六月にハルビンから大連に至る南部線、十一月にはハルビンから満洲里に至る西部線が開通した。ロシアの満洲駐兵と鉄道の敷設は、日本の深刻な脅威となった。

一九〇一年四月、日英同盟交渉が始まった。とはいえ、六月に伊藤内閣は総辞職し、第一次桂太郎内閣が成立した。外相には九月より小村寿太郎が就任した。十月、伊藤博文はアメリカを訪問し、次いでフランス、ドイツを経由してロシアに向かうこととなった。その間に

日英交渉が進展したが、伊藤は十一月末にペテルブルクに到着し、ニコライ二世に拝謁した。

十二月初め、伊藤はラームズドルフ外相と二度の会談を行った。伊藤は、朝鮮が諸国に援助を求め、日本とロシアが対立する事態や、朝鮮に別の大国の影響が及ぶ事態を阻止するため、日本がロシアとの事前合意に基づいて朝鮮に助言や援助を行うという希望を伝えた。対してラームズドルフ外相は、ロシアも隣国として朝鮮に関心を有し、また、ロシアは日本と同数の軍隊を駐留させる権利があり、日本による軍事干渉の排他的権利は、日本による軍事基地建設の可能性につながるとした。

これを受け、伊藤は二度目の会談で協定案を提出した。その趣旨は、(1)朝鮮独立の相互保証、(2)朝鮮領土の軍略目的での使用禁止、(3)朝鮮海峡の自由航行を危険にさらす軍事的措置の禁止、(4)日本が朝鮮政府に必要な助言と支援を与える排他的権利を有すること、(5)日本の助言や支援には反乱や騒擾鎮圧に必要な軍事的支援も含まれること、であった。

伊藤は、日露による朝鮮の独立保証を構想しており、韓国の併合を考えてはいなかった。伊藤の要点は、ロシア軍による満洲占領という事態に対応し、日本が朝鮮半島をロシアに対する軍事拠点としないことを保証した上で、韓国に対するロシアの干渉を自制させる点にあった。日本が韓国の内政改革を進める場合、反対派がロシアの支援を求める事態が予想されたからであり、また、日本にとってロシア軍の満洲占領が、朝鮮における日本とロシアの対等関係という以前の合意を、許容できないものとしたのである。しかし、これはラームズドルフに理解されないまま、対立は後の日露交渉へと引き継がれる。

一九〇二年一月三十日、日英同盟が成立した。日英同盟はロシア側に衝撃を与え、四月にロシアは清朝と満洲還付条約を締結した。これにより、ロシアは六カ月以内に盛京省西南部遼河に至る地方、次の六カ月に盛京省の残域、次の六カ月に黒龍江省から撤退することとなった。

二十世紀初頭のイギリスの内政と外交

日英同盟を締結した第三次ソールズベリ内閣は、保守党と自由統一党の連立政権であった。自由統一党は、一八八六年、第二次グラッドストン内閣がアイルランド自治法案の成立を図ったことで、ジョゼフ・チェンバレンらが自由党を離脱して結成した党であり、同年の総選挙と第二次ソールズベリ内閣の成立以来、保守党と協力関係にあった。二十世紀に入ると両党は実質的に合併し、一九二〇年代初め頃まで統一党と称される。

ディズレイリの死後、保守党の中心となったソールズベリは、国家権力の拡大に否定的な自由主義的価値観に基づき、国内的には貴族の指導的役割と君主を称える大衆組織の活動を通じて階級対立の緩和や社会統合を図ろうとし、対外的には大陸ヨーロッパ諸国による世界の独占的支配の阻止と自由貿易の維持を目指した。その一方で同内閣は、バルフォアが改革派の中心となり、一八九〇年の職工住宅法、一八九一年の工場法（女性、若者、子供の労働時間を制限した法律）および基本教育法の制定や、八時間労働、保険・年金問題、移民問題などに取り組み、成果を挙げた。

一八九二年の自由党の第四次グラッドストン内閣、九四年のローズベリー内閣を経て、一八九五年に保守党は政権を奪還し、第三次ソールズベリ内閣が成立した。ソールズベリは、行政権の拡大を志向するチェンバレンやバルフォアと一線を画していたが、高齢のため、党の指導を概ねバルフォアに委ねた。これにより、バルフォアと植民地相に就任したチェンバレンの主導権が確立する。

また、外交面でも変化が生じた。イギリスはオスマン帝国、インド、アフガニスタン、極東の各方面においてロシアと競合していた上、一八九八年のファショダ事件によるフランスとの緊張や、グレナダをめぐるアメリカとの緊張に直面し、一八九九年十月には南アフリカでボーア戦争が勃発した。一九〇二年一月にイギリスが日英同盟を成立させたのは、こうした外交上および国防上の負担を軽減するためであった。ソーズルベリは同盟に消極的であったが、ソールズベリより外相を引き継いだ自由統一党のランズダウンが同盟を成立させた。

ソールズベリ流の自由主義は、内外政策において修正を余儀なくされたのである。

日英同盟は、清朝の主権尊重を掲げ、清朝における他国の勢力拡大を牽制すると共に、締約国の戦争に際し、第三国が介入した場合の参戦義務を規定していた。これはイギリスにとって、自らの参戦の可能性を示す最小限の負担で、日露戦争を日本とロシアの二国間戦争に限定する効果を生み出し、現実の開戦を抑制しようとするものであった。

次いで九月、イギリスは英清通商条約（マッケイ条約）を締結した。同条約は、各国との通商条約の改定を規定した北京議定書に基づくもので、通貨の統一に向けた清朝の措置や、釐金《りきん》の廃止による七・五％までの関税率の引き上げ、清朝における近代法の制定を条件とする治外法権の撤廃などを規定していた。

総じてマッケイ条約は、清朝の通商的開放促進とそれに伴う規則の整備、清朝の国内改革に応じた不平等条約の改定や、それに必要なイギリスの支援を規定していた。中でも釐金の廃止とそれに伴う関税率の引き上げは、子口半税の規定を基礎としながら、地方財源の釐金を中央財源の関税に転化するもので、清朝中央政府に対する支援策としての意味を持ったのである。翌年、清朝は日本およびアメリカとマッケイ条約に準ずる改定通商条約を締結する。こうしたイギリスの外交は、ロシアに対抗するためにオスマン帝国を支援し、あるいはインド防衛のためにアフガニスタンに勢力を保持してきたイギリスの伝統的外交を東アジアにおいて展開したものであった。

一九〇二年、バルフォア内閣が成立した。しかし、内閣はチェンバレンをめぐって分裂する。チェンバレンは、国家主導の改革推進の立場から帝国の統合強化に積極的で、アメリカの保護関税で打撃を受けたカナダの要請を受け、帝国特恵関税の導入を目指したのである。一九〇三年九月、チェンバレンは植民地相を辞任し、関税改革運動を展開した。運動は、チェンバレンが脳卒中で倒れたため、挫折するが、以後、保護関税は保守党の政策課題として重要性を高め、数度にわたる政局の緊張をもたらす。

なぜ日本は「日露開戦」を決断したのか

一九〇三年四月、ロシアは第二期撤兵期限を遵守しなかった。六月、日本は御前会議によりロシアとの交渉方針を決定し、八月以降、日露交渉が行われた。日本とロシアの主な対立点は、次の三点であった。

第一に、日本は満洲に対する清朝の主権尊重と領土保全をロシアに求めたが、ロシアは応じなかった。ロシア側に、満洲北部、おそらく東清鉄道本線の沿線以北の併合を求める見解があったためであろう。

第二に、日本は韓国に対する軍事を含めた排他的指導権の承認を求めたが、ロシアは民政に関する日本の指導権を認めるとした。交渉で日本は譲歩し、韓国に対する排他的であることを明示しない行政指導権の承認を求め、ロシアはこれに応じたが、この問題は次の対立点とも関わっていた。

すなわち第三に、ロシアは、韓国の軍事利用および朝鮮海峡の自由航行を阻害する軍事施設の禁止や、北緯三十九度以北の軍隊進入禁止を求めたのに対し、日本は韓国と満洲の国境両側五十キロについて、相互の承認なく軍隊を侵入させないという対策を提示した。韓国の軍事利用の禁止や朝鮮海峡の自由航行の保証というロシア案は、一九〇一年にロシアを訪問した伊藤博文の提案に由来する。しかし、伊藤案は、韓国に対する日本の排他的指導権と一体化した、ロシアの懸念を払拭するための提案であって、その後、満洲にロシア軍が駐留し続ける中、韓国に対するロシアの干渉を否定せず、しかも朝鮮の北側三分の一について日本軍の進入を禁止するという厳しい非武装化案は、この時点の伊藤にも受け入れられなかった。

日本がロシアとの開戦を決定した背景に、大きく二つの要因が存在した。日本側はロシアの南下政策を過大に評価したが、ロシアは、満洲の領土保全を明文化せず、韓国の実質的非武装化を求めた。ロシア政府内には、韓国をめぐって日本とは戦争できないとする意見もあったが、日本にとって、ロシア軍の満洲駐留を前提とするロシアの韓国非武装化案は、東清鉄道複線化と満洲に対するロシア軍の飛躍的増強が実現するまでの日本の防衛準備を阻止する、実質的な時間稼ぎを意味した。日本が一九〇四年二月に開戦を決定した第一の要因は、開戦で勝利できる可能性がこの時点しかないと考えられたことであった。

もう一つの要因は韓国情勢である。一九〇三年八月、日露交渉の情報に接した韓国皇帝は、極秘でロシアに開戦時の協力を伝える一方で、ロシアと日本に中立国としての承認を求めた。韓国皇帝は平壌の離宮への避難を検討し、日露開戦の場合、ロシアの庇護を受ける計画であったともいう。

日露交渉前より日本と韓国は、韓国流通通貨の問題をめぐって対立していたが、ロシア軍の満洲駐留を背景に、日本では、韓国皇帝が再び列強の庇護を求める事態が深刻に懸念された。十二月下旬、日本では山県有朋により、ロシアへの提案と並行する韓国への派兵が提起されていた。小村外相も漢城への部隊派遣を検討したが、政府は山県の主張を受け入れなかった。ロシアが韓国の実質非武装化を提案している中での韓国への派兵は、ロシアを挑発する行動になりかねなかったからである。

この時点で日本が韓国に派兵しても、ロシアとの戦争はおそらく生じなかった。むしろ韓国に対する日本の派兵は、満洲駐兵という既成事実を背景に対日交渉で強い姿勢を示したロシアに危機感を持たせ、ロシアに戦争回避のための何らかの対応を取らせた可能性もある。

日露戦争における日本軍の進路

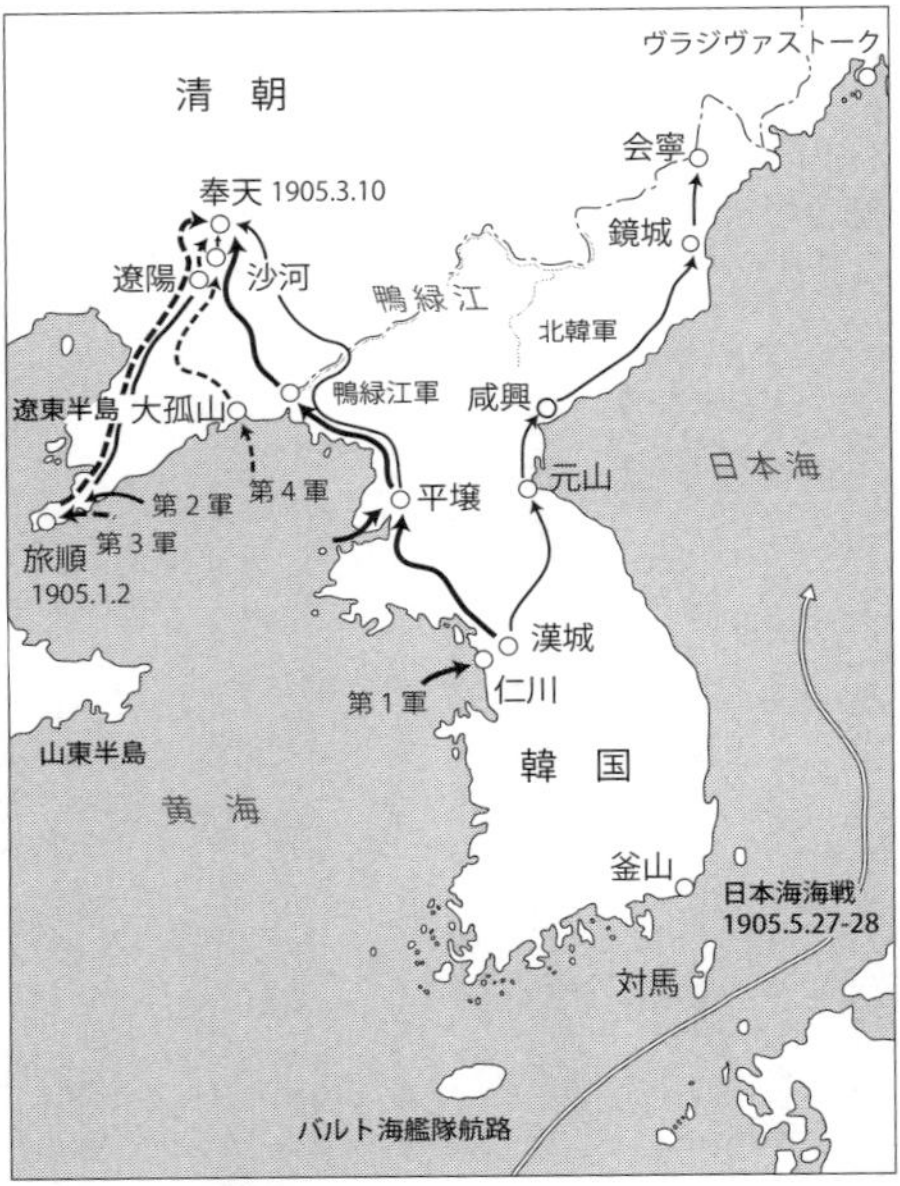

原田『日清・日露戦争』211頁より作成

そうなれば、将来はともかく、この時点で戦争を回避することは可能であったかもしれない。

しかし、日本は一月十二日の御前会議を経て、十六日に最終案をローゼン公使に提出したものの、二月四日にロシアとの開戦を決定した。日本の最終案に対し、ロシアは北緯三十九度以北の軍隊進入禁止区域に関する要求を秘密協定とすることで、条文としては撤回する回答を行おうとしていた。回答は日本の軍事行動開始に間に合わなかった上、韓国の軍事利用禁止条項は存続しており、日本に受け入れられるものではなかった。

満洲および朝鮮に関する日本の交渉方針は、「満韓交換」と表現され、日本はロシアの満洲支配を容認する代償として、韓国支配について了承を得ようとしていたと理解されることが多い。しかし、ロシア軍による満洲占領以降の「満韓交換」とは、ロシア軍の満洲駐兵を容認する交換条件として、ロシアによる韓国への干渉の完全停止を求める、というものであった。日本にとってロシアとの交渉は、ロシアが今後、韓国が日本に対抗するためにロシアに支援を求めても、それに応じないことを保証した上で、韓国非武装化のような日本の安全保障を制約する提案ではなく、日本側の不安を解消する提案をするのでなければ、おそらく妥結不可能であった。日露交渉に妥結の可能性があったかのように推測する文献も存在するが、日本とロシアの立場は根本的に対立しており、また、双方が自国の主張を繰り返すばかりで交渉が妥結することは、あり得なかった。

日露戦争は日本軍が苦戦しながらもロシア軍を後退させ、一九〇五年三月の奉天会戦と五月末の日本海海戦で主要な戦闘は終結した。その後、アメリカのセオドア・ローズヴェルト大統領の講和仲介により、九月にポーツマス条約が成立した。交渉は賠償金をめぐって激しく対立したが、ロシアより日本に関東州の租借権、長春以南の東清鉄道南部支線、北緯五十度以南の樺太を譲渡することで妥結している。

アメリカの世界意識と革新主義

十九世紀末のアメリカは、急速な産業発展を実現する一方で、対外的に勢力を広げ、サモア、フィリピン、ハワイを併合した。一八九九年にはヘイ国務長官が、清朝におけるヨーロッパ諸国の権益形成に対抗し、門戸開放、機会均等を求める宣言を発している。そこには、アメリカ流の自由主義や文明を世界に拡大していこうとする意識があった。

こうしたアメリカの拡大に対応し、共和党と民主党は、対照的な経済、金融、関税政策を掲げた。共和党が、金本位制による通貨安定と保護関税に基づいた大企業優遇の政策体系を採用したのに対し、民主党は、自由貿易と国内流通通貨の増大、所得税の導入による大企業規制、消費者優遇の政策体系を採用したのである。それは、アメリカの経済成長を牽引する大企業の保護を継続するのか、大企業の台頭に伴う社会的弊害を是正するのかの対立であった。

ただし、大企業に対する国民的な警戒を背景に、二十世紀初頭に政権を担当した共和党内にも、政策の転換を求める動きが生じた。革新主義と称される新たな政治運動である。

革新主義とは概ね、産業化に伴う政治、経済、社会の不正や不合理を国家的措置によって是正すると共に、その効率化を図ることで、アメリカの民主主義、自由主義を擁護しようとした運動である。共和党の大企業優遇の政策体系を修正しようとした共和党内の反主流派がその中心的政治勢力となった。革新主義派は、アメリカ国内における独占企業の台頭やアメリカによる海外領の拡大を、政治腐敗や戦争をもたらし、アメリカの自由主義や民主主義を脅かすものとして、また、ヨーロッパ世界との関わりを、アメリカを帝国主義外交に汚染させるものとして強く批判した。

共和党反主流派は党内の対立を激化させたばかりか、後にはアメリカの国際連盟参加を阻止するなど、アメリカの孤立主義を牽引し、排日移民法の制定にも関わることとなる。

セオドア・ローズヴェルトと日本

一九〇一年のマッキンリー大統領の暗殺後、大統領に就任したセオドア・ローズヴェルトは、アメリカの世界的役割を意識する一方で、トラスト、すなわち独占企業への対策を積極的に行い、国内外における自由主義を擁護するための連邦政府の役割を高める大統領となった。ただし、ローズヴェルトは議会の制約を回避するため、信頼する閣僚や財界人との私的関係を通じて問題の解決を図るという手法を駆使していた。

ヨーロッパ帝国主義に対抗し、アメリカの文明的役割を意識した外交は、ラテンアメリカやフィリピンに対する政策に反映された。一九〇一年、ベネズエラが債務不履行に陥り、ヨーロッパ諸国と対立した際、ローズヴェルトは仲裁により、ヨーロッパの軍事介入を抑えている。また、コロンビアとの運河建設交渉を進める中、一九〇三年にパナマがコロンビアから独立すると、アメリカはパナマの独立を支援し、コロンビアとの条件以上に有利な条件でパナマと運河建設条約を締結している。

一方、フィリピンにおいては、一九〇一年に無償の初等義務教育、翌年には中等教育が導入され、英語普及が徹底された。さらにアメリカとフィリピンの貿易における関税は撤廃され、フィリピンの対米貿易依存が進んだ。一九〇七年にはフィリピン議会が発足した。ただし、アメリカの設置したフィリピン委員会が上院の機能を果たし、アメリカ大統領に拒否権が認められていた。

このように、ローズヴェルトは、ラテンアメリカに対するヨーロッパの干渉を阻止しながら、アメリカに有利な権利を与えるラテンアメリカ側の政権を支援し、さらにフィリピンのアメリカ化やアメリカへの従属を進めるなど、ヨーロッパへの対抗意識に基づいた、覇権主義的な外交を展開した。ローズヴェルトが日露戦争の仲介を行ったのも、こうしたアメリカの世界意識が背景となっており、戦後のローズヴェルトはむしろ日本の勢力拡大に警戒するようになった。

日露戦争末期の一九〇五年七月、陸軍長官で前フィリピン総督のタフトが日本を訪問し、桂首相と非公式に、日本の韓国保護権とフィリピンの安全保障に関する協定を締結した。ローズヴェルトは、自立能力のない韓国が日本の勢力圏下に入ることに容認的であった。次いで八月、アメリカのユニオン・パシフィック鉄道会社のハリマンが来日し、満洲における鉄道を日米間の共同出資、共同経営とする桂－ハリマン協定が十月に成立した。協定は帰国した小村寿太郎外相の反対で廃棄されてしまうが、ハリマンは鉄道規制問題でローズヴェルトとはむしろ対立関係にあり、桂－ハリマン協定の破棄が日米関係に影響を与えることはなかった。

満洲をめぐる日米関係は、アメリカ政府が世論の批判を受ける独占企業の国際活動にどのような対応をとるか、という問題と関わっていた。そこでローズヴェルトは、アメリカ企業と各国との問題には介入せず、世論の批判に配慮しながら、他方で大国間の関係調整に主導権を発揮し、帝国主義諸国との相互不干渉の上に、自国の安全保障と利益を確保しようとしたのである。

日本の海外移民と日米関係

日露戦後、アメリカに対する日本移民が日米間の外交問題となった。日本人の海外移民は、一八八〇年代のハワイ移民に始まる。一八八四年に日本とハワイとの間に移民条約が締結され、官約移民が始まった。日清戦争後、官約移民は民営に移行し、一八九八年にハワイがアメリカに併合された時点で、ハワイの人口十五万余の内、日本人は六万人超、全体の四十%近くの比率を占めるまでになっていた。

一九〇〇年にアメリカの移民条例が適用され、ハワイへの契約移民は禁止されたが、自由移民は続いた。ただし、移民の主流は北米に向かった。一八九九年の時点で在米日本人は約三万五千人、日露戦後の一九〇六年には七万五千人を超えた。

こうした中、一九〇六年四月にサンフランシスコ地震が発生し、日本人学童が施設不足を理由に公立学校に通学できなくなる事件が発生した。ローズヴェルトはカリフォルニア側に自制を働きかけ、日本人移民の制限を約束することで問題を解決した。

一九〇七年、アメリカは移民法を改定し、アメリカ本土以外を目的地とする旅券の所有者がアメリカ本土に入国するためにその旅券を使用し、それが合衆国の労働事情に反する場合、大統領は当該人物のアメリカ本土への入国を拒否できるとした。これは実質的に、ハワイに渡航した日本人のアメリカ本土への転航を禁止する措置であった。さらに同年十一月から翌年二月にかけ、日本政府と駐日アメリカ大使の間で書簡や覚書の交換がなされ、日米紳士協定が成立する。これにより、日本は移民の自主規制を行う代わりに、日本人を対象としたアメリカの移民制限措置を回避した。日本の海外移民はこの後、ブラジルをはじめとするラテンアメリカへと向かうことになる。

二十世紀初頭の満洲、モンゴル、東トルキスタン、チベット

十九世紀後半、漢族の満洲移住は激増し、満洲人やその他ツングース系諸民族は少数派となった。十九世紀末の推計で、千二百万人中、満洲族は八十万、漢族は千百万ともいう。また、十九世紀末、満洲では貿易港として営口が発展していたが、一九〇三年に東清鉄道南部支線が開通すると、大豆などの北満の一般貨物は大連に運ばれるようになった。これにより、大連が急速に発展する。

一九〇五年、盛京将軍に趙爾巽が就任した。満洲の三将軍は満洲八旗から任命されてきたが、趙爾巽は漢軍八旗から選ばれた初めての将軍であった。趙爾巽は、日露戦争で荒廃した満洲の財政立て直しに尽力し、満洲初の発券中央銀行として奉天官銀号を設立した。一九〇七年、満洲の三将軍の管轄区域に奉天、吉林、黒龍江の三省が設置され、長城以南と同様の漢族統治機構が導入された。奉天将軍は東三省総督と改称され、初代総督に袁世凱の盟友であった徐世昌が任命された。満洲行政の長に初めて八旗出身者以外の漢族が就任したのである。

徐世昌は、北洋陸軍の部隊を満洲に移駐させ、防衛を強化した。その下で巡防隊に組み入

れられたのが、張作霖であった。張作霖は馬賊として私兵を擁し、富裕層との契約で治安維持を担当しながら、清朝に帰順していた。徐世昌は一九〇九年の袁世凱の失脚と共に離任するが、張作霖の属する部隊は、徐世昌の後任となった蒙古八旗出身の錫良《しゃくりょう》の下で正規の部隊となる。

清朝は内モンゴルへの漢族入植も積極化させた。すでに漢族が大規模に侵食していたジョソト盟、ジョーウダ盟、ホルチン左翼三旗よりさらに北のホルチン右翼三旗に対する漢族による開墾を進めた他、東清鉄道の建設に伴い、沿線のジャライト旗、ゴルロス後旗、トゥルベト旗などにも漢族を入植させ、ロシアに対抗しようとした（53頁地図）。これを背景に、内モンゴルでは反漢蜂起が増加する。さらに一九〇六年以降の官制改革に伴い、モンゴルへの新式軍隊の配備や学校の設置が進められた。一九〇八年、清朝は外モンゴルでも新政策を強行し、辛亥革命直前には外モンゴルの独立に向けた動きが生じる。

東トルキスタンでも、一八八四年に新疆省が導入されて以降、漢族の支配が強化され、二十世紀に光緒新政が始まると、やはり漢語教育が強要され、漢族への同化が進められた。一九〇七年には新軍がイリに配置され、人口十％に満たない漢族による支配が強化され、ウイグル族の反発を招いた。

辛亥革命前の東トルキスタン、内外モンゴル、満洲の状況は大きく異なっていた。東トルキスタンは十九世紀の清朝による反乱鎮圧によって荒廃し、その後の清朝による直接支配の強化と漢族入植により、ウイグル族の自治や独立の可能性が大きく阻害された。内モンゴルの場合、大規模な反乱はなかったが、清朝によって政治勢力は分断され、入植漢族に対するモンゴル支配層の経済的従属化が進み、やはり独立への動きは阻害された。対して外モンゴルは、分断を免れ、民族としての一体性を保持し、漢族依存の清朝の改革に対するモンゴル支配階層の反発から、自治の保持、さらには独立を目指していく。こうした動きに触発され、内モンゴルにおいても断続的な反漢、独立運動が発生するのである。一方、満洲は、人口の圧倒的多数が漢族によって占められ、日露戦後に漢族の統治制度が導入され、制度的にも人員的にも漢族による支配が確立してしまうのである。

以上に対し、チベットは十九世紀から引き続き、イギリスと清朝の関係に翻弄された。一八九〇年、九三年のイギリスと清朝のチベット国境確定条約の締結後、ダライ・ラマ十三世は、ロシアへの接近を図った。イギリスは一九〇三年にチベットにヤングハズバンドの指揮する部隊を派遣し、翌年にラサを占領した。ダライ・ラマ十三世は外モンゴルへ逃亡し、ラサ条約が成立した。これにより、チベットは交易所の開設や五十万ポンドの賠償を認めた。ダライ・ラマ十三世は一九〇八年に北京に移ったが、清朝は保護するどころか、ダライ・ラマの称号を一時的に剥奪した。

一九〇五年末、イギリスでは統一党から政権を奪還したキャンベル＝バナマン自由党内閣が成立した。同内閣は一九〇六年、チベットに対する清朝の宗主権を承認し、内政不干渉を約する条約を締結する。これを受け、清朝はチベット東南部の、四川省と接するカム地方に趙爾豊（趙爾巽の実弟）を新設の川滇辺務大臣として派遣し、各地で抵抗するチベット人を殺害、寺院を破壊した。

翌一九〇七年八月には英露協商が成立し、イギリスはロシアにも、チベットに対する清朝の宗主権を承認させた。統一党政権のイギリスはチベットを自国の勢力圏としたが、自由党政権はそれを転換し、チベットの宗主権を賠償金の支払い義務と共に清朝に帰属させ、ロシアを牽制しながら、イギリス軍の撤退を実現したのである。

ダライ・ラマ十三世は一九〇九年にラサに帰還したが、翌年、清朝はラサに侵攻した。ダライ・ラマ十三世はインドに逃れた。辛亥革命勃発後、清朝軍は撤退し、チベットは独立を宣言するが、外モンゴルのボグド・ハーン政権以外の承認は得られなかった。清朝のチベット支配は、辛亥革命の勃発により中断するが、その後のチベット、そして外モンゴルの独立問題は、やはり国際情勢の大きな影響を受け続けていく。

第二章
辛亥革命、第一次世界大戦と東アジア

日露戦争後の日本の内政と外交

日露戦争の後、日本では桂太郎と、伊藤博文を継いで政友会総裁となった西園寺公望が大正二（一九一三）年まで交互に政権を担当した。藩閥の後継世代と政党の協力関係によるもので、この時代を桂園時代という。この時期の政策的課題は、日露戦争の戦費調達に要した公債の償還と、ロシアの報復戦争の予防を含めた外交による安全保障の強化、そして新たに大陸に獲得した鉄道に関する清朝との交渉であった。

日露戦争の戦費は十八億円近く、国家予算の四倍以上に及んでおり、増税でまかなえたのは二十％に過ぎなかった。戦費の四十％弱は内債、すなわち国内での借金で、四十％強は外債、すなわち国外からの借金で補われた。ただし、金利は外債より内債の方が高かったため、政府は新たな外債によって内債を先行償還し、金利負担を軽減した。しかし、貿易は入超状態であり、貿易決済の外貨も外債によって補っていた。外貨準備問題はこの後の日本財政の深刻な問題となり続ける。

ポーツマス条約で日本が獲得した大陸権益、すなわち関東州租借地および長春以南の鉄道を統括、防衛するため、一九〇五年に軍政機関の関東総督府が設置された。翌年、総督府は民政機関の関東都督府へと改編され、付属部隊が設置された。これが一九一九年の関東庁の設置に伴って改編され、後に満洲事変を引き起こす関東軍となる。

大陸権益を保持するため、特に重視されたのが、ロシアとの関係安定化であった。イギリスとロシアの協商交渉から波及し、一九〇七年七月に日露協約が成立した。これにより、満洲における鉄道や電信敷設の勢力範囲が設定されると共に、ロシアは韓国における日本の特殊権益を承認したのである（107頁地図）。

これに先立つ四月に南満洲鉄道株式会社（満鉄）が開業しており、並行して清朝との鉄道交渉が進められた。一九〇九年九月までに吉長鉄道に関する協約や安東鉄道の租借などの合意が成立した。さらに間島問題についても清朝と協定が締結された。間島とは図們江（豆満江）北側の朝鮮人居住地で、清朝と韓国の係争地となっていた。第二次桂太郎内閣は、図們江を清韓両国の国境と定め、間島に対する韓国の領土権を放棄しながら、同地域における朝鮮人の居住権や土地所有権を確保し、当該朝鮮人は清朝の法権に服することとなった。政府は韓国併合を控え、清朝との関係安定化を優先し、清朝の主張を大幅に認めたのである。

ただし、日米関係は必ずしも順調ではなかった。第二次桂内閣期の一九〇九年十二月、アメリカより満洲鉄道の中立化提案がなされている。これは、一九〇八から翌年十月にかけてイギリスのポーリング商会と清朝が、錦愛鉄道（錦州―洮南―愛琿）の融資、建設、経営に関する予備協定を締結したことを受け、十二月にタフト政権が、同鉄道への日本の参加を求めると共に提案したものである。満洲鉄道中立化とは、国際借款団の融資で清朝に満鉄を買収させ、その経営を借款団が行うというものであった。ねらいは、清朝への融資と満鉄経営に対するアメリカの参加である。

日本はアメリカの提議に危機感を強めた。翌年一月、日本は錦愛鉄道に条件付きで参加するが、満洲鉄道中立化には反対することをアメリカに通知し、次いで一九一〇年七月に日露協約を更新した。さらに満洲に関するアメリカの動向が韓国の反日活動に与える影響も懸念された。それを背景に六月、寺内正毅陸相は朝鮮への二個師団増設を内閣に提案し、次いで八月、日本政府は韓国併合を断行した。これは、欧米の支援を得て日本に対抗しようとする韓国内の動きを国際的に封じ込めるため、ロシアの容認姿勢を前提に、イギリスの実質的承認を求めた上で、緊急措置的に実施されたものであった。

工場法の制定と関税自主権の回復

一九〇八年七月に成立した第二次桂内閣は、上記の外交課題に加え、工場法の制定と関税自主権の回復に取り組んだ。工場法とは、児童や女性労働の制限の他、労災に際しての雇用主による治療費全額負担などからなる労働者保護のための規制法で、後の健康保険法の基礎ともなった。

一方、通商条約改定交渉は、困難な交渉の連続となった。日本による一部輸入品に対する関税率の引き上げが、相手国の対抗措置を招きかねなかったためである。たとえばイギリスは、原則無関税主義の立場であったが、自由貿易の維持か保護関税の導入かをめぐって総選挙が行われていた。日本が関税率を引き上げるには、主権の回復といった名目以上の説明が必要であり、日本はイギリスの希望する品目について協定税率を導入し、合意に至った。

一方、アメリカやフランスは複関税制度を採用していた。複関税制度とは、一般関税や制裁関税などの複数の関税体系を定め、国毎にいずれかの関税を課し、協定関税を用いないというものである。複関税制度採用国に対する新関税率の適用は、対抗措置として、すべての日本製品に対する制裁関税の適用を招きかねなかった。

アメリカとの交渉開始は遅延したが、移民問題以外に争点はなく、最も早く条約が成立した。一方、ドイツは、一般関税率に個別各国との合意を並用する協定税率方式を採用しており、煩雑な交渉を余儀なくされた。対してフランスは、日本の新関税を承認せず、交渉途中に条約が失効し、一時的に制裁関税が発動される事態となっている。フランスとの新条約成立は八月末となり、その成立に合わせて桂内閣は総辞職した。

桂内閣は、関税自主権の回復と工場法を一体化した産業政策として位置づけていた。つまり、関税により産業界を保護すると共に、企業に労働者保護を義務づけることで、民間主導の経済成長と社会福祉の充実を政府として推進しようとしたのである。こうした政策体系は、後の一九二〇年代の経済、社会政策へと継承されていく。

日露戦争後のイギリスの内政と外交

イギリスでは日露戦争終結後の一九〇五年十二月、バルフォア内閣が総辞職し、自由党内閣が成立、一九〇八年四月には首相の死去を受け、アスキス内閣が成立した。アスキス内閣は、ロイド・ジョージ蔵相の主導で、累進的な相続税や所得税、土地課税の導入、酒税、煙草税の増税と、老齢年金や国民健康保険、失業保険といった社会保障の拡充を目指した。対して統一党は、社会保障の財源として保護関税の導入を掲げた。

社会保障の財源に土地課税や累進的な相続税、所得税を充てるのか、関税収入を充てるのかの対立は、富裕者が財源を負担する所得再分配によって対応するのか、社会保障によって恩恵を受ける低所得者層の自己負担によって対応するのかの対立でもあった。

一九一〇年一月の総選挙において、自由党は二議席差で統一党に勝利し、再び政権を担当した。予算は四月に成立したが、アスキスは引き続き、上院改革に着手した。そして十一月に下院を解散、この年二度目の総選挙を断行した。自由党は二度の総選挙を通じて富裕層を批判し、労働党と共に労働者階層の支持を得ることで政権を継続した。それは、十九世紀後半に大衆政党として勢力を拡張してきた保守党の危機をもたらした。

以上のような財政の拡大を背景に、自由党政権の外交を担ったグレイ外相は、自国の安全と自由主義国際秩序を効率的に守るため、フランスやロシアとの勢力圏に関する調整と海軍増強を続けるドイツに対する牽制を中心とした、列強間の多元的な合意形成と、主権尊重の国際原則化による他の列強の勢力拡大の抑制を目指した。

フランスは十九世紀以来、北アフリカに勢力を拡大していたが、一九〇一年以降、モロッコをめぐり、ドイツと対立していた。一九〇二年七月以降、イギリスとフランスは北アフリカをめぐる交渉を進め、シャムやニューファンドランド、エジプトも折衝内容に追加された。日露開戦直後の一九〇四年四月に英仏協商が成立し、フランスはイギリスのエジプトにおける地位を、イギリスはフランスのモロッコにおける地位を相互に承認した。

一九〇五年三月、モロッコをめぐってドイツとフランスが対立した。第一次モロッコ危機という。ドイツの提案にアメリカ大統領ローズヴェルトが調停に乗り出し、一九〇六年一月から四月までアルヘシラス会議が開催されたが、会議中の二月、イギリスは新型戦艦ドレッドノートを竣工させ、並行してフランスとの軍当局による折衝を進めた。

一九〇七年八月には英露協商が成立した。これは、アフガニスタンがロシアの勢力範囲外にあることを確認する一方で、ペルシアの独立を保障しながら、その北部をロシアの勢力範囲、南部をイギリスの勢力範囲として中間に中立地帯を設定し、さらにチベットに対する清朝の宗主権をロシアに承認させたものである。

イギリスは、帝国の周辺地域の問題でフランスやロシアに譲歩した。しかし、一九〇八年のオーストリア・ハンガリー帝国によるボスニア・ヘルツェゴヴィナの併合（181頁地図）や、一九一一年の第二次モロッコ危機などに際し、イギリスはロシアやフランスを支援することはなかった。フランスやロシアとの調整は、自国への脅威を緩和するためであり、ドイツとの必要以上の緊張を回避したのである。

一九一一年、日英同盟は再度更新された。国際的な関係調整と勢力均衡を重視したイギリス外交と、列強との合意によって自国の安全保障を補い、大陸権益の承認を得ようとした日本外交は適合的であった。ただし、日露戦後のイギリスにとって、日英同盟はフランスやロシアとの協商と同様、むしろ日本との競合を緩和し、日本を牽制するための同盟となっていた。

一九一二年以降、イギリスは、ドイツが北フランスに侵攻した場合の陸軍の大陸派遣を想定し、フランスとの協力計画を具体化するが、一九一三年以降のグレイはむしろ、ドイツとの緊張緩和を目指した。ただし、ベルギーおよび北フランスの重点防御の方針は一貫しており、それは、一九一四年のドイツのベルギー侵攻に伴い、イギリスを参戦させる原因となる。と同時に、グレイの調停外交は、戦後のイギリス外交へと継承されていく。

日露戦争後のアメリカの内政と外交

一九〇四年の大統領選挙で勝利した二期目のローズヴェルト政権は、日露戦争への仲介やアルヘシラス会議への関与、日本人移民問題への対処など、外交分野での調整を積極的に行い、国内で発揮された大統領の積極的行動を外交面でも発揮した。ところが、一九〇九年三月にタフト政権が成立すると、タフトは政治主導でなく、立法、司法、行政各部門の措置を通じた革新政策の遂行を目指し、かえってトラスト問題や関税の引き下げ問題で議会との対立に直面する結果となった。

一九一〇年の連邦議会中間選挙と州知事選挙において、共和党は敗北した。下院では民主党が優位を占め、共和党革新派も議席を増やした。一九一一年一月、タフト政権はカナダと、一次産品の貿易をほぼ無税化する互恵通商協定に調印した。しかし、議会の関連法案審議において、共和党は党内対立を収拾できなかった。

アメリカとカナダの通商協定に、イギリスの統一党は危機感を強めた。しかし、アスキス内閣は、同協定を、カナダの経済的自立と対米関係の安定化をもたらし、イギリス本国の負担を軽減するものとして評価した。ただし、一九一一年九月のカナダ総選挙でローリエ自由党政権は保守党に破れ、アメリカとの貿易協定は発効しなかった。この時点ではカナダ側がイギリス本国との関係に危機感を持ったのである。

タフトの議会対策の失敗は、他の外交にも影響した。一九一一年一月、タフト政権は、ニカラグアで反乱の末に成立した新政権を承認し、融資を通じたニカラグアの財政安定化や運河地帯の安全確保、外債償却とそれによるニカラグアのヨーロッパ依存の解消を目指した。しかし、ニカラグアの政局は安定せず、派兵を余儀なくされ、しかも融資計画はアメリカ金融界の協力を得られず、関連法案は上院で否決された。

また、タフト政権は清朝の鉄道借款への参加を目指し、満洲鉄道中立化案という、ニカラグア外交と同様の融資構想を提起した。計画は国務省によって推進されたが、アメリカの金融界は十分な資金を有さず、しかも日本に受け入れられなかった。このようにタフト政権は、国内的制約から外交面でも成果を挙げられなかったのである。

光緒新政と日本への留学熱

清朝にとって日露戦争における日本の勝利は、日清戦争の敗戦に続く衝撃であった。一九〇五年、載沢、徐世昌ら五大臣が日本からアメリカ、ヨーロッパを訪れ、立憲制度や各国の行政機構を視察した。一九〇五年七月、第一回留学生登用試験が実施された。九月、袁世凱、趙爾巽、張之洞、岑春煊《しんしゅんけん》ら有力督撫の連名会奏により、科挙廃止に向けた経過措置も停止された。こうして科挙は廃止され、日本留学生が激増する。日本への留学は、距離的にも言語的にも便利と判断されたからである。

官費により日本に留学した章宗祥、陸宗輿、曹汝霖は、後の北洋政権において要職に就く。また、日本に留学した軍人には、蔡鍔《さいがく》、唐継堯、李烈鈞、閻錫山、趙恒惕《ちょうこうてき》など、辛亥革命やその後に活躍する軍人が多かった。さらに黄興、宋教仁、汪兆銘、胡漢民、王寵恵や、蔣介石、何応欽など、国民党系の活動家や軍人、陳独秀、李大釗《りたいしょう》といった後の共産党の創設者の他、魯迅も含まれる。一方、北洋系軍人に日本留学生は一般に少ないが、孫伝芳のような例外も存在した。さらに日本に留学した軍人の部隊や陸軍学校から、唐生智、白崇禧、李宗仁といった、後に蔣介石と同盟や競合を繰り返す後継世代が登場する。

ただし、一九〇五年に清朝は中国同盟会の成立に危機感を持ち、日本に留学生の取締りを求め、日本政府はこれに応じた。対してアメリカは、義和団賠償金の一部を留学補助に当て、また、アメリカの宣教師の活動により、清朝からの留学先はアメリカへと比重を移す。アメリカに留学した外交官には、袁世凱派の顔恵慶、顧維鈞、伍朝枢、国民党系の王正廷、王寵恵などがおり、北洋政権や国民政府の外交を担う。

一九〇六年、中央政府の組織改革が実施された。一九〇八年には日本の憲法を模範とする憲法草案が公布され、九年以内の憲法制定と国会召集の方針が定められた。また、この年、盛宣懐は大冶鉄山、漢陽鉄政局、萍郷炭鉱を合併させて漢冶萍公司《かんやひょうコンス》を成立させ、その後、訪日して、日本の幣制改革状況や八幡製鉄所などを視察、桂太郎、松方正義、日本銀行関係者、中村雄次郎八幡製鉄所長官らと会見している。

このように、清朝は海外の制度、教育への関心を高め、従来にない改革を進めたが、清朝の近代化への理解や中華意識の相対化には限界があった。

一九〇七年に開催された第二回ハーグ国際会議に清朝は代表を送った。これに先立つ一八九九年の第一回会議にも清朝は代表を派遣し、一等国としての費用分担に応じていた。しかし、第二回会議では、清朝が近代法を施行していないことを理由に三等国として処遇される出来事があった。会議後、代表の陸徴祥は本国に、憲法の発布と法律整備を速やかに行うよう具申している。司法と行政の分離や人権保護などの近代法の原則に対する理解を欠いたまま、一等国としての待遇を求めた清朝の姿勢は、近代法とその精神を受容しないまま、治外法権を屈辱とみなしてその廃棄を目指す、清朝滅亡後の漢民族感情へと継承されていく。

清朝への鉄道借款問題と漢族の排外意識の昂揚

日露戦後、清朝をめぐる国際関係は、鉄道借款をめぐって展開した（107頁地図）。十九世紀末に着手された北京―漢口を結ぶ京漢線の敷設がほぼ完成し、武昌から広州に至る路線が敷設されることとなった。そこで一九〇五年、湖広総督の張之洞と沿線地域の指導的富裕層が粤漢線（広州―漢口）の敷設権を買い戻し、また、各省で民営の鉄道会社が設立されるなど、漢族資本家による外国権益の回収運動が展開されていた。

その一方で、清朝への借款をめぐり、イギリスはフランスとの調整を図り、さらにドイツ、アメリカも参加し、一九一〇年に四国借款団が成立した。アメリカが日本に満洲鉄道中立化構想を伝えたのは、その直前である。

一九一一年四月、四国借款団による一千万ポンドの幣制改革借款が成立し、五月、清朝は北京―漢口―広州および川漢線（成都―漢口）の主要幹線の国有化令を発令した。目的は、鉄道敷設権を担保とした外国からの借款や、地方の自治運動に対する統制強化であり、武昌―広東間の九百キロをイギリス系銀行が、漢口―宜昌間の六百キロをドイツ系銀行が、宜昌―夔州《きしゅう》（重慶北東の峡谷地点）間の約三百キロをアメリカ系銀行が担当することとなった。

清朝への融資をめぐっても、イギリスが列強間の調整を図ったのに対し、アメリカは門戸開放や機会均等を掲げ、ヨーロッパ諸国や日本の利権を共有しようとした。しかし、こうした鉄道借款をめぐる国際動向が、漢族の排外意識を刺激し、辛亥革命の要因となる。

辛亥革命と清朝の滅亡

一九〇八年十一月、光緒帝と西太后が相次いで死去した。三歳の宣統帝が即位し、父の醇親王載灃《さいほう》が摂政となった。載灃は、袁世凱を警戒し、軍務より解任した。早期の国会開設を求める世論が高まる中、一九一一年に慶親王を総理大臣とする内閣が創設された。ただし、閣僚の大半を満洲皇族や貴族が占めていた。清朝は漢族依存の修正を図ったのである。

一九一一年五月、郵電部大臣の盛宣懐が幹線鉄道の国有化を打ち出すと、湖南、広東、湖北などで反対運動が展開された。特に激しく反発したのが四川であった。九月、四川総督の趙爾豊は反対派を弾圧し、四川は内乱状態となった。

十月十日、武昌でも反乱が発生し、十

辛亥革命における独立宣言省と各省軍政府都督

胡『中国近代史』184頁、姫田他『中国近現代史』上巻、192-196頁より作成。

二日までに革命軍が武漢（武昌、漢口、漢陽）を制圧、新軍の旅団長であった黎元洪を都督とした。これに続き、十一月初旬までに湖南、陝西など、十三の省が独立を宣言した。湖南省では譚延闓《たんえんがい》、江西省では李烈鈞、山西省では閻錫山、広西省では陸栄廷が都督に就任した。四川省の反乱で趙爾豊は処刑された。

十月末、清朝は袁世凱を復帰させ、十一月には内閣総理大臣に任命した。孫文はアメリカから香港に帰着し、一九一二年一月一日に南京で中華民国の建国を宣言、臨時大総統に就任した。しかし、孫文は名声に伴う統率力も財力も有さず、袁世凱に共和制への参加を求めた。二月十二日、宣統帝は退位し、清朝は滅亡した。

袁世凱の覇権、専横、凋落

宣統帝退位の翌日、孫文は辞表を提出した。孫文は袁世凱の臨時大総統就任の条件に、首都を南京とし、南京で総統に就任することや、臨時約法の順守などを求めた。

臨時約法とは、宋教仁が作成した暫定的憲法であり、大総統の選出をはじめ、政務全般、軍隊の指揮や外交、人事など、大総統の権限について議会の承認を必要としていた。袁世凱は南下を拒否し、三月に臨時政府は北京での袁世凱の臨時大総統就任を承認した。宋教仁は議会に備え、孫文を理事長とする国民党を結成した。袁世凱は対抗して共和党を結成した。

第二革命・第三革命における独立宣言省

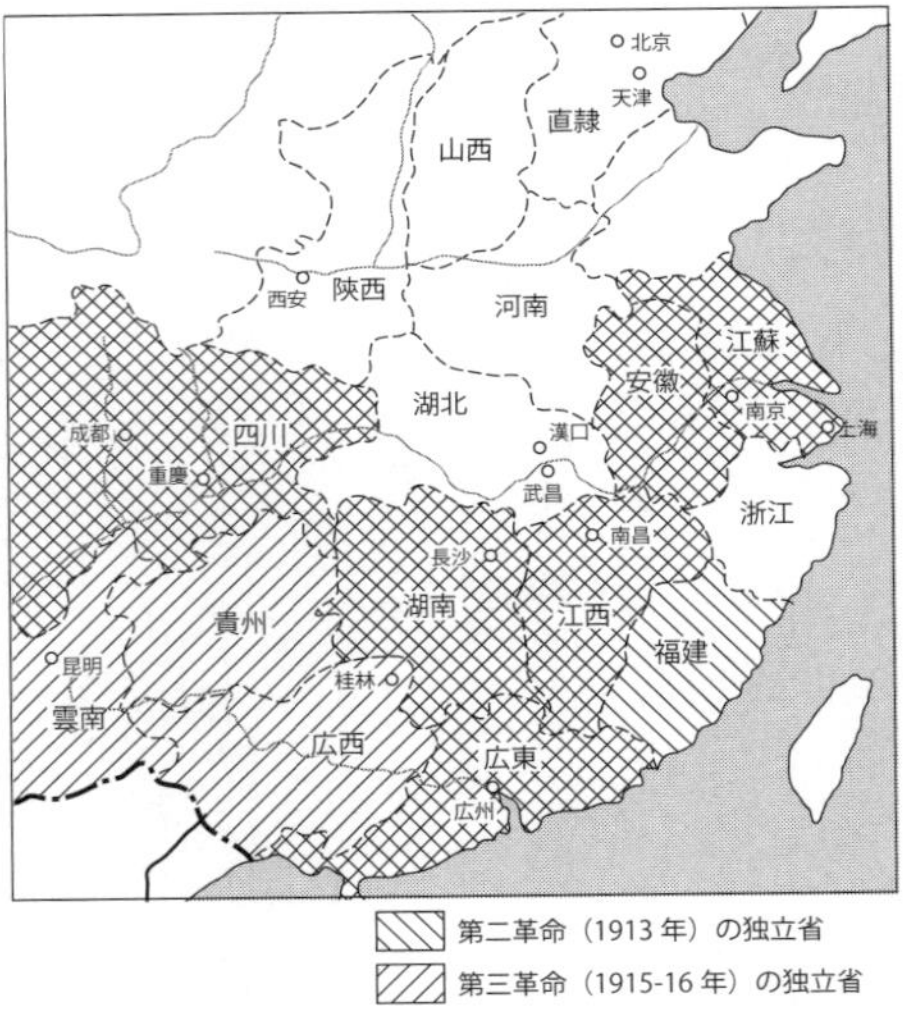

胡『中国近代史』205、216頁より作成

十二月、第一回国政選挙が行われ、国民党は圧倒的勝利を収めた。しかし、一九一三年三月に宋教仁は上海で暗殺されてしまう。また、四月に国会が開会したが、袁世凱は国会の同意を得ることなく、イギリス、フランス、ドイツ、ロシア、日本の五カ国から総額二千五百万ポンドの融資を受ける善後借款契約を締結した。

これに反発し、七月、李烈鈞が江西の独立を宣言し、江蘇、安徽、広東など南方七省もこれに続いた。第二革命という。しかし、反乱は袁世凱により鎮圧され、八月に孫文、黄興は日本に亡命した。十月、袁世凱は議会で大総統に選出され、翌月、国民党を解散させる。孫文は一九一四年七月、東京で中華革命党を結成するが、党員に絶対服従を求め、武力革命に固執したため、盟友の黄興や李烈鈞は離反してしまう。

一九一五年十二月、袁世凱は皇帝に即位した。とはいえ、蔡鍔、唐継堯らが雲南省の独立を宣言した。翌年、袁世凱は、曹錕《そうこん》や張敬堯を四川に派遣し、戦闘に勝利したが、一九一六年三月、広西で陸栄廷、梁啓超が独立を宣言し、浙江省も続いた。

一方、辛亥革命勃発時の東三省総督は趙爾巽であった。趙は情報統制により満洲の革命派を封じ込め、張作霖の部隊を奉天防衛部隊に合流させた。張作霖を趙爾巽に推薦したのは在地有力政治家の袁金鎧であった。中華民国成立後、趙爾巽は奉天都督に就任し、一九一二年十一月に辞任する。その後、袁世凱は張作霖を警戒し、一九一五年に段之貴を奉天都督として送り込んだ。しかし、袁世凱に対する第三革命が勃発すると、張作霖は段之貴を追放し、張作霖の台頭が始まる。なお、張作霖を支援した袁金鎧は、後の満洲事変に際し、奉天の有力政治家として、関東軍の擁立工作の対象となる。

一九一六年六月、袁世凱は死去した。副総統の黎元洪が大総統に、袁世凱の側近であった馮国璋と段祺瑞がそれぞれ副総統と国務総理に就任した。新政権に対する日本の大々的な支援が始まる一方で、馮国璋（直隷派）と段祺瑞（安徽派）の対立も始まった。

辛亥革命と東トルキスタン、モンゴル、チベット

辛亥革命の勃発時、東トルキスタン（新疆）の伊犂《イリ》将軍の志鋭は革命派の浸透する新軍を

解散させた。また、年末にウルムチで革命派が蜂起したが、巡撫の袁大化によって鎮定された。しかし、直後にイリでも革命派と哥老会が蜂起し、志鋭は処刑された。

一九一二年一月八日、革命軍はイリの独立を宣言したが、袁大化と武力衝突する。宣統帝の退位後、袁大化が中華民国の新疆都督に就任した。袁大化はまもなく新疆都督を退任するが、後任は暗殺され、ウルムチの知事であった楊増新が独裁権力を確立する。

新疆省の成立以降、ウイグルによる蜂起も繰り返されたが、いずれも弾圧されてしまう。その一方で、ロシアとの貿易拡大により、ロシアやオスマン帝国よりイスラームの民族主義的な思想や運動が東トルキスタンにもたらされた。さらに東トルキスタンからロシアやイスタンブルへの留学生も増加する。東トルキスタンにおける辛亥革命は、人口の十%に満たない漢族の権力闘争に終始し、ウイグルに対する過酷な支配が一貫していたが、それと並行し、ウイグル民族主義の新たな兆候も生まれていたのである。

外モンゴルでは、一九一一年七月、フレー南のボグド山で王公十七名が秘密会合を開き、清朝の新政策に対抗するため、ロシアに対し、通商や鉄道敷設、資源開発を認めるという条件で支援を求める使節を派遣した。さらに直後の辛亥革命の勃発により、十二月一日、外モンゴルは独立を宣言し、同月二十九日にボグド・ハーン政権が成立した。ボグド・ハーンとは皇帝の意味で、ジェブツンダムバ・ホトクトが皇帝に推戴された。

新政権には内モンゴルからも多数のモンゴル人が参加し、新政権も内モンゴル各旗に参加を働きかけた。中でもフルンボイルのバルガ族は、漢族の役人を追放し、独立を宣言、一九一二年一月にハイラルを占領し、外モンゴルに合併を要請した。バルガの中心人物はダムディンスレンであった。その一方で、漢族入植者に侵食されていたジョーウダ盟ジャルート左旗やヘシクテン旗では、民国とモンゴルにそれぞれ帰服する二人のジャサク（族長）が擁立され、分裂している（53頁地図）。

ボグド・ハーン政権も国際情勢に大きく左右された。一九一二年三月に臨時大総統に就任した袁世凱は、蒙古王公連合会を通じてモンゴルの懐柔を図り、八月には蒙蔵事務局を設立すると共に、モンゴル王公の統治権や特権、俸給などを保証した。

しかし、同月にジリム盟ホルチン右翼前旗・後旗が東モンゴルの独立を宣言して洮南府を攻撃した他、ジョーウダ盟ジャルート左旗が武装蜂起した。十月、袁世凱はジリム盟の王公を集めて長春会議を開催、一九一三年一月にはイフジョー盟（オルドス）とウランチャブ盟の王公を集めて西盟王公会議を開催し、内モンゴル王公の離反を阻止しようとした。しかし、会議後、イフゾー盟ではボグド・ハーン政権に服属する旗が続出した。さらにダムディンスレン指揮下のボグド・ハーン政権軍が内モンゴルのドロンノールまで進撃し、民国軍と衝突した。

その間の一九一二年七月、ロシアは第三次日露協約を成立させた（107頁地図）。同協約は、北京の経度を境界とする内モンゴルの東部を日本、西部をロシアの勢力範囲としており、次いで十一月にロシアは、ボグド・ハーン政権と露蒙協定を締結した。ロシアは、日本と勢力を分割した上で、ボグド・ハーン政権の自治を承認し、経済権益を獲得したのである。十二月末、ボグド・ハーン政権はロシアに使節団を派遣し、武器支援や軍事教官の派遣を要請した。しかし、ロシアは中華民国とも交渉していた。民国とボグド・ハーン政権軍が衝突していた時期でもあり、ロシアはボグド・ハーン政権への武器支援に消極的となった。

一九一三年十一月、外モンゴルの自治に関する露中宣言が出された。交渉において民国は、露蒙協定の破棄を求め、外モンゴルに対する主権を強硬に主張した。結果、ロシアは外モンゴルに対する民国の宗主権を認める代わりに、民国はボグド・ハーン政権の自治を承認した。これにより、内モンゴルは民国の支配領域として、外モンゴルから切り離されたのである。

次いで一九一四年九月、キャフタでロシア、ボグド・ハーン政権、北京政府の会議が開催された。ここでモンゴル側は、モンゴルは歴史的に漢族の支配を受けていないとの主張を行った。しかし、この年、民国はジョソト盟、ジョーウダ盟に熱河特別区、シリーンゴル盟、チャハルに察哈爾《チャハル》特別区、ウランチャブ盟、イフゾー盟に綏遠特別区を設置した。フルンボイル、ブトハ各地域、ジリム盟は奉天、吉林、黒龍江省の管轄下に、アラシャ、エジネー各旗は甘粛省の管轄下に置かれ、盟は分割されている。

翌年七月、キャフタ協定が成立した。これにより、民国は外モンゴルに対する宗主権を保持した。ロシアの主導下でボグド・ハーン政権の自治は保証されたが、ロシアは経済権益を拡大しており、民国とロシアの取引により、外モンゴルの独立が否定されたのである。

一方、チベットのダライ・ラマ十三世は、辛亥革命勃発時にインドに亡命していた。一九一三年一月までに清朝官兵はチベットから退去し、ダライ・ラマはチベットに帰還した。三月、ダライ・ラマは独立を宣言した。十月より、インド北部のシムラにおいて、ダライ・ラマ政権、民国、イギリスのインド政庁による交渉が行われた。イギリスは、民国宗主権下のチベットの高度自治を求めたが、最終的に民国側が調印を拒否し、解決は先送りされている。

辛亥革命と日本——第一次満蒙独立運動

一九一一年八月、第二次西園寺内閣が成立した。しかし、十月の辛亥革命勃発により、内閣をめぐる状況は激変する。

辛亥革命の勃発により、日本で懸念されたのは、清朝における欧米列強の権益がさらに拡大することであった。政府内では、華北の鉄道警備を名目とする出兵が検討された。しかし、列強の反発を懸念し、実行できなかった。こうした政府の消極的対応に対する不満から、参謀本部は第一次満蒙独立運動に独断的に介入する。

第一次満蒙独立運動とは、清朝王族と川島浪速による清朝の復活を目指した運動であった。一九一二年二月に清朝皇帝が退位すると、川島は満洲八旗世襲王の粛親王善耆《ぜんき》を北京から旅順へと脱出させ、粛親王の妹を王妃とする内モンゴル・ジョソト盟ハラチン王グンサンノルブらに挙兵させようとした。参謀本部は権益拡大を期待し、資金援助した。一方、グンサンノルブはボグド・ハーン政権に参加した後、内モンゴルの統一を目指す中で、日本の援助を受け入れた。しかし、日本の外務省や海軍は川島の計画に反対し、参謀本部は二月末までに支援を中止した。現地は独断的に計画を進めたが、挙兵は失敗した。しかもグンサンノルブはその後、袁世凱に懐柔され、蒙蔵事務局総裁に起用される。

参謀本部もグンサンノルブも機会主義的で、互いを利用しようとしただけであった。また、参謀本部に具体的展望や計画はなく、外務省や海軍の反対に直面すると現地を切り捨てた。こうして、軍の一部による独断行動は、日本政府によって抑えられたのである。

大正政変と政軍関係

第二次西園寺内閣は、大正二（一九一三）年度予算編成の過程で、陸軍と対立し、総辞職した。韓国併合直前に陸軍が提案していた朝鮮駐留二個師団の増設をめぐる予算折衝がきっかけとなったため、一般に陸軍による倒閣とみなされた。しかし、政府と陸軍の折衝において、陸軍は基本的に政府の妥協案を容認していた。それを長州閥の桂太郎と田中義一陸軍省軍務局長が妨害し、また、山県有朋も政府と陸軍の調整を放棄した。桂は一九一二年七月の明治天皇の崩御と大正天皇の践祚を受け、不本意ながら内大臣に就任しており、首相復帰のため、田中を利用して倒閣を図ったのである。

一九一二年十二月に第三次桂太郎内閣が成立した。桂は世論の批判をかわすため、陸軍予算の削減を打ち出した。桂はまた、政友会に対抗するため、新党の創設を表明した。対して政友会は、桂を軍閥の象徴と位置づけ、護憲を掲げて大衆を動員した。桂内閣は二カ月で総辞職に追い込まれた。一連の事件を大正政変および第一次護憲運動という。桂は十月に癌で死去するが、桂の結成した新党は、加藤高明を総裁とする立憲同志会として発足し、後に憲政会、民政党として、政友会と共に政党政治を担うこととなる。

一九一三年二月、政友会を与党とする山本権兵衛内閣が成立した。六月、山本内閣は、陸軍の反対を強権的に抑えて軍部大臣を現役軍人に限る規定を削除した。大正政変以来、陸軍における山県有朋を頂点とする長州閥の影響力は低下していた。山本内閣はそれを背景に職権で陸軍を抑制することに成功したのである。とはいえ、西園寺を継いで政友会総裁となった原敬は、むしろ長州閥との関係を重視し、その復活をもたらすことになる。

大正政変後の対外問題

山本内閣は陸軍を抑える一方で、世論を激昂させる外交問題に直面した。アメリカ、カリフォルニア州における、日本人への土地の貸与を制限する排日土地法案の成立と、民国における排外事件の発生である。日本政府は、アメリカのウィルソン大統領に対処を求めたが、成果を挙げられなかった。

一方、民国では七月に第二革命が勃発し、八月から九月にかけ、漢口事件、兗州《えんしゅう》事件、南京事件という、日本軍人や在留邦人に対する殺害、暴行事件が相次いだ。政府の軟弱姿勢を非難する世論が高まり、外務省政務局長が殺害されている。山本内閣はこれらの外交問題をめぐる世論の高まりの中、海軍汚職事件の発覚により総辞職した。

一九一四年四月に大隈重信内閣が成立したが、その二カ月後に第一次世界大戦が勃発した。貿易収支は赤字から黒字に転じ、日本経済は好景気を迎える。外相に就任した加藤高明は、大戦を好機とし、日英同盟を口実に参戦した。山東省のドイツ拠点を占領し、満洲権益に関する中華民国との交渉を有利に進めるためであった。交渉は青島攻略作戦が終結した後、一九一五年一月に開始された。二十一カ条要求という。

二十一カ条要求——その誤解と実際

二十一カ条要求は、当時の日本と民国の懸案を一括解決するために日本側より袁世凱政権に提出された。要求は、内容と想定される最終的合意形態に基づいて五つに分類され、それぞれを号と称する。

第一号は山東半島の旧ドイツ租借地の処分問題、第二号は関東州と南満洲鉄道の租借期限の延長および南満洲・東部内蒙古の開放問題、第三号は漢冶萍公司に関する問題、第四号は民国沿岸部の不割譲問題、第五号は民国政府への日本人顧問の採用、内地開放、鉄道利権などに関する問題である。この内、第一号と第二号は条約、第三号と第四号は政府間協定を想定していた。対して第五号は、後に英米などに希望条項として説明されたが、特定の合意形態を定めていなかった。

第一号の要求内容は、日本が占領した旧ドイツ租借地について、民国が戦後の日独間の合意内容を承認した上で、日本は旧ドイツ租借地を民国に返還し、合わせて民国は、山東半島に開放市を設定し、一定の条件で山東省における鉄道敷設権を日本に与える、というものであった。

第二号の関東州租借地の延長問題は、日本側が最も重視した要求であったが、ロシアによる租借開始の一八九八年から九十九年とすることで早期に合意した。ただし、第二号で規定された、南満洲および東部内蒙古の開放問題は、紛糾した。「東部内蒙古」という地域概念は、第三次日露協約の勢力範囲に由来し、その開放規定は、一九一二年十一月の露蒙協定に依拠していた。民国側は露蒙条約の撤回をロシア側に求めていただけに、東部内蒙古に関する日本の要求を強く拒否した。

さらに問題となったのは、南満洲および東部内蒙古の開放に伴う、日本人の土地取得権ないし賃借権、そして関連する民事裁判に対する司法管轄権であった。日本側は民国側に日本人の土地所有権を求めたが、民国は拒否した。そこで日本側は借地権を求めた。対して民国側は、治外法権が認められている中での内地開放は認められないとした上で、後に限定的な開放地を設定するか、日中合弁事業の成立に応じて借地権を設定するかを提案した。しかし、日本側はこれを受け入れず、最後通牒に至る。

日中交渉で最も紛糾したのが、土地関連民事訴訟に関する司法管轄権の問題であった。民国で日本人は治外法権を享受したが、日本人が民国で借地契約を行う場合、その手続きは民国の法や慣習に従ってなされる。そのため、土地関連民事訴訟が提起された場合、その審理は、たとえ日本人被告の領事裁判であっても、中華民国法が適用される領事裁判となった。その上、審理に関連する登記書類などは民国当局が保管しており、特に日本人が原告となった場合の不公正な司法処理が懸念された。

この問題は、最初の二十一カ条要求の中にはなかったが、交渉の過程で問題となり、日本側は、土地関連民事訴訟については、被告の国籍にかかわらず、すべてを日中の共同審判の下に置く、という提案を行った。背景となったのは、租界における会審裁判である。日本側は、日本人が当事者となった場合の民国側の恣意的な法運用を警戒したが、日本の要求は民国の裁判権を侵害するものであり、最大の対立点となったのである。

第三号は、漢冶萍公司に関する要求である。日本から多額の借款がなされていた漢冶萍公司の経営は、辛亥革命後に悪化していた。そのため、日本との合弁化が試みられたものの、民国側の反対で実現せず、漢冶萍公司は民国政府に国有化を求めていた。漢冶萍公司の国有化について、日本側の意見は一致していなかった。しかし、国有化後の民国政府との交渉を懸念した外務省が、漢冶萍公司の国有化を牽制すると共に、日中合弁化を実現するため、この要求を行ったのである。対して第四号は、民国の沿岸部に欧米諸国が新たな軍事的拠点を作るのを阻止しようとするものであった。これらは、政府の行政措置を求めるものであり、行政協定を想定していた。

二十一カ条要求交渉において過度に注目され、誤解されてきたのが、希望条項とされた第五号である。第五号は七項目からなる。(1)政治経済軍事顧問の招聘、(2)民国内地の病院、寺院、学校の土地所有、(3)必要地域における日本人警察の採用、(4)兵器購入、(5)鉄道敷設、(6)福建省における外資事業に関する事前協議、(7)布教権、である。

第五号の正確な策定経緯は不明であるが、おそらくその本来の意味は、第一号から第四号までの条約ないし協定が成立した場合の、運用に関わる非公式の合意内容であった。つまり、条約や協定に伴う非公開の交換公文や秘密協定などに相当するものである。第二号は、南満洲、東部内蒙古における日本人の政治、経済、軍事顧問の採用協議について規定しており、第五号第一項がこれに対応している。つまり、条約本文で協議を行うことを規定しながら、内密に採用の確約を得ようとしたわけである。

第三項の警察採用についても同様である。ただし、第三項については、「必要な地域」とする条件が付されていた。これを〝後の拡大解釈を可能にする無法な要求〟とする解釈が流布されているが、それは誤りで、この場合の必要な地域とは、南満洲、東部内蒙古および山東省の一部を指していた。

日本が警察について取り上げた理由は、やはり治外法権に関連する。治外法権は外国人が被告ないし被告人となった裁判において発動するため、警察権は本来、現地国側が保持していた。しかし、外国側が在留国警察による自国民の拘束を無条件に容認したわけでもなかった。たとえば取調中の拷問などが懸念されたからである。そこで日本の場合、幕末に成立した外国人居留地の警察官には外国人が雇用されていた。こうした日本の経験を踏まえると、民国居留日本人と民国側官憲との摩擦事案を避けるため、日本人警察の採用を求めることには一定の合理性があった。また、民国の租界では、自警団に由来する租界警察が組織されていた。

警察の問題は、民国による関連情報の漏洩、すなわち、民国が欧米各国に日本の要求内容を通知した後、特にアメリカが反発したため、日本の法外な要求の象徴として取り上げられてきた。しかし、日本人警察の採用要求は交渉の過程で撤回され、第二号の政治、経済、軍事顧問採用に関する協議規定に警察が追加され、比較的容易に合意に至っている。民国側は非公式の点を非難した結果、条約成文で警察顧問の規定を認める結果となったのである。また、後の一九一八年に山東半島問題に関する日中交換公文が成立し、そこで山東半島における日本人警察について規定される。これは、その後のパリ講和会議で改めて問題になる。

二十一カ条要求に関しては、もう一つの重大問題があった。それは交渉妥結後、日本政府が在満朝鮮人に一方的に治外法権を認めるという事後措置を行ったことである。韓国併合の後、満洲内、特に朝鮮に隣接する間島地方に居住し、土地を所有する朝鮮人は、日本国籍を取得したものの、治外法権は認められないこととなっていた。ところが、二十一カ条交渉終結後、寺内正毅朝鮮総督の要請で、在満朝鮮人に治外法権を認めることとしたのである。交渉において、日本人の土地所有権が認められたわけでなく、寺内の主張は朝鮮人のみに特権を与える法外な主張であったが、日本政府はそれを承認した。結果、この後、在満朝鮮人をめぐる紛争が激増することになる。

大隈内閣の外交混迷――反袁政策から西原借款へ

加藤外相は一九一五年八月に辞任するが、その後の大隈内閣の外交は混迷を深めた。その最大のものが、反袁政策と第二次満蒙独立運動への関与である。当初、袁世凱の排斥に積極的であったのは内閣側であり、十月に参謀次長に就任した田中義一は、むしろ袁世凱を支持することで、民国に対する日本の影響力を拡大しようとしていた。しかし、民国では十二月に第三革命が勃発し、袁世凱に対する反乱が各地で起こった。こうした事態を受け、田中も十二月末までに反袁政策に転換した。

一九一六年三月、大隈内閣は袁世凱の失脚を目指す決定を下し、陸軍は満洲における反乱幇助を行った。その一つが、第二次満蒙独立運動である。

辛亥革命勃発後に満蒙の独立を策動した川島浪速らは、一九一五年夏頃から内モンゴル騎馬隊のバボージャブと接触し、これを粛親王を中心とする宗社党と結びつけて再度の独立運動を起こそうとした。バボージャブは、奉天付近のジョソト盟トゥメト左翼旗出身で、ボグド・ハーン政権に参加したが、キャフタ条約によって外モンゴルに対する民国の宗主権が認められたため、独自の行動を決意し、内外モンゴルの境界に兵力を集結していた。そこに川島らが目をつけたのである。

とはいえ、外務出先や田中参謀次長は、袁世凱への圧迫のため、宗社党よりも張作霖を評価していた。四月、張作霖は段芝貴を奉天から追放し、奉天将軍代理兼奉天巡按使に就任した。しかし、宗社党にとって漢族の張作霖は打倒対象であり、張作霖暗殺計画も試みられている。参謀本部は満蒙独立運動の敵対勢力に期待していたのである。

六月、袁世凱が急逝すると、陸軍や外務省は、大総統に就任した黎元洪への支持を決定した。日本の参謀本部や外務省は、袁世凱を窮地に追い込むため、第二次満蒙独立運動を利用しようとしたに過ぎなかった。とはいえ、二千の騎兵を擁してハルハ河畔を出発したバボージャブ軍は、七月以降、張作霖軍と戦闘を開始した。日本政府および参謀本部は、川島に行動の中止を求めた。バボージャブ軍は九月に撤退を開始したが、十月の林西県城（バーリン右翼旗西方）における戦闘でバボージャブは戦死した（53頁地図）。

一九一六年九月に成立した寺内正毅内閣は、朝鮮総督時代に関係の深かった勝田主計《しょうだかずえ》を蔵相に任命し、西原亀三を通じて民国に対する大規模な借款計画を進めた。満蒙の独立支援どころか、民国を支援しようとしたのである。借款計画には、民国の通貨改革を通じて日本との固定相場を実現しようとする構想が含まれていた。これは、マッケイ条約以来の、国際的な清朝および中華民国の幣制改革支援構想に対抗するものであったが、日本の経済力を超えていたために実現せず、また、採算を度外視した大規模借款のほとんどが不良債権と化してしまう。そのため、日本と民国の癒着関係を実現するどころか、後々の禍根を残す結果となった。

寺内内閣は、米騒動の発生と首相の健康問題から、一九一八年九月末に総辞職し、初の本格的な政党内閣としての原敬内閣が成立した。

第一次世界大戦中の中華民国

袁世凱死後、黎元洪大総統と段祺瑞国務総理が対立する中、一九一七年三月に、段祺瑞はドイツとの断交を宣言し、議会に参戦の承認を求めた。しかし、黎元洪は段祺瑞を罷免した。段祺瑞は対抗して配下の直隷、河南、奉天などの督軍に独立を宣言させた。黎元洪は張勲を北京に呼び寄せ、支援を求めるが、張勲は六月に清朝の復活（復辟《ふくへき》）を試みる。それを鎮圧した段祺瑞が総理に、馮国璋が代理大総統となった。八月、段はドイツに宣戦し、日本からの多額の借款を受け入れた。

その間、孫文は広東に移り、雲南の唐継尭と、両広巡閲使として広東、広西を統括していた陸栄廷とを調停しながら、九月に第一次広東軍政府を樹立した。広東政府軍は湖南省の長沙を奪取した。対して段祺瑞は武力討伐を目指したが、馮国璋大総統は和平を主張した。馮国璋は段祺瑞を罷免するが、段派の各省督軍が反発した。また、広東政府でも孫文の独裁への反発から唐継堯や陸栄廷が離反し、孫文は一九一八年二月に上海へ去った。

三月、段祺瑞は総理に復帰し、九月の国会を経て馮国璋は解任され、徐世昌が大総統に就任した。また、岳州で戦闘が発生し、段祺瑞は曹錕や張敬堯を漢口に派遣、曹錕指揮下の呉《ご》佩孚《はいふ》が岳州や長沙を占領した。張敬堯が譚延闓失脚後の湖南督軍兼省長となったが、苛政、腐敗がひどく、呉佩孚や馮玉祥とも対立する。張敬堯は満洲事変末期に関東軍の特務機関によって利用される人物でもある。

十一月、徐世昌は南北停戦命令を発し、広東政府もこれに応じた。十二月にはアメリカ、イギリス、日本、フランス、イタリアの五カ国が共同で和平勧告を行い、翌年二月、上海で南北講和会議が開催された。しかし、会議は決裂に終わる。

アメリカのウィルソン政権の外交

カナダとの互恵通商協定をめぐって深刻化した共和党内の対立は、一九一二年の大統領選挙をめぐる共和党の分裂をもたらした。大統領選挙は、民主党のウッドロー・ウィルソンと革新党を結成したローズヴェルト、共和党のタフトの争いとなったが、共和党の分裂により、ウィルソンが勝利した。

ウィルソンは、公共意識を共有する人々の自由競争によって発展する社会を理想とし、社会の自主性に期待した。そのため、ローズヴェルトのように自ら多方面の利害調整を図ることはせず、担当長官の積極姿勢と世論の支持を背景に、連邦政府の権限行使を容認した。ウィルソンはそれにより、社会の自主性と連邦権限の拡大を両立させたのである。

一九一三年三月に大統領に就任したウィルソンは、数々の外交問題への対処を迫られた。タフト政権時代に反乱の発生していたメキシコでは、新政権が多数の議員を殺害していた。これに対してウィルソンは、政権不承認を表明し、新たな大統領選挙を勧告した。これにより、メキシコへの直接的な干渉を回避しながら、メキシコの民主化を通じた事態の安定化を目指したのである。

次いで中華民国に関しては、袁世凱に対する借款が問題となっていたが、ウィルソンは借款団からのアメリカの脱退を決定し、また、単独で袁世凱政権を承認する用意があることを表明した。これは、アメリカ銀行団の資金不足を背景に、帝国主義と距離を取る姿勢を示したものであった。

他方、カリフォルニア州議会では、一九一三年一月、市民権取得資格のない外国人による土地取得や三年を超える借地を禁じたいわゆる排日土地法案が上程され、五月に成立した。ウィルソンは日本側から対処の要請を受けたものの、カリフォルニア州側の理性的な判断を求めただけで、問題解決の具体策を提示することはなかった。

このように、メキシコ、中華民国、排日問題のいずれにおいても、ウィルソンは帝国主義と一線を画する理想を掲げ、相手の自主的同調を求める以上の行動には消極的で、成果を挙げられなかった。

一九一四年七月末に第一次世界大戦が勃発すると、ウィルソン大統領は、和平仲介を目指し、戦争当事国に対する民間の融資や輸出について自制を求めた。しかし、その後、アメリカ経済への悪影響から政策を転換し、連合国側への融資が行われた。その際、アメリカは、通商の自由や海上の自由を普遍的な原則として掲げ、イギリスの海上封鎖と対立した。

一九一五年二月以降、ドイツが無警告潜水艦作戦を実施すると、対応をめぐって、ドイツとの対立を回避しようとしたブライアン国務長官の辞任を招いている。ブライアンがアメリカとヨーロッパ大戦とを隔離しようとしたのに対し、ウィルソンは、各国に普遍的原則としてのアメリカの権利や、自由貿易の正当性、そしてアメリカの中立的な和平努力について理解や同調を求めていたためである。

一九一六年のアメリカの最大の関心は、メキシコ情勢と大統領選挙にあった。メキシコ政情は一九一四年以降も安定せず、ウィルソンは、メキシコの民主化による政情の安定化を目指したが、在留アメリカ人保護のため、出兵を余儀なくされる。理念の共有を求めることで積極的行動を控えてきたウィルソンは、むしろ理念を擁護するために行動せざるを得なくなったのである。

一九一六年の大統領選挙において、ウィルソンは僅差で勝利した。ウィルソンは再び交戦国の和平を目指し、一九一七年一月、「勝利なき平和」や、信教の自由、公海の自由、軍備制限などを掲げ、アメリカが文明的な諸国と共に恒久平和の保障に参加することを明らかにした。しかし、ドイツは無制限潜水艦作戦に踏み切り、ウィルソンはこれを拒否回答と受け取った。ウィルソンは、逡巡の末、四月六日にドイツに宣戦布告した。一九一八年一月には、民族自決や公海の自由、軍備縮小、各国が参加する国際機構の設立などの十四カ条の原則を発表している。ウィルソンは、アメリカ参戦の目的を、普遍的理念やそれに基づくアメリカの権利を擁護することとし、それによって帝国主義と自らの決断とを区別したのである。

ロシア革命の勃発

アメリカが連合国に参戦した一九一七年、ロシア革命が勃発した。ロシア革命は、ロマノフ朝が滅亡した一九一七年三月（ロシア歴二月）の二月革命と、その後に成立した臨時政府が崩壊し、レーニンの率いるボリシェヴィキが政権を奪取した十一月（ロシア歴十月）の十月革命からなり、狭義には十月革命を指す。ロシアは対ドイツ戦で苦戦を強いられ、そこで生じた国民の厭戦気分が二月革命の原因となった。しかし、臨時政府も戦争を継続したため、レーニンは大衆の暴動や軍の反乱を利用して政権奪取に成功したのである。

マルクスの理論では、共産主義は独占資本主義の発展の上に成立する。しかし、ロシア経済は西欧諸国に比べて後進的であり、理論の再構築が必要となった。そこでまずは二月革命がブルジョア革命に比定された。そして弾圧を受け、フィンランドに避難中、『国家と革命』を執筆し、プロレタリアートは勝利に際し、死滅を予定された国家を必要とする、という議論を展開した。それによって、過渡的な暴力や一時的措置としての独裁国家を容認したのである。

十月革命を成功させたレーニンは、ドイツとの講和を目指した。しかし、連合国にとってドイツとロシアの講和は、東部戦線のドイツ軍部隊の西部戦線への転用を可能にする。そこでイギリスやフランスは、ロシア南方の反革命軍を支援し、また、アメリカに日本と共同でヴラジヴァストークへの部隊派遣を求めた。ロシアへの支援物資がボリシェヴィキに奪取されるのを阻止し、また、ロシア東部への圧力により、東部戦線のドイツ軍の転用を阻止するためであった。しかし、ウィルソンは応じなかった。ウィルソンは理念偏重の立場から、ロシアへの干渉をロシアの民主勢力支援のためとし、日本との協力はその目的を阻害するものと捉えていたのである。

一方、日本では、帝政ロシアの崩壊を受け、外務省や参謀本部など、政策実務を担当する専門部局が戦後の勢力分割を予想し、北部満洲における権益拡大や戦後の講和会議における立場強化を目指して出兵を支持した。しかし、政友会の原敬らは、連合国によって日本の軍事力が利用されることを警戒し、アメリカの態度を理由に出兵に反対した。

英仏による日米へのシベリア出兵要請

一九一八年一月、イギリスがヴラジヴァストークに艦艇を派遣し、日本も続いた。三月、ドイツとソヴィエト・ロシアはブレスト・リトフスク条約を締結し、講和した。直後、イギリス軍がロシアのムールマンスクに上陸した。その間、日本の参謀本部は、出兵準備やセミョーノフに対する支援などを進めることとした。セミョーノフとは、ザバイカル州での反革命政権樹立を目指し、満洲里を拠点として活動していたコサック出身の青年将校であり、セミョーノフにはアメリカも期待していた。次いで五月、日本は民国と軍事協定を締結したが、こうした中でチェコ軍問題が発生する。

チェコ軍とは、ロシア軍の捕虜となったオーストリア・ハンガリー軍兵士から、チェコス

反ロシア革命干渉戦争およびシベリア出兵

岩間編『ロシア史』、有馬学『「国際化」の中の帝国日本』187頁、桑田悦・前原透編『日本の戦争―図解とデータ』より作成。

ロヴァキアの独立のために編制された部隊であり、ロシアとドイツの講和後、極東を経由してヨーロッパの西部戦線に移動しようとしていた。五月、チェコ軍は、ハンガリー兵捕虜との衝突からチェリャーヴィンスクを占領し、次いでヴォールガ川から極東までのシベリア鉄道沿線を制圧、一部の部隊はヴラジヴァストークに到着した。イギリスやフランスは、チェコ軍支援のため、日本とアメリカにシベリア出兵を求め、七月、アメリカは出兵を決断した。

アメリカの出兵決定は、日本にとって衝撃であった。アメリカによるシベリア鉄道の管理や満蒙への勢力拡大が懸念されたからである。八月二日、日本はシベリア出兵を宣言した。イギリス軍、フランス軍に続いて日本軍がヴラジヴァストークに上陸し、ついでアメリカ軍も上陸した。

八月の時点で日本は七万人余りの兵力を動員し、

十一月には五万八千に削減されるが、動員兵力は突出していた。九月、日本軍はハバーロフスクを占領し、シベリア鉄道に沿って西に向かった。また、満洲里に派遣された部隊はチタを占領した。

とはいえ、九月末に原敬内閣が成立し、田中義一が陸相に就任すると、田中は原と共にシベリア駐留兵力を約二万六千に削減する方針を決定した。田中は参謀次長としてシベリア出兵に積極的であったが、陸相に就任したことで、原との関係を維持し、また、航空戦力を拡充するため、膨大な予算を消費するシベリア出兵の継続に消極的になったのである。

コミンテルンの創設と中国革命への期待

一九一八年十一月十一日、連合国とドイツとの休戦が成立した。一方、シベリアでは十七日にコルチャークがイギリスの支援を受けてオームスクの政権を掌握した。ウィルソンは、引き続き軍を駐留させ、ロシアの民主化を間接的に支援しようとした。ただし、第一次世界大戦の終結後の派兵継続は、議会から批判を招く結果となった。

一九一九年三月にコルチャークはモスクワに向けて攻勢を開始し、四月から五月にかけてヴォールガ地方に侵入した。対してボリシェヴィキ政府は戦時徴発によって物資を調達し、配給制度や企業の国有化などを強行した。これらの施策は一時的措置として正当化された。

これを戦時共産主義という。

また、三月にはコミンテルン（共産主義インターナショナル）の創立大会が開催された。創設の理由は二つあった。第一に、社会民主主義の国際組織への対抗である。第一次世界大戦は資本主義の危機を意味したが、社会民主主義は愛国主義に「汚染」され、戦争を支持した。しかも労働者は改良主義的な組合運動に順応しがちであった。そこでレーニンは、労働者を革命運動に導く前衛党を必要と考え、帝国主義戦争を社会主義のための内乱に転化することで、革命を実現しようとした。これを革命的敗北主義という。第二に、ロシアの経済的後進性である。第一次世界大戦の終結後もロシア革命に対する干渉戦争は継続しており、ロシア革命の存続には世界革命、特に西欧資本主義諸国の革命が必要と判断されたのである。

コミンテルン第一回大会の閉会直後、ハンガリーのブダペスト、ドイツのミュンヘンや、スロヴァキアで、一時的にソヴィエト共和国が成立した。また、ヴェルサイユ条約におけるドイツへの過酷な条件提示は、ドイツ革命を予感させた。とはいえ、ヨーロッパの共産主義運動は鎮圧されてしまう。対して中華民国では、ヴェルサイユ条約に反対する五・四運動が勃発し、反帝国主義運動が昂揚していた。

一九一九年七月、ソヴィエト・ロシアの外務人民委員代理カラハンは、民国における旧ロシア帝国の権益を放棄するとしたカラハン宣言を発した。民国に伝えられるのは翌年となるが、これにより、民国のソヴィエト・ロシアに対する印象を好転させ、民国の反帝国主義運動を支援しようとしたのである。さらに、一九二〇年四月、ヴォイチンスキーがヴラジヴァストークから民国に向かい、共産党の創設を目指した。

ただし、カラハン宣言における旧ロシア帝国の権益の放棄とは、民国内のロシア人反革命勢力の権利剥奪を意味しており、その後のソヴィエト・ロシアは、民国国内で反ロシア革命運動を展開する個人や組織の取り締まりとソヴィエト・ロシアへの引き渡しを求め、また、その後に掌握した中東鉄道について、権利を保持し続けるのである。

シベリアからの各国の撤兵とコミンテルン第二回大会

一九一九年六月以降、赤軍はコルチャーク軍への反撃に転じ、十一月にはオームスクを奪還する。十二月、イルクーツクで革命政権が成立し、翌年一月、チェコ軍はコルチャークを革命政権に引き渡し、ロシアからの撤退を開始した。コルチャークは処刑された。アメリカも一九二〇年一月に撤兵を決定したが、日本は居留民保護のため、アメリカ軍撤退後の沿海州を制圧した。

一方、ソヴィエト・ロシアは一九二〇年四月にポーランドの進攻を受け、五月にはキーエフが占領された。苦境に直面したソヴィエト・ロシアは、四月に対日緩衝国家として、ヴェルフネウーディンスク（現ウラン・ウデ）を首都とする極東共和国を樹立した。七月以降、日本は極東共和国との交渉を経て、撤兵を開始する。十月、ソヴィエト・ロシアとポーランドが停戦協定を締結すると、反革命軍は劣勢となり、セミョーノフは満洲に逃亡、極東共和国は首都をチターに移転した。

一九二〇年七月、コミンテルン第二回大会が開催された。第一回大会は、植民地問題についてほとんど議論しなかったのに対し、第二回大会は、民族問題、植民地問題を大きく取り上げた。ヨーロッパにおける革命の失敗は、ヨーロッパ資本主義が植民地から余剰価値を収奪し、労働貴族を買収したことによると判断されたからである。大会後、上海駐在代表としてスネーフリートが指名されている。

シベリアからの各国の撤兵が具体化する中、一九二〇年三月、ニコラーエフスクにおいて、日本人在留民および日本軍守備隊七百人余りが革命派パルチザン、民国軍、朝鮮人により殺害され、日本はロシア領北サハリンを保障占領した。日本のシベリア撤兵は、一九二二年六月の加藤友三郎内閣の決定を経て実現する。

モンゴル人民政府の誕生

シベリアにおける反革命戦争は、外モンゴルにも影響を及ぼした。一九一八年五月の日中軍事協定は、北満洲を日本軍、外モンゴルを民国軍の行動範囲としていたが、一九一九年二月、コルチャークは、チタ―にモンゴル系各種族を集め、大モンゴル国の建国を提起した。モンゴル族の支持を得るためである。

五月、ハイラルを首都として大モンゴル国の樹立宣言がなされ、ブリヤートやフルンボイルのモンゴル人が参加した。外モンゴルは検討の末、自治を継続した。しかし、一九一九年十月末、段祺瑞側近の徐樹錚《じょじゅそう》軍がフレー（庫倫）に進駐した。十一月、民国は外モンゴルの自治を取り消し、活仏に冊封の儀礼を強要した。ダムディンスレンは民国軍によって逮捕され、拷問の末、殺害された。

以後、外モンゴルでは、ボドーやチョイバルサンらがロシア領事館のある丘陵を中心に、また、ダンザンやスヘバートルらが東クーロンで独立を目指す運動を展開した。一九二〇年六月には両派によってモンゴル人民党が結成された。その後、ダンザンは極東共和国を経由してモスクワに向かい、ソヴィエト・ロシアの支援を要請する。

一方、コルチャーク政権の崩壊後、兵力を引き継いだウンゲルンが一九二〇年十月に外モンゴルに侵入、翌年二月にはフレーに進駐し、ボグド・ハーン政権を復活させる。しかし、三月にモンゴル人民党は臨時人民政府を樹立、赤軍の支援を得てフレーを奪還し、七月にモンゴル人民政府が成立した。十一月、モンゴル人民政権とソヴィエト・ロシアの間で友好条約が締結され、独立国家として相互承認を行っている。

パリ講和会議と国際連盟の創設

第一次世界大戦の講和会議であるパリ講和会議は、一九一九年一月に開会した。課題は、国際連盟の創設と、ドイツなど敗戦国の領土再編およびヨーロッパにおける新国家の建設であった。

国際連盟構想は、大戦中にイギリスのグレイ外相が戦後の国際機構や安全保障に対するアメリカの協力や参加を求め、戦争目的についてアメリカと共有認識を形成することで、対ドイツ戦に対するアメリカの支持を得ようとしたことから始まる。大戦前のイギリス外交は、国家主権尊重の国際原則化と多国間関係の個別調整によって国際関係の安定化を図っており、そこからヨーロッパにおける新国家の創設とそれらの参加する国際機構の創設という、戦後の安全保障構想が形成された。イギリスは国際連盟を、アメリカとの協力の下、各国の主権尊重を国際的規範として確立する場として位置づけ、それによって大陸ヨーロッパやイギリス帝国周辺地域の防衛を補強しようとしたのである。

パリ講和会議において難航したのは領土問題の調整であったが、そこでもイギリスの構想と調整が重要な役割を果たした。イギリスの目指したヨーロッパにおける新国家とは、国民性に基づき、経済的に自立し、少数民族の権利が保障される主権国家であり、それに国際連盟や戦争の再発を阻止する大国中心の安全保障の枠組みが伴うものとされた。

旧帝国の崩壊と民族自決の原則によって、新たにポーランドやチェコスロヴァキア、ユーゴスラヴィアなどが創設された。その際、旧プロイセン領域にいわゆるポーランド回廊が設定される一方で、ポーランドが併合を要求していたダンツィヒは自由市とされ、上シュレージエンについては住民投票が実施されることになった。

ポーランドやチェコスロヴァキア領内には多数のドイツ人が居住しており、民族自決の原則を適用するには限界があった。そこで、民族自決の原則よりも、ポーランドに海への出口を与えながら、一九二一年に実施された住民投票を通じてシュレージエンをドイツに含めるなど、両国の経済的必要を重視する決定が下された。それにより、各国家の経済力を強化し、地域全体の安定化を図ろうとしたのである。その上、ダンツィヒを自由市とすることで、圏外との自由貿易を促進することも期待された。

また、イタリアとユーゴスラヴィアの係争地となったフィウメは、イタリア人が多数を占める都市であったが、後背地のイストリア半島を含めるとイタリア人は少数派となり、さらにユーゴスラヴィアは外港の必要を訴えていた。イギリスなど他の大国は、ユーゴスラヴィアの主張を認めたため、イタリアは一時的に会議より代表を引き揚げている。

第一次世界大戦前後のヨーロッパの国境変化

柴編『バルカン史』246頁、木村編『ドイツ史』295頁より作成

全体としてイギリスとアメリカは、領土問題をめぐって協力関係にあった。しかし、南アフリカは南西アフリカのドイツ領の併合を、オーストラリアやニュージーランドは赤道以南のドイツ領の併合を求め、無併合の原則を掲げたウィルソンと対立している。最終的にドイツの海外領は、委任統治制度の導入によって解決が図られた。

委任統治は、統治国の選定に当たり当該地域国民の意向を尊重するA式から、統治国の国内法を施行できるC式までの三等級に分類され、アフリカや南洋諸島にはC式が適用された。委任統治は、オスマン帝国領であった中東地域にも導入されたが、それは当該地域の政治的安定や文明の発達に貢献することが期待された。

人種差別撤廃と山東半島問題――パリ講和会議と日本

パリ講和会議において日本に関係した議題は、旧ドイツ領南洋諸島の継承問題、山東半島における旧ドイツ租借地の継承問題、そして連盟規約に対する人種差別撤廃規定の挿入問題であった。この内、赤道以北の南洋諸島については、日本によるC式の委任統治が適用されることとなった。

原敬内閣は講和会議に先立ち、国際機関の設立への対応について、人種問題との関連で検討していた。人種差別の残る現状での国際機関は、日本に不利をもたらす可能性が懸念されたからである。そこで日本は、連盟規約に、各国が自国内の外国人に対する国籍や人種に基づく差別待遇を禁止する規定の追加を提案した。念頭にあったのは、アメリカのカリフォルニア州における排日土地法であった。しかし、国内法に対する規制について、イギリスとアメリカは難色を示し、日本の提案は受け入れられなかった。

一方、山東半島問題は、日本にとって最大の問題となった。講和会議前、原敬内閣が定めた方針は、山東半島のドイツ租借地を、後の返還を前提に継承すると共に、山東半島における日本専管居留地の設置や、膠済鉄道の合弁事業化および同鉄道警備隊への日本人顧問の採用などを求めるというものであった。

山東半島問題について審議が本格化したのは、連盟規約の作成が最終段階を迎えていた四月中下旬のことであったが、問題が紛糾した日本側の要因は、日本がドイツ利権の継承を主張しながら、要求内容が実際のドイツ利権とは異なっており、イギリスやアメリカの理解が得られにくかったこと、しかもドイツの海外領を連盟管轄下に置く方針が一月末に定まったにもかかわらず、代表の牧野伸顕らが人種問題に集中し、四月下旬まで山東半島問題を放置したことにあった。連盟の日本代表も、原敬首相や内田康哉外相ら日本政府も、旧ドイツ租借地問題がこれほど紛糾するとは予測していなかった。最終的に、イギリス代表のバルフォアの仲介により、日本の要求は承認された。

人種問題と山東半島問題の対立は、日本と英米の相互認識の対立を反映していた。英米にとって日本は、英米の領内に同化を拒否する移民を送り出しながら、民国において排他的な拠点を作ろうとしていた。対して日本にとって英米は、国内においてアジア人の権利を制限しながら、アジアにおいては国際管理の名の下に白人優位の統治秩序を形成しようとしていた。さらにパリ講和会議において、英米の権利は制約されなかったのに対し、日本は既存の条約で認められた権利さえ制約されかねなかった。日本にとって、人種問題で主張が容れられなかっただけに、そうした事態は容認できなかったのである。

パリ講和会議の成果、すなわち、経済的に自立した新国家の創設、国際連盟の創設、各国内の少数民族の権利保護は、民族自決の理念に対応しながら、大国の協調と相互牽制によって国際秩序の安定化を図ろうとしたイギリス外交によって達成された。対してアメリカは国際連盟に、ヨーロッパ帝国主義外交と一線を画する、世界との新たな関係形成の可能性を期待していた。一方、パリ講和会議における日本は、権益優先の場当たり的行動に終始したが、国際連盟の常任理事国となったこの後の日本は、大国としての責任を自覚し、新たな国際理念や民主主義の時代に対応した国内政治の改革と外交の刷新とを目指していくのである。

第四章

一九二〇年代の国際理念と東アジア情勢

民族主義をめぐる国際対立

一九二〇年代は、第一次世界大戦後の経済再建、国際協調の時代であると共に、民族主義の昂揚を背景に、イギリス、アメリカによる新たな国際秩序の形成に向けた動きと、ソ連による革命運動が対決した時代であった。当初、その対決はヨーロッパで展開されたが、その後、舞台は中華民国へと移る。

内戦状態にある中華民国に対し、特にイギリスがその政治的、経済的安定化に向けて主導権を発揮しようとしたのに対し、ソ連は民族主義を反帝国主義運動に転化するため、中国国民党に軍事支援を与えた。以下、アメリカ、イギリス、ソ連それぞれの内外情勢を踏まえ、中華民国および日本、そしてそれらの周辺地域となる各地の情勢について、概観していく。

第一次世界大戦後のアメリカ

第一次世界大戦後、アメリカの景気は後退し、一九二一年の失業者は五百万人に達した。にもかかわらず、ウィルソンは外交問題に関心を集中し、経済問題に十分に取り組むことができなかった。しかもアメリカ上院は、連盟参加を否決した。共和党主流派は、ヨーロッパへの投資や輸出の拡大を必要と考え、イギリスとの協調を重視し、国際連盟参加に原則として賛成していた。しかし、共和党反主流派は、国際連盟を帝国主義的国際組織とし、参加に強硬に反対した。共和党は一九二〇年の大統領選挙で勝利するため、党内の統一を優先し、ウィルソンとの妥協を拒否したのである。

大統領選挙は共和党ハーディングの圧勝に終わった。ハーディング政権の課題は、財政再建、関税引き上げ、そして大戦前に年間百万人を超えていた移民の制限であった。そこで法人税を引き下げながらも、連邦債務の削減に成果を挙げる。そして農業、産業保護のため、一九二二年九月に高関税のフォードニー＝マッカンバー関税法を成立させた。

また、一九二一年の移民法は、移民総数を三十五万七千人に設定し、一九一〇年の各国のアメリカ居住者数を基準に、各国にその三％までの移民数を割り当てた。同法は一年間の期限が設定されていたが、延長され、一九二四年に恒久化される。

ハーディングは、社会や経済に対する連邦政府の介入に否定的で、社会や経済の自律的発展を重視し、大企業を評価した点で自由主義的、議会を尊重した点で民主主義的であったが、既存の法や秩序を重視し、社会や経済の格差是正に消極的という点で保守的であった。こうした戦後アメリカの気運は、外交面で、国際連盟という超国家主義的な国際機関への関与を否定し、ワシントン会議をはじめとする大国間の合意を重視しながら、議会の制約から戦争債務問題ではヨーロッパ諸国との合意を拒否する自国本位の姿勢を生み出すのである。

ワシントン会議——日英同盟の破棄と九国条約

一九二一年十一月、ワシントン会議が開催された。きっかけは、共和党革新派による軍縮提案であったが、国際的軍縮会議の開催は、共和党主流派やアメリカの大企業にとっても、国際連盟に代わる、しかも政府の支出を抑える戦後構想として積極的に支持できた。

会議開会冒頭の各国代表演説において、アメリカのヒューズ国務長官は、建造中の主力艦すべてと老齢艦の一部廃棄や、十年以上の主力艦の建造停止、各国の主力艦について、アメリカとイギリスがそれぞれ五十万トン、日本が三十万トンのトン数比率によって制限することなどを提案した。会議冒頭の重大提案は衝撃的であったが、これは、共和党反主流派の帝国主義批判を封じ込めるための戦略であった。ヒューズの提案に対する日本海軍の反発は強かったが、日本の全権代表、特に加藤友三郎海相は、軍備負担の軽減と対英米協調のため、対英米六割の受諾を本国に具申し、合意に至った。

また、日英同盟が解消され、イギリス、アメリカ、日本にフランスを加え、太平洋および極東における締約国の領土権が第三国から脅威を受けた場合の意見交換などを規定する四国条約が成立した。これは、日英同盟に対するアメリカの警戒を緩和するためであった。

さらに中華民国に関連して九国条約が成立した。その第一条は、民国に安定政権が存在しないことを前提に、民国の自主的再建に対する期待を表明しており、ワシントン会議における民国の国際的地位の低下を象徴する規定となった。

ワシントン会議における民国に関する合意中、特に重要であったのは、関税条約と山東半島に関する日中合意であった。関税条約は、一九〇二年の英清通商条約、通称マッケイ条約で規定された、釐金《りきん》の廃止とそれに伴う付加税実施のための条件を定める国際会議を、条約施行後三カ月以内に開催することを定めていた。ただし、フランスの条約批准が遅れたため、関税会議の開催は、一九二五年十月となる。

山東問題をめぐる日中交渉の焦点は旧ドイツ租借地の資産処分であったが、特に問題となったのは、鉄道処分の方法であった。日本側は山東半島鉄道の日中合弁を求めたのに対し、民国側は、鉄道の買収を主張した。最終的に、日本の譲歩と英米の調停を経て、鉄道売却の合意が成立した。

戦後イギリス外交と「戦争債権」を放棄しないアメリカ

戦中に続き、戦後のイギリスの外交、帝国政策を主導したロイド・ジョージ連立内閣は、大戦で疲弊したイギリスの社会、国家、帝国の安定化を目指し、外交においても大国間の関係調整を通じた、ヨーロッパの経済復興、金融安定化を目指した。その際、課題となったのが、戦時中の債務問題の解決に対するアメリカの協力を得ることであった。

大戦中、アメリカは連合国に百億ドルに及ぶ資金を貸し付けていた。また、イギリスが連合国に融資した資金は四十億ポンドに及び、イギリスもアメリカに十億ポンド（四十七億ドル）の債務を負っていた。対してフランスは、ドイツの賠償に応じて債務を償還するという姿勢を示していた。こうした中でイギリスは、連合諸国間の債務を相互に放棄するという提案を行った。しかし、アメリカはこれに応じず、ヨーロッパ諸国は、アメリカの保護貿易政策に直面しながら債務を返済しなければならなかった。

一九二〇年九月、ブリュッセルで、日本およびアメリカを含む三十九カ国の経済、金融専門家が出席する国際金融会議が開催され、健全財政主義や各国が戦争中に停止した金本位制への復帰を目指すことで合意した。次いで一九二一年四月、ヴェルサイユ条約に基づく賠償委員会が設置され、ドイツは一九二一年から一九二五年にかけて毎年三億七千五百万ドルを支払い、その後九億ドルを支払うことが決定された。ドイツの賠償は三百三十億ドルに達した。こうした中で八月、イギリスはフランスに、アメリカへの債務償還に充てる以上の債権を放棄する方針を声明した。つまりイギリスは、対仏債権を実質的に放棄すると共に、さらなるフランス債務の減額をアメリカの裁量に委ね、債権の放棄を促そうとしたのである。しかし、アメリカはこれにも応じなかった。

一九二二年四月から五月にかけ、ジェノヴァにおいて国際経済会議が開催された。会議には、ドイツとソヴィエト・ロシアが参加する一方で、アメリカは欠席した。債務問題の交渉を警戒したためである。ジェノヴァ会議においても、各国の通貨安定や、準備金に外貨を含める金為替本位制の下での金本位制への復帰が掲げられた。こうした流れを受け、一九一九年に金本位制に復帰していたアメリカに続き、一九二四年にスウェーデン、一九二五年にイギリス、オランダが金本位制に復帰する。

一九二二年十月、統一党の連立解消決定により、ロイド・ジョージ内閣は総辞職した。続くボナー・ロー保守党内閣は、一九二三年一月、アメリカと、一九八五年までの六十二年間で約九億八千万ポンド（四十六億ドル）の債務を償還する合意に達した。イギリスはこれにより、アメリカのヨーロッパ投資を促そうとしたのである。とはいえ、その間、ドイツは激しい通貨下落、物価高騰に直面し、賠償支払いを継続できず、一九二三年一月にフランスとベルギーがドイツのルール地方を軍事占領する事態となった。

対してアメリカ政府は、専門家委員会の設置という、政府が直接関わらない形でドイツ賠償問題解決への道筋をつけることとした。一九二四年、外国資本の支援によるドイツ中央銀行の再編などからなるドーズ・プランが成立し、アメリカの銀行によるドイツへの融資が始められた。

イギリスの帝国政策の変容

大戦中に登場した民族自決の理念により、イギリスは内外からの帝国主義批判に直面した。しかし、戦後のイギリスはむしろ、国際連盟の創設と一体化した、経済的に自立した国家の創設とその下での少数民族の権利保護という理念を応用し、帝国における多様な民族の共存を自らの責務と意識した。その具体的方法が、各地における自治の拡大と帝国によるそれらの統合というものであった。

大戦中、カナダ、オーストラリア、ニュージーランド、インドも兵員を派遣しており、戦後、ドミニオンは個別に国際連盟への参加が認められた。一九二二年十二月にはアイルランド自由国が発足し、六番目のドミニオンとなった。

こうしたドミニオンの自立化と並行し、イギリスは移民を通じた帝国全体の結びつきを強化するため、一九二二年に帝国移民法を制定した。第一次世界大戦後のアメリカが移民制限と高率関税の導入によって人間と商品の自国への流入を制限しようとしたのに対し、イギリスは、ドミニオンの自立化を承認しながら、自由貿易と移民を通じた帝国統合を図ったのである。

インドでは、一九一九年のモンタギュ－チェルムズフォード改革により、新たなインド統治法が成立した。これは、地方自治の拡大と州および中央行政へのインド人による代表民主制を導入することで、民族主義運動をイギリスの統治に組み入れようとするものであった。ただし、インド人の政治参加拡大は、多数派で中央集権を目指すヒンドゥーと、少数派で地方分権を目指すイスラームの緊張関係をもたらす結果ともなる。

以上のような民族自決の理念への対応が、戦後イギリスの外交政策と融合しながら展開されたのが、中東地域であった。たとえばイギリスのイラク統治には、トルコやソヴィエト・ロシアの脅威、アメリカの批判、軍隊の駐留継続に対する国民の批判、エジプト式統治の導入を懸念するイラク現地側の反発などがあった。そこでイギリスは、一九二二年、アメリカと民間の石油協定を成立させると共に、国際連盟による委任統治に基づく現地の自治を進めた。これによりイギリスは、多国間関係の調整を通じて自らの影響力を保持する国際的枠組みを作り上げたのである。

アメリカにおける排日移民法の制定

一九二三年八月のハーディング大統領の死去により、大統領に昇格したクーリッジは、ハーディング以上に行政権力の行使に否定的で、対外関係に対する関心もないまま、大統領選挙を控えた一九二四年、一九二一年移民法の恒久化を目指す議会に対応した。

一九二四年四月に可決された新移民法は、一九二一年法の割当制度を恒久化すると共に、割当基準を一八九〇年に設定し、割当比率を三%から二%に減少すること、そして市民権取得資格のない移民の入国を認めないことを規定していた。これは実質的に日本人の移民禁止を意味したため、排日移民法と呼ばれた。この移民法改定は、国際連盟参加拒否以来の、国内政治を優先し、かつ大統領に対する優位を確立しようとするアメリカ議会の姿勢が表れたもので、大統領もそうした議会の動向に同調したのである。

ただし、一九二四年移民法は労働移民を制限するものであって、カリフォルニアにおける排日土地法とは対照的に、アメリカ在住日本人の再入国権と家族の渡航権以外の権利を制約していなかった。しかし、日本国民の反発は強く、また、アメリカに対抗する観点から新たな移民地に対する関心を一部に高めることにもなった。

イギリス保守党ボールドウィン内閣の「強い立場からの宥和」

一九二二年十月、ボナー・ロー保守党内閣は、成立直後に下院を解散した。総選挙において保守党は議席の過半数を占める勝利を収めたが、他方で労働党は、保守党の五百五十万票に対して四百万票を獲得していた。ただし、ローの喉頭癌の悪化により、半年余りで内閣は総辞職する。一九二三年五月に成立した第一次ボールドウィン内閣は、失業や農業問題に対処するため、保護関税の導入を目指し、十二月に総選挙を実施した。結果、保守党は過半数を割り込み、労働党は議席を増加させた。保守党は議会で多数を有したものの、ボールドウィンは労働党への政権委譲を決意した。ボールドウィンはそれにより、労働党の穏健化を促すと共に、短期間の政権崩壊を期待したのである。

マクドナルド労働党内閣は一九二四年一月に成立した。少数与党の労働党は十月、三年連続となる総選挙を実施した。保守党は、(1)産業および農業保護、帝国の統合、防衛および帝国政策の強化、住宅建築、社会政策といった諸政策、(2)安定政権の必要性、(3)労働党はソ連の指令を受けており、社会主義は宗教や家庭を崩壊させるといった反共、反社会主義の主張を展開し、勝利を収めた。

十一月に成立した第二次ボールドウィン内閣は、オースティン・チェンバレンが副首相格の外相に就任した他、ネヴィル・チェンバレンが保健相として、労働党に対抗する社会政策の遂行に当たり、孤児・老齢年金法の制定や、公衆衛生、都市計画、住宅建築の推進、地方自治改革で成果を挙げた。

また、一九二五年四月、イギリスは金本位制に復帰した。国際金融におけるイギリスの影響力を保持するためであった。しかし、戦前の金との交換比率に基づく金本位制復帰はポンド高を招き、輸出産業の不振をもたらした。一九二六年五月には労働組合会議によるゼネストが決行された。ボールドウィンは組合幹部の穏健派と接触し、交渉を通じた事態の収拾を図る一方で、保守党強硬派は全面対決姿勢を示した。ボールドウィン内閣の姿勢は「強い立場からの宥和」とも評され、ボールドウィンやネヴィル・チェンバレンは、一九三〇年代、ドイツに対する宥和政策を展開する中心的な政治家となる。

外交面では一九二五年五月、オースティン・チェンバレン外相がフランスのブリアン外相およびドイツのシュトレーゼマン外相と共に、ロカルノ条約を成立させた。チェンバレン外相は、大国間の協調を進めながら、それを国際連盟の発展のための環境整備としても位置づけた。イギリスは、こうした多元的な外交を通じ、低下したイギリスの経済力や軍事力を補い、戦後ヨーロッパの安定と経済再建に主導権を発揮しようとしたのである。ただし、政権後半期には、ソ連との断交や、アメリカとのジュネーヴ海軍軍縮会議の失敗など、安全保障に関わる面で強硬姿勢を示す側面もあった。

ボールドウィン内閣はさらに、ドミニオンに本国との対等の地位を認めることで帝国の統合を再編、強化しようとした。一九二六年十月に開催された帝国会議は、ドミニオンについて、「イギリス帝国内の、地位において対等で、内外問題のいかなる側面においても相互に従属せず、国王への共通の忠誠によって一体化しながら、ブリティッシュ・コモンウェルス（イギリス連邦）の一員として自由に結びついている自治的な共同体」とする定義を下した。

多様であればこそ、自由意思に基づき対等に統合されるという理念は、一九三一年十二月のウェストミンスター憲章へと引き継がれる。

以上のような、ブリティッシュ・コモンウェルスの形成に向けた流れに同調的であったエイマリ植民地相は、農産物の帝国特恵と帝国内移民による帝国の一体化にも積極的であった。イギリス本国の人々が帝国領域に移住し、農業に従事すると共に、本国が農産物を輸入するという構想であった。一九二八年には、失業問題解決のため、カナダやオーストラリアへの移民に対する渡航費補助が導入された。イギリスは、人間と物資の世界的移動の活性化により、イギリス本国と世界の発展を促そうとする政策体系を、帝国を通じて保持しようとしたのである。

スターリンの権力掌握とコミンテルン

ロシア革命後の干渉戦争に対応して導入された戦時共産主義は、農業生産を低迷させた。そこで戦争終結後の一九二一年より、ネップ、すなわち新経済政策が導入された。これは、農民に余剰生産物の市場における売却を容認したもので、農業生産は回復し、農民の所得増加をもたらしたばかりか、クラークと呼ばれる富農を生み出した。しかし、工業生産は低迷し、労働者の生活環境は悪化した。

外交面では、一九二一年三月にイギリスと通商協定を締結、翌二二年四月にはジェノヴァ会議に出席すると共にドイツとラパロ条約を締結し、以後、秘密協定に基づき、ソヴィエト・ロシアとドイツは軍事協力を進めていく。年末にはソヴィエト連邦が成立し、ソ連と資本主義各国との関係は安定化し始めた。これらは、将来的な世界革命の実現に向け、ソヴィエトを帝国主義諸国から防衛するための一時的な措置とされた。

ソ連が、帝国主義諸国との関係を安定化しながら世界革命を推進するという、両義的な外交を展開できたのは、コミンテルンの存在による。ソ連は帝国主義諸国との外交において、ソ連とコミンテルンを別組織とし、各国の革命運動に対するソ連の関与を否定した。その一方で、ヨーロッパにおける革命気運の後退、各国共産党の内部対立や混乱、特にレーニン死後のロシア共産党内の権力闘争を経て、コミンテルンにおけるロシア共産党の絶対優位や、各国共産党のコミンテルン依存が確立する。

一九二二年五月にレーニンは発作を起こし、一九二四年一月に死去した。その後、ロシア共産党では理論闘争と連動した権力闘争が激化した。レーニンと並ぶ活動家で、外務人民委員としてドイツとの交渉を担当した他、赤軍を創設し、軍事指揮で卓越した能力を発揮したトロツキーは、労働者を革命推進の主体と捉え、工業化と世界革命を提唱し、ネップによる社会主義の後退を批判していた。これに対し、ジノーヴィエフ、カーメネフ、そして共産党書記長として組織を掌握するスターリンが激烈な批判を展開し、トロツキーは失脚する。

同年十二月、スターリンはトロツキー批判の根拠の上に、一国社会主義を提唱した。ところが、翌一九二五年、都市の労働組合活動を重視していたジノーヴィエフら「左派」は、スターリンおよび農民を重視するブハーリンを批判した。非難の応酬を経て、スターリンが権力闘争に勝利する。

スターリンによる「左派」との戦いは、社会民主主義に対するコミンテルンの柔軟路線、すなわち敵の組合組織に細胞として入り込み、分派活動を通じて革命を目指すという路線をもたらした。しかし、ヨーロッパの共産党にとって、共産党の組織や組合の強化ではなく、打倒すべき社会民主主義的労働組合を支援することへの抵抗感は強かった。戦後ヨーロッパの共産主義運動は、行き詰まっていた。それだけに、中華民国における革命気運への期待は大きくなった。

スターリンは左派に勝利した後、計画経済による工業化の推進に転じた。しかし、その点で「右派」のブハーリンと対立し、ブハーリンは失脚、スターリンの独裁が確立する。一九二八年のコミンテルン第六回大会は、社会民主主義をファシズムの双生児、あるいはファシズムより危険とみなす「社会ファシズム」論を打ち出した。社会ファシズム論は、停滞するヨーロッパ共産主義運動に、原理主義的な活気をもたらした。しかし、それは特にナチスの台頭するドイツにおいて、破滅的な結果をもたらす。

スターリンによる権力掌握と並行し、農業の集団化と計画経済の導入が進められた。農民の家畜、機械、道具はコルホーズに引き渡され、抵抗する農民はクラークとされ、追放された。一九三一年と翌年に凶作が発生した。しかし、穀物調達は容赦なく行われた。餓死者の正確な規模は不明であるが、百万人から五百万人に及んだ。

袁世凱後の軍閥割拠

一九一九年五月、民国においてヴェルサイユ条約に反対する五・四運動が発生した。山東半島における日本権益が認められたという情報に対する反発から、学生による示威行動が拡大したのである。交通総長兼財務総長の曹汝霖邸は焼き討ちされ、段祺瑞政権の打倒が掲げられた。その間、全国各地で日貨排斥運動が展開された。

六月以降、段祺瑞政権は学生を大規模に逮捕したが、上海では日本の内外棉紡績工場で発生したストライキを皮切りに、大規模ストライキが頻発した。北京政府（北洋政権）は、曹汝霖、章宗祥、陸宗輿を罷免し、パリの民国代表は条約調印を拒否した。こうした中で、北京周辺、華中の湖北・湖南省、華南の広東・広西省を中心とする内戦が再発する。

大戦中より、北京政府は段祺瑞を中心とする安徽派と、馮国璋を中心とする直隷派に分かれ、対立を深めていた。馮国璋が大戦後に死去すると、直隷派の中心は曹錕《そうこん》となった。曹錕は袁世凱政権の時代、呉佩孚《ごはいふ》、馮玉祥、張敬堯を率い、武漢、長沙、岳州などで南方勢力と衝突していた。その戦闘を通じ、台頭したのが呉佩孚である。

一九二〇年七月、直隷派は奉天軍閥の張作霖と連携し、北京に進攻した。安直戦争という。これに乗じ、湖南省では譚延闓《たんえんがい》が広東省の陸栄廷の支援を受け、長沙を張敬堯より奪還し、自治を宣言する。しかし、譚延闓は湘軍総司令の趙恒惕《ちょうこうてき》により上海に追われた。一方、華南では、孫文が陳炯明《ちんけいめい》の支援を受けて陸栄廷より広東を奪取し、譚延闓は孫文に接近する。

湖南省は辛亥革命以来、自治を重視した省であり、覇権主義に対する抵抗姿勢から、南北の陣営より攻撃を受け、また、内部対立から外部に支援が求められる事態が少なくなかった。一九二二年、湖南省では憲法が公布され、趙恒惕が選挙によって湖南省長に就任した。軍閥が民主主義の形式手続きを通じて権力を掌握したのである。とはいえ、趙恒惕は湖北省で呉佩孚に敗北し、宜昌を奪われてしまう。

呉佩孚は湖南北部から湖北、河南にかけて勢力を拡大した。これに対抗するため、安徽派、張作霖、孫文の連合が成立する。孫文が五四運動で批判されていた安徽派に接近したのは、直隷派に近い陸栄廷に対抗するためであった。

安徽派に対する反乱　1920～1922

一九二二年四月、奉天軍閥の張作霖と直隷派の呉佩孚が開戦した。第一次奉直戦争という。これに敗北した張作霖は、東三省の独立と奉天軍総司令就任を宣言した。直隷派の勝利により、黎元洪が大総統に復帰し、国会が復活することとなった。しかし、それはかえって孫文の地位

を脅かした。孫文は江西方面に向かう北伐を目指すが、広東の自治を重視する陳炯明が反乱を起こし、孫文は上海に逃れる。そうした孫文に接触し、協力を提案したのが、コミンテルンであった。

中国共産党の成立と国共合作

民国における社会主義の受容は、日本の社会主義運動を経由して行われた。李大釗や陳独秀がその先駆であった。一九一九年三月のコミンテルン結成大会に、民国から劉沢栄、張永奎の二名が参加し、劉沢栄はモスクワでスネーフリート（民国でマーリン、馬林の名で活動）と、コミンテルン執行委員会の上海設置について協議し、次いでヴォイチンスキーが北京に派遣され、李大釗と接触した。

コミンテルン第二回大会後の一九二〇年十一月、中国共産党が結成され、翌年七月、上海のフランス租界において中国共産党第一回大会が開催された。マーリンが主導し、毛沢東ら十三人が大会に出席した。以後、コミンテルンより中国共産党に多額の資金援助がなされたが、労働者を対象とする共産党の宣伝活動は困難に直面した。そこでマーリンは十二月、桂林で孫文と会見し、国民党との協力を目指していく。

一方、日本では一九一九年にアメリカで片山潜と共に活動していた近藤栄蔵が米騒動の報に接して帰国し、堺利彦、山川均らと接触していた。さらにコミンテルンの指導もあり、一九二一年四月頃に堺利彦を委員長とするコミンテルン日本支部準備会が結成された。その後、近藤は上海でコミンテルン極東委員会に出席、多額の資金を受領して帰国、早稲田大学学生の暁民会と共に日本共産党を自称して活動したが、逮捕、釈放されている。こうした中、十月に張太雷が来日して堺利彦、山川均、近藤栄蔵らと接触した。民国にコミンテルンの拠点ができたことで、日本にもその影響が及び始めたのである。

一九二二年一月、モスクワとペトログラードにおいて極東民族大会が開催された。日本、民国、朝鮮、モンゴルから代表が派遣された。日本からは徳田球一らが、中国共産党からは劉少奇、張太雷、張国燾《ちょうこくとう》らが出席した。同年七月、東京渋谷の民家で日本共産党結成大会が開かれた。しかし、一九二三年六月に共産党の一斉検挙がなされ、九月の関東大震災後、日本共産党は一旦、解党を決定する。

一九二二年四月、マーリンが中国共産党に国共合作を提案すると、陳独秀らは反発した。しかし、八月に杭州の西湖で開催された共産党中央会議は、コミンテルンへの正式参加を決定した。次いで上海でマーリン、李大釗、陳独秀と孫文が会見し、孫文はソ連の軍事援助を受け入れた。李大釗は個人の身分で国民党に入党することとなった。

一九二三年一月、孫文は上海でヨッフェと共同宣言を行い、ソ連からの支援が表明された。孫文は広東に帰還し、二月に第三次広東軍政府を樹立した。八月、蔣介石はソ連の赤軍を視察し、帰国後の十一月、国民軍軍官学校（翌年五月より陸軍軍官学校・黄埔軍官学校）の校長に任命された。以後、赤軍を模範とする軍が創設された。その間の十月には、コミンテルンからボロージンが国民党の顧問として広東に派遣されている。

一九二四年一月、杭州で中国国民党第一回全国大会が開催され、第一次国共合作が成立した。大会はまた、三民主義と共に外交政策として、不平等条約や外国人による海関管理権の撤廃を掲げた。ただし、国民党も他の軍閥と同様、地主を通じた農民搾取の上に権力を保持しており、共産党との関係はそうした矛盾の上に成り立っていた。

一方、広西省の陸栄廷は呉佩孚と提携し、広東の奪回を図ったが、孫文との協力を決めた李宗仁、白崇禧の攻撃を受け、下野することとなった。

外モンゴルとコミンテルン

民国において国共合作を実現したコミンテルンは、並行して外モンゴルに対する干渉を強めた。一九二一年七月に成立したモンゴル人民政府は、チベット仏教の伝統的権威であるボグドを元首とした。しかし、一九二二年に首相兼外務大臣のボドーが失脚し、八月に処刑される。コミンテルンの干渉に抵抗したため、日本との通牒を理由に粛清されたのである。さらに翌年にはスヘバートル、一九二四年にはボグドも死去してしまう。

一九二四年一月、中華民国における第一次国共合作の成立や中ソ国交回復により、ソ連は外モンゴルに対する中華民国の主権を承認した。しかし、この年、コミンテルン代表のリンチノが、モンゴル人民政府副首相兼軍司令官であったダンザンを資本主義分子や漢族資本のために活動しているとして非難し、ダンザンは銃殺された。ソ連は民国への外交措置として、外モンゴルに対する民国の主権を認めながら、コミンテルンを通じて外モンゴルを内部からソ連に従属させようとしたのである。

一九二四年十一月、モンゴル人民共和国が成立し、首都をウランバートルと改称した。ボドー、ダンザンの死後、党委員長のダムバドルジと書記長ゲリクセンゲが政権を掌握した。モンゴル人民共和国の成立は、内モンゴル民族主義運動にも大きな影響を与える。しかし、ソ連にとって内外モンゴル民族主義の連携は、中華民国との関係においても、共産主義と民族主義との関係においても、そのまま容認できるものではなかった。

リンチノは、中国革命と統一モンゴルの革命を両立可能と考えていた。しかし、一九二七年に中華民国の国共合作が破綻し、さらにロシアでスターリンが右派を批判し始めると、ダムバドルジやリンチノは民族主義的右派として排斥されることとなる。

第二次奉直戦争と孫文の死

一九二三年十月、直隷派の曹錕は国会議員を買収して大総統に就任し、憲法を制定した。しかし、それは国会と憲法の権威を逆に失墜させ、また、内戦も収束しなかった。一九二四年九月、直隷派の江蘇督軍・斉燮元《せいしょうげん》が上海の支配を目指し、安徽派に属する浙江の盧永祥を攻撃した。張作霖はこれに呼応して直隷派と開戦した。直隷派の主力は呉佩孚、馮玉祥であった。

呉佩孚軍と張作霖軍は山海関で激突した。一方、馮玉祥は赤峰方面を経由して奉天に向かうはずであったが、呉佩孚から離反して北京を占領、曹錕を幽閉した。呉佩孚は海路で漢口に逃れた。馮玉祥はまた、清朝最後の皇帝の溥儀を紫禁城から追放し、溥儀は日本公使館に逃れ、天津の日本租界へと移る。その間、上海では福建の孫伝芳が盧永祥の苦境に乗じて盧永祥軍を壊滅させ、上海の支配権を掌握した。こうして直隷派政権は崩壊した。

十一月、馮玉祥と張作霖は、段祺瑞を中華民国臨時政府総執政に担ぎ上げた。張作霖は長江以北の沿岸部を支配し、奉天軍閥系の李景林が直隷省、張宗昌が江蘇、安徽、山東省に配置された。馮玉祥は民国北西地域を支配下に置くと共に、国民軍を自称して孫文の北上を要請した。段祺瑞は和平のための善後会議を提唱し、孫文もこれに応じた。

直隷派をめぐる戦乱　1924〜1925

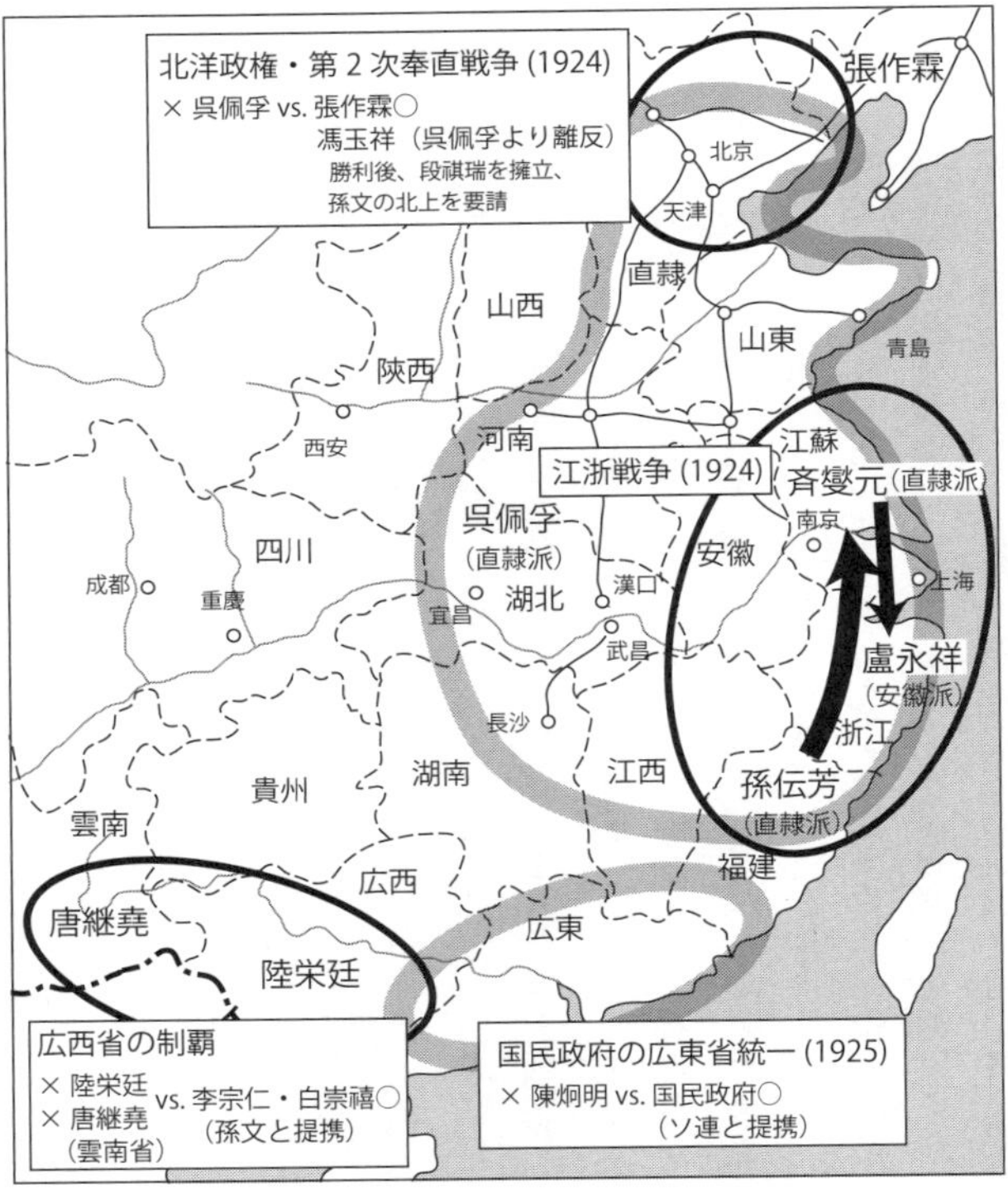

その一方で馮玉祥は、張作霖との対立を深め、孫伝芳と同盟を結び、ソ連に外モンゴルへの勢力拡大を容認する代償として軍事支援を求め、他方で内モンゴルの自治、独立運動に支援を与えている。馮玉祥はキリスト教徒でもあったが、機会主義的で、利用できるものは何でも利用し、大義を掲げながら変節、裏

切り、背信を繰り返した軍閥であった。

一方、孫文は十一月、北上の途次に訪日し、翌月に天津に到着したが、癌に冒されており、一九二五年三月に死去した。二月に開かれた善後会議も五月に成果なく閉会し、辛亥革命後に創設された国会は、消滅した。

民国の排日・排外主義

一九二〇年代の民国では、五四運動に続き、排外主義、排日運動が昂揚した。五四運動では、北京の横浜正金銀行支店が二万元以上の取り付けに遭い、天津で日本商業会議所の日本人二名が群衆に殴打されるなど、全国各地で日貨排斥運動が展開された。

一九二三年三月、清朝がロシアに認めた関東州の租借期限となり、民国国会は二十一カ条無効宣言案を可決した。商工業者団体の上海総商会は、旅順、大連回収のため、対日経済絶交運動を展開した。日系会社への雇用拒否、日系新聞への広告不掲載、日系商船による貨物輸送の拒否、日系保険会社への不加入、日系銀行への貯蓄拒否などである。日貨検査員による日本商品の没収と日貨公売処での売却、日本企業への綿花など原料品の不売なども実施され、経済断交運動は全国で展開された。この運動に漢族の民族紡も関連し、第一次世界大戦後に拡大していた日本の在華紡も排斥の対象となった。

一方、この年五月、山東省南部の臨城において、外国人の乗車する列車が襲撃され、人質とされる事件が発生した。臨城事件という。民国政府は外国の強硬姿勢に屈して土匪と取引し、人質は釈放された。これ以降、民国政府との取引を期待できる外国人誘拐も多発するようになった。

さらに九月、広東政府はイギリスに、広東の関税収入中、外債担保分以外の剰余の引き渡しを要求し、紛糾の末、英米仏日伊の艦隊が広東に派遣される事態となる。民国の排外主義には、政府の分裂、治安の悪化、営利目的など、様々要因が絡み、鎮静化は至難であった。

一九二五年二月、上海内外棉工場でストライキが勃発、各社の工場に波及した。スト参加者は四万人に達した。前年夏より在華紡労働者に対する共産党の働きかけが行われていたためである。四月には青島でもストライキが発生した。五月十五日、内外棉では工場閉鎖をめぐって衝突が発生、工部局のインド人巡査の発泡で十数名が負傷、後一名が死亡した。五月三十日、南京路で学生など約二百名が抗議活動を行ったが、これに工部局警察のインド人および漢族の警官が発泡し、死者九名、負傷者多数を出した。五・三〇事件という。六月二日より列強の陸戦隊が上海に上陸し、八月に労働者と在華紡との合意が成立するが、この間の在華紡の損害は大きかった。

イギリスに対する排外運動はその後も続き、また、日本に対しても、山東出兵などの事件の都度、日本商品の排斥運動が展開される。

日本における政党内閣の成立と政軍関係

第一次世界大戦後、日本は大国としての国際的評価を受ける一方で、日本国内では選挙権の拡大などを求める運動が高まった。原敬の暗殺を受け、組閣した高橋是清内閣が総辞職した後、加藤友三郎、山本権兵衛と政友会を与党とする非政党内閣が続き、さらに総選挙を控える中でやはり非政党内閣の清浦奎吾内閣が成立すると、政友会は野党となることを決定、政友本党と分かれた。一九二四年の総選挙の結果、加藤高明の率いる憲政会が第一党となり、元老・西園寺公望は加藤を首相とした。西園寺は総選挙の結果を尊重し、大国にふさわしい、民主化の気運に対応する政権として、政党内閣を成立させたのである。

一九二五年三月に二十五歳以上の男子に選挙権を与える選挙法改正が実現する。これと合わせ、かねてよりの司法当局との合意に基づき、治安維持法が制定された。ソ連による国際的宣伝、破壊活動が展開される中、国民の政治意識を、選挙を通じた合法的政治活動に善導し、その過激化を抑えるためである。以後、五・一五事件の勃発まで、憲政会ないし民政党と政友会の二大政党が、交互に政権を担当していく。

こうした中で西園寺は、将来的な政党政治の定着を期待し、自らの後継となる元老を設置しない決断を下した。それと並行し、宮中事務を管掌する内大臣が、当面は西園寺を補佐して、後継首班決定に関与することとなった。このように、昭和初期の政党内閣は、元老を介し、帝国憲法を民主化の時代に合わせて運用することで成立した。これにより、国民的な政治意識の高まりへの対応と伝統的な統治様式の両立が図られたのである。

政党内閣の成立は、政府と軍の関係にも変化をもたらした。第一次世界大戦により、日本陸軍は、軍の機械化や資源確保、国家総動員などの問題に直面した。しかも陸軍は、世界的な民主化や軍縮傾向の中でそれらに対処しなければならなかった。

原内閣の田中義一陸相は航空戦力の充実などを目指し、原内閣末期以降の諸内閣で陸相を務めた山梨半造や宇垣一成は、陸軍人員と予算を削減しながら、機械化装備の充実を図った。その過程で宇垣は、対立する反長州閥系の長老格となる軍人を予備役に編入した。この後、政党内閣が成立すると、長州閥の後継世代が政党間の政権交代に際して首相の要請で陸相に就任した。これにより、政党内閣は長州閥を通じて陸軍との調整を図り、長州閥は政党内閣に協力することで陸軍内の権力を保持したのである。

とはいえ、陸軍には新たな反長州閥の動きが存在した。一九二一年十月、ドイツのバーデンバーデンで、陸軍の永田鉄山少佐、小畑敏四郎《としろう》少佐、岡村寧次少佐が、国家総動員に対応できる陸軍の近代化と、長閥人事の打破を申し合わせた。これが端緒となり、二葉会が結成された。ただし、永田は国家総動員への関心が強く、また、中堅軍人の幅広い取りまとめや、政官界の要人との人脈づくりを重視するが、対して小畑は、戦術や作戦といった純軍事部門への関心が高く、永田の派閥的行動を嫌悪したため、一九二七年頃には二人の関係は悪化してしまう。このように、昭和期の陸軍は、政党内閣との関係を安定化したが、世代間や世代内に多くの対立を抱え込んでいた。

一九二〇年代の日本の経済・社会政策

一九二〇年代の日本は、財政再建、貿易収支の改善、円の信用維持、金融安定化、労働者保護や農業対策など、数々の重要課題に直面していた。

そこで政府は、軍縮など緊縮財政を進める一方で、一九二六年に法人税減税や関税改革による産業保護を実施した。ただし、外債の償還や貿易収支の悪化に対しては、新規の外債発行で外貨を調達するよりなく、政府は長期的な円高と、旧平価での金本位制復帰を目指さざるを得なかった。円相場の下落は外債償還の負担を増加させたからである。しかも戦後のヨーロッパは金本位制への復帰に向けた国際協力を進めており、日本も国際協調や大国としての責務の観点から、金本位制への復帰を目指した。

日本の輸出は、生糸、絹織物や綿糸、綿織物、マッチ、陶磁器、漆器など、中小企業が担っていた。そこで一九二五年、重要輸出品工業組合法が制定され、輸出関連二十二業種について、業界規制に関する行政指導の権限を強化し、国際競争力を高めようとする措置が取られた。

農業対策として、米価安定策と自作農維持創設事業が実施されている。米価は第一次世界大戦期に暴騰し、戦後に暴落した。そのため、米穀法が制定され、政府が米穀の売買を行い、価格調整を図ることとなった。一九二六年には、農地売買に対する融資補助や、地価二百円以下の小規模農地を所有する自作農民への地租免除などが実施された。小規模農地に対する免税措置は、地主から小作人への土地売却を促すものであり、これらにより、年間一万戸以上の自作農が創設される成果を挙げる。

以上に並行し、第一次世界大戦後に激増した小作争議や労働争議に対応するための小作調停法や労働争議調停法も制定された。また、第一次世界大戦後の戦後不況と一九二三年九月の関東大震災を契機に、一九二五年末より失業対策事業が実施された。これは、六大都市で実施される対策事業に対し、労働賃金の二分の一を国庫より補助するもので、失業対策事業は、世界恐慌下の農村救済対策へと応用されていく。

さらに労働者対象とする健康保険法が一九二二年に制定され、一九二七年より施行された。これにより、工場法に象徴される、業務上の傷病を対象とした企業内の福利厚生事業は、業務外の傷病も対象とする健康保険へと統合された。ただし、同法の対象は労働者に限られ、国民の半数を占める農民を含めた健康保険制度の整備が課題として残されていた。

以上のような経済政策は、海外移民政策にも影響を及ぼした。日本の海外移民は、十九世紀におけるハワイから二十世紀初頭のアメリカ西海岸、そしてブラジルをはじめとする中南米への移民という推移をたどっていたが、大戦後、日本政府による渡航費補助が導入され、自立支援としての中南米への移民政策が始まった。これにより、海外移民は人口問題などに対する補助的な解決策として評価されるようになり、アメリカ大陸やイギリス領の代替移民先として満洲を位置づける構想が、陸軍や民間の中に生まれてくる。

また、金融安定化のための施策として、一九二三年に産業組合中央金庫法が制定され、中央金庫が産業組合および連合会、公共団体などを対象とした金融を行うことで、産業組合を広域で金融支援する制度が実現した。次いで一九二七年三月に制定された銀行法は、銀行の資本金の最低限度額を設定した他、役員の兼職制限などを定めることで、銀行経営の体質強化を図っている。

さらに、震災手形と呼ばれた、関東大震災による不良債権対策として、日本銀行による震災手形の再割引に伴う損失に対する一億円を限度とする政府補償や、事業の再建支援のため、銀行と手形債務者の契約に対する特定の条件の下での政府による銀行融資などが定められた。ただし、関連法案審議は紛糾し、蔵相の失言から銀行取り付け騒ぎを引き起こし、結果的に若槻礼次郎憲政会内閣の倒壊を引き起こしている。

以上のように、一九二〇年代の経済、社会政策は、将来的な円高や金本位制への復帰を念頭に、第一に、法人減税や組合促進、保護関税などの企業支援、第二に、自作農創設や小作、労働関連立法、健康保険法などの国民生活保護、そして第三に、米価維持や失業対策、金融安定化などの、景気変動や自然災害の影響に対する政府の対応、から構成されていた。つまり、長期的な円高政策への展望の下、企業に対する支援と、労働者や小作人保護のための規制や制度を一体のものとして導入し、合わせて個々の努力を超える景気変動や自然災害の影響を政府の施策によって緩和することで、民間主導の経済成長と国民生活の安定化を目指したのである。

ところで、一九二八年二月、田中義一政友会内閣は初の普通選挙に基づく総選挙を執行した。この選挙には、一九二六年に再建された日本共産党の徳田球一らが労働農民党から立候補し、また、コミンテルンより資金や拳銃の援助を得て宣伝文書を配布した。

選挙後の三月十五日、当局による一斉検挙が行われ、年末までに約三千四百名が検挙された。共産党の一斉検挙は翌年四月十六日にも実施された。共産党は、民間主導の経済成長と国民生活の安定化を目指した日本社会から乖離した存在であり、その点が中国共産党の置かれた環境との決定的相違であった。

この後、日本共産党は分裂と反社会活動の末、続々と転向者を出す。また、ソ連に渡った活動家は、ロシアの権力闘争や内部告発に巻き込まれ、多くの粛清者を出す。それが、日常的な努力による社会や経済の改良を否定し、外国より資金と武器の提供を受けて日本の革命を目指した運動の結末であった。

機械産業の発展と航空兵器の開発

一九二〇年代に日本の機械産業も発展した。織布機械（力織機）の国産化は、一八九七年の豊田佐吉による木製小幅力織機や、一九〇〇年の津田米次郎による津田式力織機の発明などで実現していた。

一方、重工業は、一八九六年の造船奨励法に基づく助成や一九〇一年の八幡製鐵所の操業開始を背景に、造船が中心となって発達した。大正期には、イギリスのヴィカーズ社によって建造された戦艦金剛の同型艦が日本国内で建造されるまでになった。こうした造船の発達が、三菱や川崎、石川島などによる自動車や航空機製造の基礎ともなった。航空機の開発は、欧米の発展を背景に、軍と民間の協力によって推進されたのである。

十九世紀より気球の軍事利用が行われ、日露戦争に際しても、日本陸軍は旅順偵察のために気球を浮揚させている。一方、アメリカのライト兄弟による飛行機飛行の成功は一九〇三年で、以後、飛行機は急速に発達する。一九〇九年七月、陸海軍大臣の下に臨時軍用気球研究会が設置され、気球および飛行機の研究が開始された。翌年四月、ドイツおよびフランスに将校を派遣し、飛行機操縦技術の習得に当たらせ、また、最新鋭の飛行機四種各一機を購入し、試験飛行を行った。ただし、発動機などの整備に課題があり、試行錯誤が続いた。

飛行機は第一次世界大戦で実戦投入されたが、日本も参戦後、青島攻略に航空部隊が参加している。一九一五年十月に陸軍は航空大隊の新設を決定した。また、大戦で輸入が途絶したため、横須賀海軍工廠や東京砲兵工廠による国内生産が本格化した。その一方で、大戦の終結が近づくと、各国は兵器の譲渡に前向きとなった。一九一九年一月から十一月にかけ、陸軍はフランスより航空団を招聘し、指導を受けた。さらにシベリア出兵に際し、ヴラジヴァストークと満洲里に航空隊が派遣されている。

一九二〇年十月、原敬内閣の田中義一陸相は、航空制度委員会を設置して航空兵科の調査を進め、また、中島飛行機製作所、東京瓦斯電気工業、川崎造船所、三菱内燃機製造、石川島飛行機製作所によるフランス機を中心とするライセンス製造が開始されるようになった。最初の国内開発採用機は、一九二八年の三菱による八七式軽爆撃機であった。こうした中で勃発した満洲事変は、航空部隊の初の本格運用の機会ともなる。

満鉄による鉄道敷設交渉

満鉄にとって、清朝や民国ないし奉天政権との鉄道敷設交渉は重大な懸案事項であった。それは、一九〇七年の新奉鉄道および吉長鉄道に関する協約に始まり、吉長鉄道は一九〇九年の間島に関する日清協約により、延吉、会寧まで延長されることとなった。また、中華民国成立後の一九一三年十月、満蒙五鉄道に関する交換公文が成立したが、四洮鉄道（四平街―鄭家屯―洮南）のみが第一次世界大戦中に着工されている。次いで一九一八年、西原借款に関連する契約も成立したが、着工には至らなかった。

こうした中、一九二四年九月に洮昂鉄道（四洮鉄道の延長）、一九二五年十月に吉敦鉄道（吉会鉄道の一部）の建設請負契約が成立した。ただし、契約の交換条件として日本側は、満鉄並行線（奉天―海龍）の敷設を承認した。

満鉄による鉄道敷設交渉はこの後も試みられ、一九二七年十月に山本条太郎満鉄総裁と張作霖の交渉により、新満蒙五鉄道、すなわち、(1)吉会鉄道の未着工区間（敦化―老頭溝―図們江岸）、(2)長春―大賚《だいらい》（一九一三年以来懸案の長春―洮南線の一部）、(3)吉林―五常、(4)洮南―索倫、(5)延吉―海林、の五路線の建設請負協約が成立し、翌二八年五月に(3)を除く四鉄道について建設請負契約が成立する。しかし、これらは張作霖爆殺事件により実施の機会を失っ

1920年代後半の満洲の鉄道計画

てしまう。

上記の四洮鉄道の敷設は、陸軍の対ソ戦略にも影響を及ぼした。昭和初期まで、関東軍の対ソ戦は、ハルビン正面を想定決戦場としていたが、一九三〇年頃には洮南正面を決戦場と想定するようになった。それが後の中村大尉事件の背景ともなる。

北京関税特別会議の開催

一九二〇年代前半に激化した民国の内戦に対し、欧米列強や日本は、中国国民党や共産党、馮玉祥に軍事支援を与えたソ連とは対照的な対応を示した。ワシントン会議で成立した民国の関税に関する条約、通称ワシントン関税条約は、従来の五％の関税に追加される二・五％の付加税施行のための細目条件と、釐金廃止を条件とする五％の付加税施行のための細目条件とを定めるための国際会議の開催を定めていた。

これは、民国の地方政府の財源である釐金を中央政府の財源となる関税に再編することにより、民国の統一と安定化を実現しようとするもので、経済的に自立可能な国家の建設という第一次世界大戦後の国際理念を、民国に応用しようとしたのである。

とはいえ、北京政府の収入増加は、内戦を助長する可能性があった。そこでイギリスは、関税会議を通じ、民国中央政府と地方政府の関税増収分の配分を調整することで、関税増収分の軍費転用を防ぐと共に、民国の内戦を調停し、民国の政治的経済的安定化を図ろうとした。日本とアメリカは、関税増収による民国の債務償還も求めていたが、イギリスは、ヨーロッパの戦争債務問題と同様、民国の債務問題より行政や経済の再建を優先していた。

一九二五年十月、北京関税特別会議が開催された。日本は、民国に対する将来的な関税自主権の承認を想定した上で、三段階に分けて民国の関税を引き上げるという提案を行った。民国の内戦調停に主導権を発揮しようとしたイギリスに対し、民国の改革実績に応じて不平等条約の改正に応じようとしたのである。対してアメリカは、釐金徴収に伴う損失の補償措置を強化した上で、付加税の実施を容認するという姿勢を示した。アメリカは基本的に、民国の内政改革に期待していなかった。

民国代表は、一九二九年一月一日より民国が国定税率を定め、同時に釐金を廃止するという会議の宣言を求めた。会議はそれを受け入れ、一九二九年までの暫定措置の検討を行った。しかし、具体的な増税率と増収使途をめぐり、日米英の原則論と方法論が対立し、調整はつかなかった。しかも民国側は、日英米の相違を調整するどころか、各国の主張を部分的に援用しながら自らの主張を展開し、列強間の合意を阻害した。

一九二六年二月、日本は民国側の増収実現のため、七種差等税率案を提出し、三月に税率表が民国側に提示された。しかし、会議はそれ以上の成果を出せなかった。イギリスを中心とする民国再建構想は成果を挙げられなかったが、この税率表は後に意味を持つ。

国民政府の成立、北伐と国共合作の破綻

一九二五年一月、広東では国民党軍と陳炯明軍が衝突し、広西でも戦乱の末、二月に李宗仁、白崇禧らが桂林を占領した。白崇禧はさらに雲南の唐継堯軍も撃破した。七月、国民党は中華民国国民政府の成立を宣言、十月には陳炯明軍を撃破し、広東支配を確立した。一方、張作霖は奉天から長江まで勢力を拡大したが、孫伝芳が江蘇に侵攻し、浙江、安徽、江

西、福建と合わせて五省を支配下に置いた。

十一月、郭松齢と李景林が張作霖から離反し、馮玉祥と連合して奉天軍を攻撃した。ところが、馮玉祥は李景林を攻撃し、天津を攻略した。李景林は山東省の張宗昌と連合した。馮玉祥と李景林の対立により、郭松齢軍は単独で山海関を越え、十二月に錦州を占領した。しかし、日本の関東軍は満鉄付属地への軍隊の進入を禁止した。これは郭松齢軍の奉天攻撃を阻止する措置であり、部隊を結集できた張作霖は、十二月下旬に郭松齢軍を撃破した。

馮玉祥の再三の裏切りにより、張作霖、李景林および張宗昌の連合軍、そして漢口の呉佩孚の三勢力は、馮玉祥包囲網を結成した。馮玉祥はソ連を訪問し、支援を要請した。一九二六年三月、奉天軍は天津を奪回、呉佩孚軍も北京北西の馮玉祥軍を攻撃したため、国民軍は張家口から綏遠に撤退した。五月、馮玉祥は国民政府への合流を表明する。

一方、広東では三月に黄埔軍官学校長の蔣介石が共産党を弾圧し、軍内における地位を確立した。事件のきっかけとなった艦艇にちなみ、中山艦事件という。並行して湖南省では、唐生智が反乱を起こして長沙を占領、省長の趙恒惕を排除して代理省長に就任した。しかし、唐生智は呉佩孚軍との戦闘に敗北し、長沙を奪われる。七月、唐生智は国民政府に参加すると共に、湖南省憲法を廃止し、省議会を解散した。軍閥の保身と国民政府の覇権主義が、湖南省の自治を崩壊させたのである。

こうして、国民政府を中心とする軍閥連合と、呉佩孚、孫伝芳、張作霖らの軍閥連合の二大勢力が成立した。国民政府は湖南から武漢に向かう北伐を決定し、七月、蔣介石は呉佩孚軍を撃破した。九月には武漢を占領し、次いで孫伝芳軍に勝利した。十一月、ソ連の支援を受けた馮玉祥軍も、西安を包囲していた呉佩孚軍を撃破した。

一九二七年一月、蔣介石は北伐軍を南昌から浙江、安徽、江蘇方面に進軍させた。ところが、武漢では共産党の煽動による労働者のストライキや抗議活動が頻発し、三月には上海でも労働者の暴動が発生、直後に南京で北伐軍の一部兵士が外国領事館や工場などを襲撃した。南京事件という。対してアメリカ、イギリスの軍艦が南京の北伐軍を砲撃した。

四月十二日、北伐軍は共産党員の一斉逮捕、弾圧、処刑に踏み切り、十八日に南京国民政府の成立が宣言された。孫文の側近であった胡漢民が政府主席、蔣介石が軍事委員会主席兼国軍総司令に就任した。

その間、張作霖も三月から四月にかけ、ハルビンのソ連通商代表部事務所や北京のソ連公使館を強制捜索し、多数の文書を押収した他、ソ連公使館内で李大釗を逮捕し、後に処刑した。

蔣介石と分裂した武漢の国民政府は、フランスより帰国した汪兆銘を擁立したが、汪兆銘は、コミンテルンの土地革命の推進や革命的労働者軍の創設構想に接し、共産党との協力を

国民政府による北伐経路および中国共産党関連地図

解消した。五月二十一日、唐生智軍は長沙で千人以上の共産党員を殺害した。馬日事件という。一方、蒋介石と連合した馮玉祥もソ連の顧問や共産党を追放し、蒋介石は南京から山東省に向け、津浦線に沿って部隊を北上させた。しかし、八月に徐州で孫伝芳軍に敗北してしまう。こうした戦況に対応し、日本の田中義一内閣は六月一日に部隊を青島に派遣、七月七日に済南に移動させ、約二千人の居留民保護に当たった。第一次山東出兵という。

汪兆銘は蒋介石の下野を条件として南京政府との合流を目指し、白崇禧が蒋介石を説得、蒋介石は南京で下野した。十二月に蒋介石は日本を訪問し、田中義一首相と会見している。

国共合作の解消により、中国共産党では陳独秀が解任され、瞿秋白《くしゅうはく》、張国燾、李維漢、李立三、周恩来、張太雷が新執行部を形成した。新執行部は、八月一日に南昌を制圧した。中共はこの日を人民解放軍の建軍記念日とする。共産党は引き続き、湖北、湖南、江西、広東の四省で収穫期の蜂起、すなわち「秋収暴動」を計画したが、計画は困難を極めた。毛沢東は長沙占領を断念し、省境の山岳地帯に撤退、井崗山に拠点を構えた。広東を目指した賀葉軍は潮州付近で壊滅し、一部の残存兵が広東省東部の海豊、陸豊に達したのみであった。

十二月十一日、広東で数千人の労働者が武装蜂起し、広州ソヴィエト政府（広州コミューン）を樹立したが、十三日、国民党軍によって鎮圧された。共産党では幹部の張太雷を含む四千人以上が戦死した他、二千人以上が銃殺された。共産党の残兵は海陸豊ソヴィエトに合流するが、一九二八年末に海陸豊も陥落し、共産党の拠点は毛沢東の井崗山のみとなる。

井崗山に拠点を据えた毛沢東は、省境地域を転戦していた朱徳軍や、国民党湘南軍から離反した彭徳懐《ほうとくかい》と合流し、国民党軍の攻撃を撃退すると共に、農村の土地革命を進めた。その一方で、一九二八年にコミンテルン第六回大会が開催され、参加した李立三は毛沢東を批判している。李立三は帰国後、極左路線を展開する。

一九二八年一月、蒋介石は南京に帰還し、国民革命軍総司令に復帰した。蒋介石軍は山東省に進入し、四月二十一日に済寧を占領した。これを受けて日本は第二次山東出兵を決定した。張宗昌軍は済南から撤退し、五月一日、蔣介石軍が済南に入城した。しかし、その直後に済南事件が勃発する。

張作霖政権と日本、国民政府とイギリス

北京関税特別会議は、民国情勢の流動化のため、初期の目的を達成できなかった。会議においてイギリスは、民国の内戦調停に主導権を発揮しようとした。対して日本は、民国の改革実績に応じて不平等条約の改正に応じようとした。こうした、民国情勢に柔軟に対応しようとするイギリスと、民国に合意や原則の遵守を求める日本という両国の姿勢の違いは、張作霖に対する日本の対応と、国民政府に対するイギリスの対応の相違にも反映されていく。

まず日本にとって、一九二六年は日中通商条約の期限に当たっていた。北京関税特別会議において日本が差等税率案を提出したのは、関税自主権を求める民国に対し、関税会議の合意を日中通商条約の中に採用し、条約改定を円滑に進めるためでもあった。しかし、この時点で差等税率案は列強間の試案にとどまっていた。

他方で日本は、奉天政府の財政問題への対応も迫られた。張作霖は、長城以南の武力制覇に固執し、満洲経済を破綻寸前に追い込んだためである。一九二六年四月、若槻内閣は張作

霖に、長城以南への不進出や財政整理を求め、これに応じる場合、専門家の派遣と財政整理借款の供与を行う用意があることを通知した。しかし、張作霖は応じず、五月以降、張作霖の発行紙幣である奉天票の暴落は危機的状況を迎えた。

八月、張作霖政権は暴落の原因を投機によるものとして、一部の金融業者を銃殺刑に処した。さらに、現金銀通貨との兌換性を有する紙幣を、張作霖の指定する相場で強制的に不換紙幣の奉天票と交換させ、回収しようとした。これは、張作霖による実質的な民間資産の没収であり、これにより、横浜正金銀行券や朝鮮銀行券など、日本の兌換券は実質的に使用できなくなった。

日本側から張作霖に抗議が繰り返され、十一月初めに奉天政府側は、日本による財政整理調査を伴う財政支援を要請するに至った。ただし、この問題は、翌年四月の田中義一内閣の成立により中断されてしまう。

陸軍内でも張作霖に対する反発が強まった。一九二六年七月に関東軍司令官に就任した武藤信義は、満洲の安定に対する日本の責任、民国の各派に対する不偏不党の態度、民国における共産党の撲滅、満洲権益を擁護するための武力行使の覚悟などを自らの指針とした。袁世凱や段祺瑞、張作霖を操作しようとした田中義一とは異なり、日本の優位と断固たる姿勢を示そうとしていたのである。

一方、広東では一九二六年九月、国民政府がイギリスに対し、二・五％の内地税の徴収と、その承認の見返りとして、イギリス商品排斥の停止を示唆する提案を行った。前年の五・三〇事件以来、広東にもイギリス商品の排斥運動が波及していたが、二・五％という税率は関税会議を意識したもので、排外主義を外交取引に利用しようとしたのである。

一九二六年十二月末、オーステイン・チェンバレン外相はクリスマス・メッセージと呼ばれる新政策を公表し、二・五％付加税の徴収をワシントン条約の精神に則って承認する方針を明らかにした。これは、ワシントン条約を柔軟に運用し、民国の排外主義を緩和しながら、民国の安定化を実現しようとしたもので、それによって、長期的な視点から列強間の協調をも維持しようとしたのである。

漢口事件と南京事件

イギリスによるクリスマス・メッセージの直後の一九二七年一月三日、漢口で暴動が発生し、民国による租界の実力接収が懸念される事態となった。漢口事件に対し、イギリスは北京公使館よりオマリーを漢口に派遣し、陳友仁国民政府外交部長と交渉させた。イギリスは、国民政府に漢口の原状回復を求め、漢口租界の行政権返還交渉の用意があることを伝える一方で、上海租界防衛のため、軍を増派した。

一月末、イギリスはワシントン条約締結各国に租界関連交渉のイギリス草案を提示した上で、国民政府側に漢口に関する交渉草案を提示した。内容は、民国人が被告となる漢口租界内の混合裁判に関する司法権や、租界の行政権、警察権を民国に返還すると共に、漢口租界に特別市制の導入を求めるというものであった。

国民政府はイギリスに国民政府のみとの交渉を求めたが、イギリスは、上記とほぼ同様の提案を北京政府にも提示した。北京政府に提示された案は、漢口租界という表現を省略し、租界における民国人被告事件に対する司法権の委譲などに関する一般的な提案となっており、一九二七年一月の上海臨時法院の設立に対応するものとなっていた。

上海臨時法院とは、上海租界内の民国人に対する司法権を民国政府に返還する過程で設立された、暫定裁判所である。辛亥革命後、上海租界内の会審衙門は市参事会が運営していた。そこで一九二六年四月末以降、上海領事団と江蘇省政府の間で、会審衙門の返還に関する交渉が進められ、一九二七年一月一日に上海臨時法院が開設された。

上海臨時法院は、租界および租界外越界道路の民国人裁判を管轄するが、共同租界の平和、秩序に関する刑事事件および治外法権享受国民に雇用される民国人が被告となる刑事事件について、外国領事は訴訟手続きを監視する代理人を指名することができ、また、治外法権を享受する外国人ないし市参事会が原告ないし被害者となる民事、刑事事件において、領事は判事と同席する官吏を派遣できることなどを定めていた。上海臨時法院協定は三年間の期限とされ、その間に最終協定に達しない場合、三年間効力を延長するとされていた。

漢口租界に関するオマリー－陳協定は、二月十九日に調印された。協定によってイギリスは、漢口の行政権を地方問題として国民政府に返還しながら、イギリス人と民国人の納税者による市制監視機構を備えた特別市制を導入させた。しかし、北京政府にとってこの協定は、対立する国民政府とイギリスとの合意であり、看過できなかった。協定成立直後、北京政府はランプソンにオマリー－陳協定を承認しない意向を伝えた。

次いで三月二十四日、国民革命軍が南京を占領し、南京事件が発生した。これに対し、イギリスとアメリカは南京を砲撃する制裁措置に踏み切った。イギリスは漢口について譲歩すると共に上海に部隊を集結しており、上海を中心とする重点防衛戦略に基づき、「強い立場からの宥和」政策の一環として南京砲撃を実施したのである。

一方、この時期のアメリカは、メキシコと、アメリカ企業の財産の保護をめぐって対立していた上、ニカラグアで発生した内戦にメキシコが反米政権を支持する立場から軍事介入したことに反発し、ニカラグアに派兵していた。その後、アメリカはニカラグアの選挙監視のため、マッコイを派遣しながら、反米大統領の立候補を断念に追い込んでいる。さらにこの年六月に開催されたジュネーヴ海軍軍縮会議は、イギリスとアメリカの双方が自国の立場を譲らなかったため、決裂している。イギリスもアメリカも、自国の権利保持のため、対外強硬姿勢を強めており、南京事件に対しても制裁行動を取ったのである。

対して幣原外相は、五・三〇事件とは対照的に、英米との共同行動を控え、制裁行動に参加しなかった。しかし、世論の批判は厳しかった。それに金融恐慌の影響もあり、四月に若槻内閣は総辞職した。次いで成立した田中義一内閣は、満鉄総裁に山本条太郎を起用し、十月より張作霖と満洲における五鉄道の建設交渉を進めた。翌年五月に四鉄道の建設請負契約が成立するが、直後に張作霖は殺害されてしまう。

済南事件

日本政府が中華民国における北伐に対応し、済南城の西側に隣接する商埠地で活動する日本人居留民を保護すべく、第六師団の派遣を決定したのは、一九二八年四月十九日のことであった。決定は、前年の経験を踏まえ、民国の軍隊通過の直前まで派兵を控えた、慎重かつ迅速なものであった。

先行して派遣された部隊は、商埠地全体の警備を強化し、居留民の財産保護を図ると共に、守備区域を設置して同区域内への民国軍兵士の進入を禁止した。守備区域は非常時に居留民を収容し、警備区域の部隊を集結する地域とされた。二十九日、北軍兵士が商埠地内外を通過し始めたため、守備隊は守備区域に防御施設（街路上の土嚢の他、立射散兵壕や拒馬、鉄条網など）を設置した。

五月一日朝までに張宗昌軍は去り、商埠地外に国民革命軍が達するが、蔣介石より日本軍守備隊に、居留民の安全保護の確約と、機関銃を街路に配置しないことなどの要望が伝えられた。日本軍守備隊は、蔣介石の要望に応じ、守備区域の防御陣地を撤去した。三日朝には、それまで自発的に守備区域内に避難していた居留民の一部は帰宅し始めた。ところが、それからまもなく、国民革命軍兵士が各所の日本人の家屋を略奪し、日本軍守備隊と衝突したのである。

衝突は五月四日まで続いた上、膠済鉄道沿線附近で邦人十三名の惨殺体が発見された。戦闘による死者でなく、死体は内臓が露出するなど凄惨な状況であった。第六師団は国民革命軍に最後通牒を発した上で、八日より済南周辺の国民革命軍に対する制裁攻撃を開始した。一方、済南城内の国民革命軍部隊に対しては、日本軍守備隊が武装解除を要求した後、南部外城壁を接収し、次いで内城壁城門に対する攻撃を実施した。しかし、十日夜中、場内の国民革命軍は撤退し、十一日未明までに戦闘はほぼ終結した。日本軍の済南城攻撃を「無差別攻撃」とする文献もあるが、済南城で市街戦はなかった。

蔣介石は日本軍の軍事行動に反発したが、日本人資産の略奪や日本人殺害が事態の悪化をもたらしたことを十分に認識していなかった。事件そのものより、そうした危機感の欠如が、後の満洲事変につながるのである。

張作霖爆殺事件

日本政府による山東出兵決定の翌四月二十日、関東軍は予想される張作霖の満洲撤退に備え、満洲に進入する奉天軍ないし国民革命軍を山海関で武装解除するという案を陸軍中央に具申した。直後の済南事件を経て、張作霖の撤退が間近に迫った五月十五日、関東軍は改めて武装解除案に対する指示を陸軍中央に求めた。

十六日、日本政府は、満洲へ戦乱の波及を阻止するため、民国の南北両軍に対し、張作霖軍が国民革命軍との戦闘前に満洲に撤退する場合は撤退を容認し、国民革命軍がそれを追撃して満洲に進入しようとした場合は山海関でそれを阻止すること、あるいは張作霖軍が国民革命軍と戦闘状態で満洲に撤退しようとする場合は、両軍を山海関で武装解除することを通知することとした。草案には、張作霖に非公式に引退勧告を行うという項目もあったが、削除された。通告は五月十七日に張作霖、翌十八日に南京政府になされた。

ところが、十八日に日本政府は、十六日の決定を修正し、張作霖を下野させるどころか、その勢力を維持することとした。田中首相は、張作霖の下野を求める外務省や陸軍の進言を拒否した。外務省や陸軍が張作霖支持を撤回したのは、それが民国の趨勢に逆行し、蔣介石との関係に悪影響を及ぼす懸念があったためである。しかし、十五日、山本条太郎満鉄社長は奉天政権と満蒙五鉄道建設請負協約の細目交渉を開始しており、田中は、窮地に陥った張作霖を通じて、在満日本権益の拡大を図ろうとしたのである。

一方、関東軍は五月十八日未明に十六日の閣議決定を受領した。張作霖の下野は認められなかったものの、山海関での武装解除を想定し、部隊の出動準備を開始した。二十日、鈴木荘六参謀総長は関東軍に対し、満鉄付属地外への出動は二十一日に予定する奉勅命令を受けて実施すべきことを伝えた。そこで関東軍は、錦州出動を二十二日に延期し、奉天に司令部を移動した。

しかし、奉勅命令は発せられなかった。この日、関東軍内には、政府の意図は張作霖を擁護することにあり、そのために生じる不測の事態について、関東軍司令部に責任を負わせることで解決しようとしているのではないか、という疑念さえ存在していた。

六月二日、陸軍省より関東軍に政府の真意が伝えられた。そこで初めて、武装解除を想定した五月十六日の閣議決定が、張作霖に満洲への撤退を促し、国民革命軍の満洲進入を阻止するための便宜に過ぎなかったことが明らかにされたのである。ところが、直後の四日、奉天駅郊外の京奉線と満鉄線の立体交差地点で、北京から奉天への帰還途上にあった張作霖が列車ごと爆破された。河本大作関東軍高級参謀による独断行動であった。

　河本はかねてより、張作霖の横暴や田中の張作霖支援策に批判的であった。河本は奉天政権に対する武力行使が必要と考えていた。その点で関東軍が満洲に帰還する張作霖軍を武装解除する方針を定めたことは、好機であった。ところが、それも田中義一によって阻止されたのである。

　後に河本は、張の爆殺を機に関東軍を出動させようとしたと回想しており、それは一般に満洲占領計画とされてきた。しかし、当時の状況からすると、河本は張作霖の爆殺に伴う事態の混乱で、田中によって阻止された関東軍の出動が改めて必要となるような事態を作り出そうとしたのであろう。満洲占領計画なるものは存在しなかったばかりか、奉天軍の武装解除が現実化した瞬間にそれを阻止された河本にとって、張作霖の殺害のねらいは極めて限定された。つまり、張作霖の復帰阻止である。河本はそのためだけに、自己と信頼する部下の将来を犠牲にしたのである。

　張作霖爆殺事件後、田中首相は張学良と鉄道交渉を進めようとし、また、張学良の国民政府への合流を阻止しようとした。しかし、鉄道交渉は進展せず、一九二八年十二月三十一日に張学良は国民政府に合流した。易幟《えきし》という。

日本陸軍の「満蒙問題の解決」とは何か

陸軍中央では前年の一九二七年十一月頃、既存の双葉会に続き、木曜会という中堅将校の会合が成立していた。東条英機、鈴木貞一、石原莞爾らを中心とし、双葉会より若い世代の参加者が多かった。一九二八年三月一日の木曜会では、東条英機中佐の所見を基に、満蒙に完全な政治的権力を確立する、という判断が下された。

満蒙における政治権力とは、奉天政権に対する絶対的な影響力である。満蒙は帝国自存のために必要と認識されたが、日本の満洲に対する経済的依存度はアメリカなどとの貿易にはるかに及ばなかった。にもかかわらず、陸軍中堅将校は満洲の掌握により日本の問題が解決するようかのような判断をした。それは、民国側の利権回収の動きや、国家総動員への期待、あるいはアメリカにおける日本移民の排斥に対する危機感などに触発されたものである。現場の関東軍が北伐への対応や居留民保護のために緊迫した状況に置かれる中、中央の中堅将校は、独善的、観念的な幻想にふけっていたのである。

その後の張作霖爆殺事件の処理をめぐり、陸軍内では対立が深まった。永田らが河本への処分に反対し、政友会にまで働きかけたのに対し、長州閥の陸軍上層部は、事件真相の公表に反対しながら、河本の他、関東軍首脳を行政処分とした。それによって陸軍上層部は、自らの責任を回避しようとしたのである。

一九二九年五月十六日、一夕会が結成された。その第一回会合で、参加した永田鉄山、岡村寧次、東条英機、武藤章らは、陸軍人事の刷新や満蒙問題の解決、荒木貞夫、真崎甚三郎、林銑十郎の三将軍をもり立てることで合意したという。人事の刷新は会員が重要な役職に就くことで実現するものとされた。河本が自己犠牲による張作霖爆殺を決行したのに対し、永田らは自らの昇進によって満蒙問題の解決を図ろうと考えたのである。陸軍上層部に対する中堅将校の不信は大きかったが、彼らの対処法もまた、組織の論理に囚われていた。

張作霖爆殺事件の処理をめぐり、一九二九年七月に田中内閣は総辞職する。白川義則陸相が河本を実行犯として昭和天皇に上奏したのに対し、田中は犯人不明と上奏し、昭和天皇の信任を失ったからである。田中はおそらく、事件の真相を公表しないという陸軍側の要望を取り違えたのであろう。

既得権益を持つ長州閥も、組織内の昇進を目指す中堅幹部も、組織の中でしか行動できなかった。陸軍中央の中堅幹部が後の満洲事変を計画し、準備したわけでなく、満洲に対する彼らの勢力拡大志向を満洲領有論として満洲事変に直結させるのは、虚勢や放言を真に受けた結果論的解釈であろう。その一方で、対外問題を契機に現状の打破を目指すという発想は、河本に入れ替わる形で満洲に赴任した石原莞爾に形を変えて継承されていく。

米中・英中関税条約の成立

一九二七年十二月末、国民政府はアメリカに対し、関税自主権回復までの間、北京関税特別会議の合意に基づく差等税率を米中間で先行的に施行することを打診した。アメリカはそれを拒否したが、これをきっかけとして、一九二八年六月に米中交渉が始まり、翌月に米中関税条約が成立した。条約は、民国の関税自主権を承認すると共に最恵国待遇を規定した簡潔なものであった。これは、アメリカによる国民政府の実質的承認としても評価されたが、アメリカは最恵国待遇を確保することで、自国を拘束する協定を回避しながら、自らの権利を保持しようとしたのである。

アメリカにとって、国民政府との関税条約交渉は、一九二八年八月に調印されたケロッグ－ブリアン協定の交渉と並行して行われていた。戦争を否定し、パリ不戦条約とも称される本協定のきっかけは、フランスがアメリカに安全保障への積極的な関与を求めたのに対し、アメリカがそれを拒否したことであった。アメリカは対案として、条約への他国の参加を認め、それを侵略戦争の非合法化という一般的な規範とすることで、自らは自衛権を保持し、また、ヨーロッパの安全保障問題に対する関与を回避しながら、他国の武力行使を牽制しようとしたのである。米中関税協定とパリ不戦条約には、こうした、自国の権利を確保しながら、他国との協定による自国の拘束を回避しようとするアメリカの姿勢が一貫していた。

次いで九月、国民政府はイギリスに新関税条約の締結を提議した。対してイギリスは、綿織物、毛織物、鉄鋼および鉄鋼製品、機械について一定期間の協定税率を設定すること、それに国民政府が応える程度に応じて、イギリスも互恵措置として国民政府の重視する品目について非課税措置の継続を保証することとした。これは、一九一一年の日本との通商条約交渉が先例となっており、かつての日本との条約交渉の経験が活かされたのである。

協定税率の基礎となったのは、北京関税会議において合意した七種差等税率案であった。これは、関税問題をめぐる日本と民国の対立を緩和するための措置でもあった。というのは、イギリスがアメリカのように、最恵国待遇を確保するのみで国民政府と関税条約を成立させた場合、一九二九年から施行される国民政府の国定税率は、日中通商条約の効力問題と連動しかねなかったからである。仮に日中通商条約が有効ならば、最恵国待遇により、国定税率はアメリカやイギリスの商品にも適用されなくなる。アメリカとイギリスが国民政府の新税率を承認するかどうかは、アメリカとイギリスが日中通商条約の有効性を認めるかどうか次第となるのである。

英中関税条約は一九二八年十二月に成立した。条約は付属交換文書において、北京関税特別会議で合意した差等税率を一部修正の上、暫定税率として施行することを定めていた。これにより、国民政府の国定税率の施行は一九二九年二月から一年間猶予されることとなった。イギリスは実質的に一年間の日本と国民政府の交渉期間を設けたのである。

一方、日本が早期に国民政府に対する関税自主権を承認できなかったのは、国民政府が日中通商条約を無効としていたからであった。英中交渉と並行して日中交渉が進められ、一九二九年一月に日本は差等税率を承認し、国民政府は関税収入より債務返還のための五百万ドルの積み立てを行うとする合意が成立した。これにより、通商条約の効力問題は未解決ながら、暫定措置が成立した。ただし、七月に田中内閣は総辞職し、国民政府との関税交渉は、続く浜口雄幸民政党内閣に引き継がれる。

世界恐慌へのフーヴァー大統領の対処とドイツ賠償問題

一九二九年三月、前年の大統領選挙を経て共和党フーヴァー政権が発足した。一九二〇年代のアメリカは、緊縮財政を進め、大企業への減税を中心とした優遇策と、自動車産業や家電産業の成長によって、目覚ましい経済発展を実現していた。こうした大企業優遇策は、労働者の短期的な賃金上昇や失業率の低下などをもたらした。しかし、それは一九二九年十月のニューヨーク株式市場の株価大暴落をきっかけとする世界恐慌の遠因ともなった。

一九二〇年代、石炭や鉄道といった従来の産業は、新興産業の発達と対照的に苦戦を強いられ、とりわけ農業は、生産過剰のために穀物価格が低迷し、危機的状況にあった。また、所得格差が拡大する中、国民は洗濯機や冷蔵庫といった家電を購入するため、分割払いによって負債を増加させていた。金融当局は低金利政策を採用していたが、膨張した通貨は資金を要する産業部門に吸収されず、株式投機に流れ込み、株価を急騰させた。金融当局は投機を抑制するために金利を上げたが、それは破局の到来を早めた。

フーヴァー大統領は、世界恐慌に対し、連邦権限の縮小という一九二〇年代の共和党政権の政策傾向を、独自の理念に基づいて引き継ぎながら、対処した。すなわち、「秩序ある自由」という理念である。大統領就任後のフーヴァーは、個別の産業部門内における協調や相互調整を通じた自主的な産業合理化や、企業による労使協調推進、農業組合への融資を通じた、農産物価格維持のための自主的な生産調整などを促そうとした。そこで世界恐慌に際しても、主要産業の経営者をホワイトハウスに招聘し、雇用の維持を求め、また、州知事や市長に失業緩和のための公共事業への協力を要請した。さらに労働運動にも理解を示し、労働組織が社会において一定の責任を担うことを期待した。

経済や社会に対する国家の介入に抑制的なフーヴァーの姿勢は、外交においても同様であった。ドイツ賠償問題をめぐり、一九二九年二月以降、アメリカのヤングを委員長とする専門委員会による検討がパリでなされ、ヤング案は一九三〇年一月のハーグ会議で承認された。これにより、ドイツの毎年の支払額をドーズ・プランの約二十五億マルクから二十億マルクに減額することなどが決定された。イギリスは、第一次世界大戦後の決定に基づき、アメリカに対する支払い額のみをドイツから受け取ることとし、全体の債務負担を軽減しながらアメリカの善処を求めたが、アメリカはむしろ専門委員会に検討を委ねることで、政府としての関与を避けており、債務の減額にも応じなかった。

とはいえ、フーヴァーは、恐慌対策を含めて大国間の協調を重視しており、その最初の成果となったのが、ロンドン海軍軍縮会議の成功であった。

アメリカの実質的な海軍増強を認めたロンドン海軍軍縮会議

一九三〇年一月、ロンドン海軍軍縮会議が開会し、四月に軍縮条約が調印された。前回のジュネーヴ会議において、アメリカが航続力と攻撃力に優れる大型巡洋艦を重視したのに対し、イギリスは多数の小型巡洋艦の保有を目指し、調整に失敗していた。そのため、英米の事前調整で、艦種毎の比率設定ではなく、異種間の融通が図られたのである。

一方、日本は、大型巡洋艦の対米七割（現有八十%）、補助艦の総括対米七割（現有八十%）、小型巡洋艦の原則対米七割（現有百四十%）、潜水艦の現有八万トンの保持、総括的七割との調整は小型巡洋艦と駆逐艦で行うとする、総括七割、大巡七割、潜水艦の自主的保有の三原則に基づく軍縮方針を決定しており、会議の焦点は、日本と英米の調整となった。

ロンドン条約により、日本の三原則針の内、総括七割は当面の措置として達成され、潜水艦は英米と均等戦力になった。しかし、アメリカは駆逐艦を削減する代わりに大巡と小巡を増強する権利を認められ、日本の対米保有比率は、当初の日本側の方針に反し、小巡、駆逐艦、潜水艦によって維持されることとなった。しかも日本の大巡保有比率はこれ以降、一九三五年までに八十三％から七十二％へと減少し、さらに一九三五年以降、六十％に減少する見通しとなった。

ロンドン条約は日本に大幅な軍備の制約を課すと共に、アメリカに実質的な海軍増強の権利を認めていた。こうした状況が、日本の軍部に一九三五、三六年の危機を意識させる結果となるのである。

また、一九三〇年六月に連邦議会は、高率関税のフォードニー－マッカンバー関税法の税率をさらに引き上げるスムート－ホーリー関税法を成立させた。これにより、農産物の関税率は平均三十八・一％から四十八・九％に引き上げられた。ドイツ賠償問題と同様、アメリカの対外協調には議会の制約が絶大で、自国中心の姿勢が際立っていた。

世界恐慌期のイギリスの経済政策、インド政策と政界再編

一九二九年五月にイギリスで執行された総選挙において、労働党が勝利し、六月に第二次マクドナルド内閣が成立した。とはいえ、労働党は過半数に達しておらず、自由党と協力した。自由党は一九二四年選挙における敗北後、ロイド・ジョージが、道路、住宅建築、電話通信網の整備などの公共事業を政策綱領として掲げ、党の再建を目指していた。しかし、サイモンら反対派が存在した上、労働党は失業対策としての公共事業より、失業保険を中心とする社会保障を重視していた。

一九二〇年代を通じて顕在化していた失業問題と、世界恐慌という非常事態に対し、自由党は、国際的自由貿易を維持しつつ、積極財政による国内的措置によって対処しようとした。他方、保守党は、国内における均衡財政を維持しながら、保護関税の導入によって対処しようとした。つまり、自由党と保守党は、国内経済政策と国際経済政策のいずれの自由主義を維持し、あるいは修正するかをめぐって対立していたのである。

対して労働党は、国際的な自由貿易と国内的な均衡財政を共に維持しようとし、最小限の政治的措置として限定的な公共事業を実施すると共に、カナダをはじめとする帝国領にイギリス製品の輸入や失業者の移民を求めた。政策体系として、労働党が最も保守的で、かえって世界恐慌に対し、有効な対策を取れなかった。一九三〇年を通じて失業率は上昇し、貿易収支の悪化により通貨危機が発生した。政府はポンドの信用を維持するため、支出の削減を図り、均衡財政を維持しなければならなかった。労働党では、入閣した労働党執行部と、一般党員および労働組合会議の対立が深まった。

マクドナルド内閣は、世界恐慌のみならず、インドの民族運動への対処にも迫られた。インド総督アーウィンは、インド側代表との交渉を通じてその穏健化を図ると共に、インドの藩王国を保守勢力として含めたインド自治領を構想し、一九二九年十月末にアーウィン宣言を出した。ところが、一九三〇年四月、インドで塩の専売法を施行したことで、ガンディーとの全面対決を招いた。

ガンディーは、イギリスで弁護士となり、インド人に対する人種差別の激しかった南アフリカでの活動を経て一九一五年にインドに帰国し、独立運動の中心となった。ガンディーの不服従とは、自らに厳しい倫理基準を課し、すべての法律を遵守し、すべての義務を果たした上で、不当な法律には服従せず、それによる逮捕も受け容れる、というものであった。

ガンディーの不服従運動は、一九三〇年の塩法との対決で頂点を迎えるが、ガンディーはイギリス当局に何度も逮捕される一方で、イギリス当局と妥協を重ねた。そのため、他の独立運動から批判や反発も招いた。ガンディーは、象徴的行動により大衆を動員し、独立運動を昂揚させ、イギリスとの交渉に当たったが、問題解決への姿勢は改良主義的で、イデオロギー的な反帝国主義の立場を取らなかった。暴力による独立や主権の回復を目指し、権力掌握後は軍事独裁に傾倒した他の民族主義とは対極的であった。

一九三〇年六月、自由党のサイモンが委員長を務めるインド国制委員会による報告が発表された。これは、インドにおける中央立法府の創設を提案していたものの、インドの自治領化を容認していなかった。労働党はアーウィン宣言を支持した。保守党のボールドウィンはアーウィンとの信頼関係を優先したが、保守党の大勢はサイモン委員会の報告を支持した。

十一月、ロンドンでインド問題をめぐる円卓会議が開催された。円卓会議は完全な地方自治と限定的な中央責任政府の創設を目指すこととし、一九三一年三月にアーウィンとガンディーの間で合意が成立した。これにより、イギリスはガンディーへの特赦と総督に匹敵する交渉当事者としての立場を認め、ガンディーは不服従運動を停止した。これにより、保守党の党内対立も収束する。

一九三〇年十一月以降、保守党は労働党との対決姿勢を強める一方で、自由党内の反ロイド・ジョージ派に対する働きかけを開始した。一九三一年七月までに三党の鼎立は、労働党とロイド・ジョージ自由党対保守党とサイモン自由党という二極化の傾向を強めた。それは、イギリスが、政府の支出や経済への介入を抑えるという意味での国内経済自由主義と、国際自由貿易を保持するという意味での国際経済自由主義の、いずれを優先するかを決定する流れでもあった。

浜口雄幸内閣の経済、社会政策

一九二七年の金融恐慌の発生と田中内閣の成立により、日本の金本位制復帰は当面、見送られた。しかし、一九二八年にフランスが金本位制に復帰し、主要国中、金本位制に復帰していない国は日本のみとなった。また、日露戦後の一九〇五年十一月に起債された英貨公債の償還期限が一九三一年一月に迫っていたが、新規の外債交渉は難航した。さらに日本がヤング案に基づく国際決済銀行に参加し、あるいは国際連盟の財務委員会に出席するには、通貨安定国、すなわち金本位国である必要があった。

一九二九年七月、民政党の浜口雄幸内閣が成立した。浜口内閣は財政緊縮を徹底し、一九三〇年一月に金輸出解禁を実施、金本位制に復帰した。合わせてロンドン海軍軍縮条約を成立させ、五月には新規の外債発行に成功した。これは金本位制復帰の成果であると共に、戦前の日本政府による最後の外債発行となった。さらに並行して五月に日中関税協定が成立した。これにより、国民政府は関税自主権を回復すると共に、日中協定で定められた協定税率が、国民政府と各国との税率に適用されることとなった。

とはいえ、浜口内閣の金本位制復帰により、二カ月で一億五千万円の中央銀行の準備金が流出した。九月までに二十％以上の通貨収縮が引き起こされ、不況が深刻化した。しかも、世界恐慌で一九三〇年の貿易は前年より輸出入共に三十％余りも減少した。特にアメリカにおける生糸価格の暴落により、養蚕業は壊滅な打撃を受けた。一九三〇年十一月、浜口首相は東京駅で佐郷屋留雄によって狙撃され、重傷を負う。

浜口内閣はまた、一九二〇年代の経済、社会政策を引き継ぐ企業間の協力促進のための施策と、労働組合法および小作法の制定に着手した。

まず、中小企業の経営合理化促進のため、重要輸出品工業組合法の工業組合法への改編と重要産業統制法の制定がなされた。工業組合法は、一部の重要輸出品業種に適用されていた組合関連規定や規制を一般重要工業品に拡大すると共に、組合による融資、貯金事業を容認し、さらに検査権限を強化したもので、一九三一年三月に成立した。以後、政府は明治時代の同業組合を抑制し、工業組合への移行を進めていく。

重要産業統制法は、統制委員会の審議を経て指定された業種について、重要輸出品工業組合法の規定を適用し、企業に対する行政指導を強化しながら、中小企業と大企業の競合を抑制し、不況に対処しようとしたものである。また、失業者の増加に対し、浜口内閣は公共事業予算を拡大させた。

次いで、浜口内閣の目指した労働組合法案は、差別解雇と黄犬契約（組合加入を禁止する労働契約）を禁止する一方で、争議による損害の民事責任を明確にした。また、法律による規制と保護を、正式の労働組合のみならず、無届けの組合にまで拡大しようとした。これにより、労働者に対する保護と規制を強化し、失業を抑えると共に、非合理的、非生産的な労使紛争を抑制しようとしたのである。また、小作法は、小作権の保護と、小作契約解消に際しての土地購入機会の設定など、契約解消条件の明確化により、紛争の抑制を図るものとなっていた。しかし、両法案は衆議院を通過したものの、貴族院において審議未了となった。財界にとって、労働組合法の負担は容認できなかったのである。

浜口内閣は、首相の容態悪化のため、一九三一年四月に総辞職し、第二次若槻礼次郎内閣が成立した。浜口は八月に死去する。浜口内閣は同時期のイギリスやアメリカに比べて強力な指導力を発揮したが、その政策は対外関係上の配慮に基づく負担を国民に転嫁する傾向を持ち、個別問題で関係当局や一部国民の激しい反発を招いたのである。

国共合作の破綻と内外モンゴル

一九二四年十一月のモンゴル人民共和国の成立後、内モンゴルのバルガチ王やメルセ（郭道甫）ら青年層は、モンゴル人民共和国やコミンテルンと接触した。これに、セレンドンロブ（白雲梯）ら国民党系モンゴル人も参加し、一九二四年冬に内モンゴル人民革命党が結成され、セレンドンロブらによる臨時執行部が成立した。

とはいえ、ソ連は中国国民党との協調を優先し、民国の内モンゴルに対する支配と外モンゴルに対する宗主権を承認していた。そのため、内モンゴル民族運動の目標は、自治の実現に制約された。

一九二五年十月、張家口で内モンゴル人民革命党第一回大会が開催された。大会には、モンゴル人民共和国代表のダムバドルジの他、広東政府の于右任《うゆうじん》、国共合作を支持していた馮玉祥の代表も出席した。大会では、ジョソト盟や西トゥメトの全域、ジョーウダ盟の八割、ジリム盟の七割が漢族に奪われ、ウランチャブ盟、イフジョー盟、バルガ（フルンボイル）地方で県が設置されたことや、モンゴル土着王公によって賦役を課されたモンゴル人民の窮乏について、報告がなされた。フルンボイル、オルドス、ジョソトからは人民革命党への支援要請もなされた（50頁地図）。

内モンゴル人民革命党の当面の打倒対象は張作霖政権であった。内モンゴル人民革命党は八千の軍を組織し、馮玉祥やソ連から資金や武器の提供を受けた。一九二五年十一月の郭松齢の反乱やその後の馮玉祥と呉佩孚や張作霖との戦闘に際しては、人民革命党も蜂起を計画した。しかし、戦局は不利で、張家口からオルドスへと退却を余儀なくされた。

一方、一九二〇年代半ばには、日本に留学するモンゴル人も現れた。バボージャブの息子のノウナイジャブ、ガンジョールジャブ、ジョンジュールジャブが陸軍士官学校に入学している。また、笹目恒雄が奉天の東北蒙旗師範学校校長のメルセに留学生の斡旋を依頼し、留学生寮「戴天義塾」を設立した。笹目の受け入れた留学生には、郭文林、チョロバータル、チョクバータル、アスガン、フフバータル、オユンダライがおり、彼らは満洲事変勃発後、内モンゴル独立軍を結成する。

一九二七年の国共合作解消後、内モンゴル人民革命党は分裂してしまう。八月上旬、コミンテルンの指導下でウランバートル会議が開催されたが、コミンテルンがメルセら内モンゴル人民革命党左派を支持したの対し、ダムバドルジはセレンドンロブ（白雲梯）ら右派を支持した。

メルセらはコミンテルンの指示により、一九二八年八月にフルンボイルで武装蜂起するが、失敗し、ハイラルに撤退、ソ連の支援下で独立政権を自称した。蜂起失敗の結果、参加者の多くが極左冒険主義から離反し、後には日本に期待して満洲国や蒙疆自治政府に参加し、自治の拡大を目指す。

一方、ジリム盟ホルチン右翼旗出身の呉鶴齢は、国民政府を支持し、盟旗を改革しながら上位組織としての内蒙古地方政治委員会を創設し、モンゴル自治を守ろうとした。しかし、一九二八年十月、国民政府は、熱河、察哈爾《チヤハル》、綏遠の省を新設した。それは内モンゴルにとって、盟旗の危機を意味した。十一月、内モンゴルでは、三省設置に反対するため、呉鶴齢ら代表十名を南京に派遣した。呉鶴齢らは十二月に蔣介石と会見したが、蔣介石は、内モンゴルの自治拡大を認めなかった。

一九二九年二月、国民政府は蒙蔵委員会を発足させた。委員長は閻錫山で、呉鶴齢は委員会参事に就任した。しかし、国民政府に盟旗やモンゴル王公の地位に関する具体的構想はなかった。一九三〇年五月末、国民政府は南京で蒙古会議を開催した。内モンゴルからは、ジョソト、ジョーウダ、ジリムの三盟や、フルンボイルなどより四十七名が参加した。会議においてモンゴル側はモンゴル独自の委員会制度を提案したが、国民政府は受け入れなかった。蔣介石はモンゴルを省県によって支配しようとし、また、中原大戦が勃発したため、張学良に配慮したのである。

一方、セレンドンロブ（白雲梯）は、蔣介石との協力による内モンゴルの自治を目指した後、蔣介石と決別して汪兆銘ら改組派に転じ、中原大戦に際しても閻錫山や馮玉祥を支持している。さらには例外的に奉天政権と結託するモンゴル人も存在した。辛亥革命後、二人のジャサク（族長）が擁立されるなど分裂していたヘシクテン旗では、一九二九年にロルゴルジャブが奉天軍の支援を受けてジャサクのベフザヤーを追放したのである。ベフザヤーはその後、南京で国会議員となるが、一九三六年に満洲国の下でヘシクテン旗のジャサクに復帰する。対してロルゴルジャブは、一九三三年に満洲国興安西省民政所長、一九三七年に興安西省長に就任している。

このように、内モンゴルは奉天政権と対立し、自治の拡大を目指したが、内部の統一を欠き、外モンゴル、コミンテルン、中国国民党と連携しようとした。しかし、国共合作の破綻により分裂を深め、コミンテルンの急進路線による反乱と反蔣介石派による反乱のいずれも失敗したのである。

一九三一年六月、国民政府は中華民国訓政時期約法を公布した。これに伴い、モンゴル、チベット王公の政治的特権に制約が課された。十月には蒙古盟部旗組織法が公布され、盟旗の存続を認めながら、盟旗の身分制度が撤廃された。盟旗は行政院に直属して省県と並存し、相互に調整を行うものとされたが、内モンゴルの自治は実質的に否定されていた。

国共合作の破綻の影響は、モンゴル人民共和国にも波及した。ダムバドルジ政権による内モンゴル人民革命党支援は「汎モンゴル主義」として批判された。コミンテルンから特別代表団が外モンゴルに派遣され、一九二八年十月から十二月まで開催されたモンゴル人民革命党第七回大会は、ダムバドルジら「右派」を糾弾し、ダムバドルジ、ゲリクセンゲらはソ連に連行された。党委員長には、モスクワ留学組のゲンデンが選出され、年末にアモルが首相に任命された。

以後、ソ連は外モンゴルの急激な社会主義改革を実施した。旧王公、仏教界の財産は没収され、牧民の強制集団化が実施された。並行して漢族商人も国外に追放され、ソ連型の物資の国家調達方式が導入された。貿易はソ連に限定され、モンゴルは経済面でもソ連に従属させられていくのである。

辛亥革命後の東トルキスタン民族運動

辛亥革命の後、新疆省長・督軍に就任した楊増新は、カザフの部族長による支配を存続させ、旧来の秩序を継承する一方で、第一次世界大戦前にオスマン帝国より要請された使節団の訪問を拒絶するなど、東トルキスタンを外部から切り離し、自らの独裁支配を確立しようとした。

しかし、一九二一年のアルマ・アタ会議で定められた古代のウイグルという民族名が東トルキスタンに伝わるなど、イスラーム民族主義の影響は東トルキスタンにも及んだ。それに伴い、従来の反漢感情以上の民族意識が形成されていったのである。

楊増新は一九二八年七月に暗殺され、部下であった金樹仁が権力を掌握した。しかし、金樹仁は、増税やメッカ巡礼の禁止など、イスラームに対する圧政を強化した。一九三一年三月には、ハミ（クムル）地区の郡王の死を契機に、金樹仁は王国を廃止した。

これに反発し、四月にウイグルによる暴動が発生した。ハミ暴動ないしクムル反乱という。反乱の中心となったホージャ・ニヤーズは、甘粛省粛州（酒泉）の漢族イスラームの軍閥・馬仲英と同盟を結び、馬仲英軍も内戦に介入した。しかし、戦局は次第に金樹仁軍の有利となり、馬仲英は甘粛に、ホージャ・ニヤーズは鄯善方面に撤退し、外モンゴルの支援を受けて勢力を維持した。

一方、東トルキスタン西部のホータンでは、ムハンマド・アミーン・ブグラが蜂起し、ホータン・イスラーム国を称した。また、カシュガルではサービト・ダーモッラーが蜂起した。彼らは反漢族の姿勢を鮮明にし、漢回（漢族イスラーム）も排斥の対象とする一方で、ホージャ・ニヤーズとの提携を目指した（50頁地図）。

一九三三年四月、金樹仁が白系ロシア人傭兵部隊の反乱を鎮圧する中、部下の盛世才が反乱を起こし、政権を奪取する。その一方で、十一月にはカシュガルに東トルキスタン共和国が樹立された。主席にホージャ・ニヤーズ、総理にサービトが就任した。

一九三四年一月、馬仲英軍がウルムチ方面に進出し、盛世才はソ連に支援を要請、赤軍が派遣された。馬仲英軍はカシュガルに撤退し、東トルキスタン共和国に自らを主席として受け入れるよう要求した。しかし、要求は拒否された。馬仲英はカシュガルを攻撃し、東トルキスタン共和国は崩壊してしまう。さらに盛世才軍が馬仲英軍を撃破し、七月に馬仲英はソ連領内に逃亡した。ホージャ・ニヤーズはサービトを逮捕し、盛世才に引き渡した。サービトはウルムチで処刑され、ホージャ・ニヤーズは省の副主席に就任している。以後、盛世才はソ連に接近しながら、日本に対抗していく。

以上のように、一九三〇年代にウイグルの民族主義は独立を目指すまでに高まったが、ソ連と漢族の連合に対し、軍事力は脆弱で、内部の統一も欠いていた。しかし、ウイグル族は一九四四年に再度、東トルキスタン共和国を建国し、独立を目指すことになる。

ヨーロッパ支配下のベトナム民族運動と華僑、共産主義

フランスのインドシナ行政は、コーチシナ直轄植民地を除き、伝統的な地方行政を温存し、フランス人の支配の下、ベトナム人が行政の実務を担当していた。フランスは、中枢都市において、フランス語や西洋知識、技術を習得した上層階層を植民地行政官僚として起用した。これにより、漢学教育を受けた伝統的上層階層（文紳）が旧来の秩序を維持する一方で、農村から都市へと移動し、フランス式教育を通じてフランス統治を補完する上層階層が形成された。文紳階層は、フランス支配を打倒しようとする民族運動と、フランス支配内で自らの文明化を目指す動きに分裂した。

ファン・ボイ・チャウは文紳階層の出身で、漢学を修めたが、日露戦争に勝利した日本に学ぶため、一九〇五年から一九〇九年にかけて日本に留学した。そして前途有望な村落知識

人を日本に留学させ、将来の革命幹部を育てようとした。しかし、一九〇七年の日仏協約によってベトナムの日本留学生は取締りの対象となり、挫折してしまう。チャウは香港に活動拠点を移し、辛亥革命後の一九一二年に広州でベトナム光復会を組織し、ハノイで爆弾事件を起こした。しかし、一九二五年に上海で逮捕され、本国で軟禁状態のまま死去してしまう。

後のホー・チ・ミンこと、グエン・アイ・クオックは、官僚の家に生まれ、一九一一年にフランスに渡り、一九二〇頃にフランス共産党に入党した。一九二四年のコミンテルン第五回大会に参加した後、広州に移り、翌年にベトナム青年革命同志会を組織するが、一九二七年の中華民国における国共合作の解消により、モスクワに帰還する。一九三〇年、クオックは香港で、ベトナム内の共産主義政党を合同させ、ベトナム共産党を結成した。同党はコミンテルンの方針でインドシナ共産党に改名するが、フランス当局の弾圧を受ける。このように、ベトナムの民族運動は厳しく抑圧されたため、共産主義が中心を占めるようになった。

一方、フランス領ベトナムの対外貿易は、一次産品をアジア諸国に輸出し、フランス製品を輸入していた。輸出業は、メコン・デルタの都市や農園、北部のわずかな鉱山であった。大部分のベトナム人は、農園や都市の工場に出稼ぎするか、自給生活を送っていた。メコン・デルタの小作人は、小作料や負債を弁済するため、収穫の四十から六十%を地主に引き渡したが、地主の収拾した籾は、華人系の収集業者を通じてサイゴンに渡り、華僑やフランス系の精米業者を経由して、輸出業者に渡された。フランスは公的な登録制度によって華僑の同郷団体を管理し、華僑に人頭税を課した。植民地当局は、ベトナムへの華僑の流入を抑制しつつ、統治において華人や華僑を活用した。

このように、ベトナムの華人はフランス統治を補完する一方で、中華民国はベトナム共産主義運動の活動拠点となったのである。

シャムの場合

一九一〇年に即位したワチラーウット王（ラーマ六世）は、一九一四年に「東洋のユダヤ人」と題する論文を発表した。そこで王は華僑について、シャムで得た利益を本国に送り、シャムに忠誠を持たない存在として批判している。華僑の経済力はシャムにおいて脅威として認識されるようになったのである。また、本国の革命運動を支援する華僑は、共和制を支持し、王家から危険な存在とみなされるようになった。

その一方で、シャムの民族意識の昂揚により、官僚や軍部においても、王家の権力独占や対外的軟弱姿勢に対する反発が生じた。一九一二年、立憲制ないし共和制を目指す青年将校のクーデタ計画が発覚、百名以上が逮捕された。一九二七年には、華人の曾祖父を持つ法務省官費留学生のプリーディー、陸軍官費留学生のピブーンソンクラームら七名のタイ人青年によって、人民党が結成された。人民党は政治、経済、裁判権の対外的独立、経済計画による国民への職業保障、全国民の平等など六項目の目標を掲げた。しかも人民党は、大衆組織による運動推進ではなく、少人数による政権奪取を構想した。

こうした中、一九二三年より華僑の共産主義者による活動が始まった。さらに民国で国共合作が破綻すると、多数の中国共産党員がシャムに逃れ、一九三〇年にコミンテルンの方針により、華僑とベトナム人によってシャム共産党が結成された。シャム人は参加していなかった。にもかかわらず、シャム共産党はシャムの共産化を目指し、王族の打倒を目指した。シャム共産党はまた、極左路線に従い、人民党の立憲革命も支持せず、それを欺瞞として批判した。

一九三二年六月、人民党が政権を奪取し、国王は立憲君主制を受諾した。しかし、プリーディーは労働力や土地資本の国家管理を目指したため、人民党内に対立が発生する。また、自由経済主義の国王と社会主義的なプリーディーは、華僑の経済支配を打破する方法をめぐっても対立した。一方、満洲事変の勃発により、華僑の急進派は抗日組織を結成し、日本商品を扱う華僑商人への脅迫や暗殺を行った。

一九三三年二月、満洲事変に関する国際連盟総会でシャムは投票を棄権したが、それは日中両国との関係悪化を避けると共に、満洲事変から距離を取り、華僑の過激化を抑えるためであった。国王は一九三三年四月に国会を停止し、プリーディーを国外追放、さらに華僑の結成した共産党を非合法化する。

マレーの場合

マレーの民族主義運動は低調で、政治運動は華僑が担った。二十世紀初め、マラヤに定住する華僑は約一万五千に及んだが、華僑は中国本土への帰属意識を守り、それが、孫文の革命運動を支援する背景となった。一九一二年にはシンガポールに中国国民党支部が設置された。

一九二七年の国共合作の破綻後、コミンテルンによりホー・チ・ミンらがシンガポールに派遣され、南洋共産党を結成した。以後、華僑学校などで宣伝、組織活動を行い、中国国民党に対抗しながら、一九三〇年にマラヤ共産党が結成された。イギリス当局はこれを弾圧したが、共産党は華僑に勢力を拡大する。

インドネシアの場合

インドネシアの民族運動は、華僑の経済支配への対抗が重要な契機となった。インドネシアの華僑は、農産物や家内工業品を集荷し、ヨーロッパ人輸出業者に売却、あるいはヨーロッパ人業者より工業製品、食料、日用雑貨などを購入し、華僑ないしインドネシア人小売商に売却して、収益を上げていた。しかも華僑商人は、取引と並行して高利貸しを行い、農産物を安価に仕入れて資本を蓄積し、工業部門にも進出していたのである。

一九〇七年にバタヴィアで、華僑の経済支配に対抗するため、イスラーム商業同盟が結成され、他の地域も続いた。一九一二年、それらを統合するイスラーム同盟が結成され、インドネシア人による商業の促進や、イスラーム法や慣習に一致した生活の推進などを目指した。一九一六年、イスラーム同盟はバンドンで第一回全国大会を開催し、政府と協調しながら、代議機関の設置や村長選挙の改善などを求めていく方針を決定し、政治運動を開始したのである。

こうした状況を利用したのが、共産主義であった。一九一三年、オランダ社会民主労働党員のスネーフリートがジャワに来訪、労働組合運動を展開した。翌年には東インド社会民主同盟を設立し、活動家をイスラーム同盟にも参加させ、同盟の革命化を働きかけた。しかし、東インド社会民主同盟は分裂し、右派が脱退する。残留した左派は、ロシア革命の影響で急進化し、政府より弾圧を受ける。スネーフリートは追放されて中華民国に渡り、マーリンの名で中国共産党の結成を支援する。東インド社会民主同盟は、一九二四年にインドネシア共産党へと改称し、コミンテルンに加盟、ストライキや警官との衝突事件を多発させたため、一九二七年に非合法化される。

一九二〇年代には、オランダの統治下で教育を受けた知識人層による民族運動も始まった。一九二六年にバンドン工科大学を卒業したスカルノは、留学生と交流し、一九二七年にインドネシア国民同盟を創設、翌年インドネシア国民党へ改称した。国民党は、インドネシアの解放と独立、暴力によらない大衆行動、オランダへの非協力を綱領とし、民族産業の育成も目指した。しかし、オランダは一九二九年以降、スカルノらを逮捕し、インドネシアにおける民族運動は停滞してしまう。

フィリピンの場合

一九一三年に成立したアメリカのウィルソン政権は、フィリピンの自治拡大を進めた。フィリピン委員会の過半数はフィリピン人が占め、一九二一年には政府職員の九十六%がフィリピン人で占められている。第一次世界大戦中の一九一六年に制定されたフィリピン自治法は将来の独立を掲げ、戦後の一九一八年に独立委員会が設立された。一九二〇年代のアメリカ共和党政権はフィリピンの独立に否定的であったが、一九三〇年には総督、副総督などの要職を除き、政府職員はフィリピン人が占めるようになった。

ただし、フィリピン人への権力委譲は、富裕階層の権益拡大と一体化していた。フィリピンは伝統的に地主による大土地所有が進んでいたが、アメリカ統治下でそれが一段と進み、多くの農民が土地を集積した地主や商人の小作農や農業労働者となったのである。また、フィリピンの対米貿易依存も進み、一九三〇年代には貿易の四分の三がアメリカとの貿易で占められた。フィリピンの輸出入、特に輸入は、圧倒的にマニラを経由して行われた。輸入品はマニラから、鉄道、道路、船舶で各地に運ばれたが、流通は、アメリカ領有以前からフィリピン商業において支配的であった華人商人が担った。

このように、アメリカは、英語教育と議会の導入を通じたフィリピンのアメリカ化や、富裕層の優遇とそのアメリカ依存を前提として、フィリピン自治を拡大した。一九三四年には十年後のフィリピン独立を定める法案が成立した。以後、フィリピンでは独立に向けた動きが進む中で、商業の七十から八十%を華人商人が占める状況を克服しようとする新カティプーナン運動が展開され、国産優先運動、民族経済保護組織が結成される。また、貧富の格差を背景に、一九三〇年にフィリピン共産党も結成されている。

ビルマの場合

イギリス支配下のビルマは、一八九七年にインドの一州とされた。下ビルマの経済は、米の生産、加工、輸出業に特化し、インド移民や、規模は劣るが、華僑がそれらを大きく担った。そのため、経済成長や植民地行政の整備に伴って形成されたビルマ中間層は、インド人や華僑の経済力に危機感を強めた。

一九〇六年、ラングーンで仏教青年会が結成され、文化活動に始まり、第一次世界大戦期には自治運動を展開する。しかし、一九一九年インド統治法は、ビルマに適用されなかった。一九二〇年、ビルマ人団体総評議会が青年会より分離して結成され、イギリス製品の不買運動などを展開した。これらの運動にはインドの民族運動が大きく影響していた。

一九二三年、インド総督に任命されるビルマ州知事が設置され、ビルマ人からも大臣が起用された。防衛や外交はインド総督が直轄し、主要行政はビルマ州知事が管轄したが、教育や農林分野でビルマ人の行政関与が拡大した。これに対する民族運動側の評価は分かれた。急進派は、一九三〇年に我らのビルマ協会（タキン党）を結成し、社会主義による完全独立を目指したが、イギリスは民族運動の取り込みを図るため、一九三五年のインド統治法に伴い、ビルマをインドから分離し、ビルマの自治をさらに拡大する。

ビルマはイギリスのインド統治機構に組み込まれ、インドの影響を強く受けたため、東南アジアの他地域と比べて華僑の影響力は比較的制約された。しかし、後にアウン・サンは中国共産党との提携による革命を目指している。また、支那事変の勃発、長期化に伴い、イギリスは北ビルマから中華民国雲南省に向けて支援物資を送り、さらに大東亜戦争が勃発すると、ビルマは日本陸軍とイギリス軍の激戦地となる。それは、十九世紀にビルマがイギリスに併合された背景と重なる、中国との位置関係によるものであった。

中華民国とその周辺地域

以上のように、中華民国は内外モンゴルや東トルキスタンに対し、ソ連と協力ないし競合しながら影響力の拡大を図り、外モンゴルではコミンテルンおよびソ連の支配が強化され、内モンゴルや東トルキスタンでは、分裂と漢民族支配の強化が進んだ。対して東南アジアでは、華僑が各地で経済的権益を確立し、欧米の統治を補完することで、民族主義運動の克服対象となった。と同時に、民国は東南アジアにおける共産主義運動の活動拠点となり、華僑は東南アジアに共産主義運動を持ち込んだ。民国周辺地域に対する漢族の影響は、民族の対等関係を目指すものではなく、各地の民族運動にとって帝国主義的、覇権主義的であった。

第五章

満洲事変

国民政府による治外法権撤廃交渉の開始

一九二八年六月、北京を支配下に置いた国民政府は、首都を南京のままとし、北京を北平《ペーピン》へ、直隷省を河北省へと改称した。十月、蔣介石は国民政府主席に就任し、行政、立法、司法、考試、監察の各院長に、譚延闓《たんえんがい》、胡漢民、王寵恵、戴季陶、蔡元培が就任した。また、熱河、察哈爾、綏遠、寧夏、西康、青海の省が新設され、さらに十二月末の張学良の易幟を受け、奉天省は遼寧省へと改称された。

全国統一を果たした国民政府は、一九二九年四月、イギリス、フランス、アメリカ、オランダ、ノルウェー、ブラジルの各国に早期の治外法権撤廃を要請し、五月には上海臨時法院の改組に関する交渉を同じ六カ国に提議した。

上海臨時法院の改組に関する交渉は、一九二九年十二月に始まった。イギリスが列強を代表して民国側と交渉を進め、一九三〇年一月に合意に至った。協定は、上海特区法院と調印国代表による調整機関を設けることを規定したが、交渉においてイギリス側は、民国裁判所において懸念される民国人に対する人権侵害について、列強側は原則として干渉すべきではないと判断していた。

列強側は民国司法に対する不信感を強く持ち、治外法権の撤廃に否定的であった。しかし、一九三〇年一月、イギリスのランプソン公使は王正廷外交部長と治外法権撤廃交渉を開始した。イギリスは、自ら国民政府に提案を行うことで、国民政府の穏健化を図るべきと判断したのである。

三月、イギリスの草案が完成した。草案は、民国による近代法、訴訟法、法廷の整備に伴って民国在留イギリス人はそれらに服すること、ハルビン、奉天、天津、青島、上海、南京、漢口、重慶、広東、福州、雲南に特別法院を設置すること、特別法院には外国人法律顧問が所属し、法律顧問の同意によって判決が有効となること、特別法院における非合法措置や外部からの干渉が懸念される場合、イギリス政府の判断で裁判をイギリス法廷に移送できるとする、シャムと同様の裁判移送権を設定することを規定した他、令状による逮捕、弁護士や保釈の権利の保証、裁判の公開なども規定していた。

ただし、列強側外交団の打ち合わせでは、民国側に刑事司法権の委譲は行わないという合意ができており、イギリスは英中条約草案をアメリカに提示した上で、刑事事件の委譲については草案より削除する。なお、四月に威海衛返還協定が英中間で調印されている。

内乱の再発

一九二九年二月、湖南省で蔣介石系軍隊と、李宗仁、李済深、白崇禧ら広西派の軍隊が衝突した。内乱の再発である。五月から六月にかけての戦闘で、蔣介石は広西派に勝利するが、九月には湖北省宜昌で張発奎が反乱を起こした。これに安徽省主席の方振武が呼応し、十月には馮玉祥系の孫良誠（山東省の主席）や宋哲元が反乱を起こし、十二月には、やはり馮玉祥系の石友三、韓復榘《かんふくく》の他、唐生智も反乱を起こした。蔣介石はこれらを鎮定するが、反乱はこれで収まらなかった。

一九三〇年二月、閻錫山が蔣介石に下野を勧告し、広西派、張発奎、馮玉祥が閻錫山に呼応した。四月、北平に中華民国陸海軍総司令部が設置され、閻錫山が総司令、馮玉祥と李宗仁が副総司令となった。五月、山東省、河南省で戦闘が発生した。中原大戦の勃発である。

閻錫山は反乱の後、天津海関に対し、上海への送金停止を命じた。天津海関税務司は要求を拒否したが、六月に閻錫山は新たなイギリス人税務司を任命した。対して南京政府はイギリスに、当該イギリス人の国外追放と処罰を要求した。しかし、イギリスは、国民政府の要求を拒否した。イギリス人には治外法権が認められており、しかも国民政府の実効支配下にないイギリス人の反国民政府的行動を処罰する法的根拠などなかったからである。ところが、十月にそのイギリス人は何者かに狙撃され、死亡した。政敵に関係する外国人の処罰を目指し、それが不可能なら殺害する、というのが、治外法権の撤廃を目指す国民政府の司法観念であった。

七月、治外法権に関する英米合意案が完成した。しかし、南京政府は中原大戦の最中で、四省ないし五省しか実効支配しておらず、しかも七月末に長沙が共産党によって制圧された。これは、共産党の李立三が民国の一省ないし数省で革命を実現し、それを突破口として民国全体の革命を実現し、そこから世界革命を目指すという極左路線を採用したことによる。七月初旬、朱徳、毛沢東ら第一集団軍は南昌を、賀龍ら第二集団軍と彭徳懐ら第三集団軍は武漢を攻撃することとなり、彭徳懐軍が長沙を制圧したのである。

しかし、八月一日の毛沢東軍による南昌攻撃は失敗に終わり、五日、国民政府軍により長沙も奪回された。李立三の命令で毛沢東と彭徳懐は長沙の奪還を図ったが、敗北する。毛沢東は独断で撤退し、李立三はコミンテルンにおいて盲動主義として非難され、失脚した。結果、中国共産党は王明（陳《ちん》紹《しょう》禹《う》）、博古（秦邦憲）ら、若い留ソ派が指導部を掌握し、コミンテルンの影響力はむしろ強化された。

以上のような民国の内戦により、アメリカは民国との治外法権撤廃交渉に消極的であった。しかし、九月にランプソンは、南京において国民政府にイギリス案を提出した。内戦中の交渉開始は、国民政府支持の姿勢を示す意味があり、また、国民政府が一方的な措置に踏み切る可能性がある中で交渉を停滞させるべきではないと判断したからであった。

中原大戦は、九月に張学良が内戦に介入し、十月に閻錫山、十一月に馮玉祥が下野したことで、蔣介石の勝利に終わった。蔣介石は政府主席と行政院長を兼任し、十二月より共産党の根拠地を覆滅するため、第一次囲剿《いそう》戦を開始する。

長沙暴動前後より、毛沢東は土地革命を進めるため、地主や富農の根絶を目指すのではなく、土地を平均化しながらも、地主や富農が有する労働力を活かす観点から、労働力を基準とする土地分配方式を導入し、広範な農民の支持を集めていた。こうした土地改革への姿勢が、中国国民党を含めた民国の軍閥と中国共産党との最大の違いであり、また、共産党内における毛沢東の地位を確立する重要な成果となる。

蔣介石は八個師十万人を動員したが、部隊は地方軍によって構成されていた。蔣介石は傍系の地方軍と共産党の共倒れを図ったのである。毛沢東や朱徳の指揮する紅軍は、敵が攻撃すれば退き、敵を深く引き込み、地の利を活かして弱点を攻撃し、敵が退けば追撃する戦術で国民党軍を撃破した。

ただし、囲剿戦の開始は、共産党側にも混乱を引き起こした。十二月、江西ソヴィエト区では、蔣介石のスパイ組織とされたA・B団の摘発が行われ、七十人以上が逮捕された。これに反発した部隊が反乱を起こし、鎮圧された。富田事件という。これに伴い、逮捕者は四千人、処刑者は二千人に達したという。

張学良政権と排外主義

発足当初の張学良政権は、張作霖時代の旧来の将領や各省の有力者、新興将領などが混在する雑多な連合政権であった。また、一九二八年末に張学良が国民政府に合流した結果、一九二九年一月に設立された東北政務委員会には、国民政府から派遣された委員も含まれ、張学良と国民党の駆け引きが始まっていた。こうした中で張学良は、張作霖の側近であった楊宇霆および常蔭槐《じょういんかい》を殺害し、次いで外国権益の回収を開始する。張学良は自らの独裁権力や求心力の強化を図ったのであろう。

一九二九年三月、張学良政権はソ連に中東鉄道の経営に関する民国側の権利拡大を要求した。しかし、ソ連は応じなかった。五月、張学良政権はハルビンのソ連領事館を捜索し、共産党の活動家を逮捕した他、多数の文書を押収した。七月、国民政府も中東鉄道の管理職を含むソ連側職員を大規模に罷免した。ソ連は国交断絶を通告した。

八月、ソ連は満洲の東西より軍を侵入させ、九月に満洲里と同江を攻撃し、吉林省東寧などを占領した。十一月には満洲里とジャライノール（札蘭諾爾）を占領、ハイラル（海拉爾）方面に進出した。十二月、張学良政権とソ連との間でハバーロフスク議定書が成立し、中東鉄道の原状回復などのソ連側の要求を張学良政権は受諾した。

以上と並行し、満洲では排日運動が激増した。一九二九年七月、奉天総商会によって組織された遼寧省国民外交協会は、帝国主義打倒、不平等条約の解消、旅順、大連、南満洲鉄道の回収などを掲げ、傘下の国貨維持会などを通じて反日教育、日貨排斥を推進した。各省機関も反日運動を支援しており、たとえば一九三〇年八月、遼寧省教育庁は各県教育局に対し、各学校使用品、児童服地などでの日本製品の使用を禁止し、違反者の財産没収や拘禁、市中引き回し、重大違反者の銃殺などを命じている。

こうした排日教育や宣伝の他、反日示威行動、商取引における契約不履行や代価の踏み倒し、業務妨害、日本企業に対する集団襲撃事件などが多発した。満鉄に対する破壊活動も頻発した。鉄道への置き石や枕木の破壊、警備日本兵に対する襲撃や、不審者に対する日本兵の自衛発砲から生じた殺傷事件に対する抗議活動などである。

中原大戦中の一九三〇年七月三十一日から八月一日にかけ、満洲と朝鮮の国境地帯の間島で朝鮮人共産主義者の指導する暴動が発生した。九月、吉林省当局は、暴動の容疑者として十五名の朝鮮人を逮捕し、五日に銃殺した。次いで十月六日、龍井市内を巡回中であった日本警官が民国軍部隊より射撃され、二名即死、一名重傷という事件が発生した。

一九〇九年の間島協約は、在満朝鮮人の土地所有権を認めると共に、その司法管轄権が清朝側に帰属することを定めていた。しかし、一九一五年の日中条約の成立後、日本は在満朝鮮人にも治外法権が適用されるという立場を取った。民国側はこれを認めない一方で、在満朝鮮人の帰化を進めることで紛争を避けようとし、さらに張学良政権は、朝鮮人を日本の勢力拡大の先兵と評価し、その土地取得を制限した。在満朝鮮人は、民国に帰化した朝鮮人の名義で土地を共同購入して対応した。

と同時に間島地方は、日本の朝鮮統治に抵抗する破壊活動の拠点ともなっていた。そこで日本側は、間島の領事館警察を増強する一方で、民国側にも破壊活動分子や共産党勢力の取り締まりを強く求めた。それがかえって民国官憲と日本側領事館警察との摩擦を増加させ、警官射殺事件が発生したのである。

この事件は、民国側が謝罪と賠償を行う意思を表明し、解決した。しかし、奉天政権による朝鮮人の取り締まりは、在満朝鮮人の弾圧に発展しかねず、日本の朝鮮統治に悪影響を及ぼしかねなかった。この年、日本側は七百人余、民国側は九百八十人の朝鮮人共産党員を検挙している。

張学良は、中原大戦の最終段階で蔣介石を支援し、勝利に貢献することで、蔣介石との関係強化を通じた奉天の独立的政権基盤の安定化を図ったが、並行して政権としても日本の満洲権益の排除に向けた動きを積極化した。

九月、張学良政権の東北鉄道委員会は、葫蘆《ころ》島—奉天—吉林—撫遠、葫蘆島—通遼—洮南

―チチハル―黒河、葫蘆島―赤峰―多倫《ドロン》の三大幹線の敷設計画案を決定した。これは、新たに築港される葫蘆島を起点に、満鉄を東西で包囲する路線を建設し、北寧線（北平―山海関）に接続しようとする構想であった。葫蘆島築港計画は一九〇八年に構想され、辛亥革命の勃発で中断していたが、大連に対抗するため、改めて注目されたのである（220頁地図）。

張作霖の時代、排日運動の標的は主に日本人と雇用ないし取引関係のある民国人であったが、一九二〇年代末までに、日本人とその資産が直接的な攻撃対象とされるようになった。こうした中で中村大尉事件が発生し、事態は重大な局面を迎える。

陸軍による国民政府への軍事協力

満洲では、日本側当局や在留日本人と奉天政権側との対立が深刻化していたが、他方で、一九二九年以降の国民政府の内紛は、日本陸軍に国民政府との協力関係を期待させる出来事をもたらした。一九二九年九月末、宋子文より三井物産に、野砲や通信機器の至急購入の希望が伝えられたのである。陸軍省はこれを歓迎し、早速対応している。

一九三〇年三月、陸軍は張学良との関係改善のため、日本軍機十機を無償提供し、顧問を派遣している。さらに十一月、中原大戦で国民政府の砲兵、工兵の無能が露見したとして、国民政府より日本側に工兵教官の派遣が打診された。一九三一年三月には王正廷外交部長から重光葵公使に正式要請がなされ、四月一日より一年間、鉄道第二連隊大隊長の下田宣力《のぶお》陸軍工兵少佐ほか十一名の工兵教習隊が派遣された。

その間の二月には、甲式四号戦闘機の各種部品六機分を張学良政権に提供し、四月には、中古の三八式歩兵銃六百挺、実弾三十万発を南京政府に売却している。満洲事変勃発後、奉天政権に供与した飛行機は関東軍に接収され、国民政府に派遣された教官は帰国するが、日本陸軍は南京政府や奉天政権との協力に積極的であった[2]。支援の規模は小さかったが、陸軍は、中国国民党に対するソ連の軍事支援が途絶した機会を捉え、日中関係の改善や今後の緊密化につなげようとしていたのである。

蔣介石の独裁化と国民政府をめぐる内外情勢

一九三一年一月、国民政府は国民会議組織法を公布し、約法制定の準備を進めた。しかし、胡漢民立法院長は蔣介石を非難し、二月末に蔣介石は胡漢民を監禁した。蔣介石は五月五日から十七日にかけて国民会議を開催し、中華民国訓政時期約法を成立させた。これは、一九二四年四月に孫文が発表した国民政府建国大綱を基礎として、党の指導や地方政府に対する中央政府の指導を強化しながら、委員制の中央政府の下で主席の権限を強化していた。蔣介石はこれにより、軍事独裁批判をかわしながら、一党独裁を図ったのである。

その間、五月九日の会議では、議長の張学良が二十一カ条を強要された恥辱日として三分間の黙禱を提議、議場は打倒日本帝国主義や、旅順、大連の回収、鉄道守備兵撤退の喚声が上がった。また、国民会議は、不平等条約の撤廃と共産主義討伐を宣言した。

その一方で、五月に広東の陳済棠《ちんさいとう》が広西派と提携して蔣介石の独裁を非難し、両広独立通電を発した。汪兆銘、唐紹儀、陳友仁、伍朝枢、唐生智、許崇智、張発奎、孫科らもこれに参加した。対して蔣介石は、五月に第二次囲剿戦を開始した。地方軍からなる二十万を動員し、何応欽が総司令となった。蔣介石の独裁強化を正当化するには、成果が必要であったからである。しかし、囲剿戦は再び敗北に終わった。二万人以上が共産党の捕虜となり、膨大な武器が共産党側に鹵獲《ろかく》された。

このように国民政府が一党独裁と蔣介石の権力強化を進めようとして分裂する中、治外法権撤廃に関する英中交渉が一九三一年三月に始まっていた。イギリスは、刑事司法権を委譲する条件として、上海、天津、漢口、広東の四地域への適用除外を求めた。

また、それと並行する日中交渉で、国民政府は、治外法権の撤廃の条件として内地開放、すなわち民国内の土地の賃貸ないし所有権の承認を求めた日本側に対し、関東州租借地の返還を条件として示唆した。一般的な反日運動において、関東州租借地は攻撃対象となっていたが、民国側が日本との外交交渉で関東州租借地の返還に言及するのは初めてであり、正式な要求ではなかったものの、重光葵公使は衝撃を受けている。

イギリスと国民政府の交渉の最終段階で、イギリス公使のランプソンは、漢口や広東への適用除外要求を撤回した。その後、上海への除外適用を五年間に限ろうとする国民政府側の主張に対し、ランプソンは自らの譲歩を誤りとし、交渉の打ち切りを通告している。しかし、六月六日に至り、イギリスと国民政府の交渉当事者間の合意案として、条約草案、付属文書と往復書簡が交換された。合意内容は、刑事事件の委譲を認め、裁判移送権を削除する一方で、外国人法律顧問を五年間設置すること、顧問は判決に意見書を提出し、裁判官はそれに配慮しなければならないこと、配慮が不十分と判断された場合、判決の執行は停止されることなどを定めていた。

しかし、イギリス本国はこの仮合意を拒否した。問題とされたのは、上海への適用除外期間であった。仮合意は、上海に対する適用除外期間を五年間とし、この期間内に新たな合意が成立しない場合、除外期間を五年間延長し、これを最終延長期間とすること、天津については五年間のみの除外とすることを定めていた。イギリス本国はそれを過大な譲歩と判断したのである。

前年の日本と国民政府との関税協定交渉において、日本は合意成立のために譲歩を重ね、交渉最終段階で国民政府が前言撤回による条件の吊り上げを行ったことに対しても、譲歩した。対してイギリスは、国民政府の内乱状況をむしろ自らの交渉に有利な条件と判断して治外法権撤廃交渉を開始し、やはり国民政府側に譲歩を重ねながらも、合意成立直前の最終段階で、最後の譲歩を拒否した。

こうしたイギリスの交渉戦略に、国民政府は次第に行動を制約されていった。国民政府は、イギリス側が譲歩を重ね、成果が現実化するに伴い、暴力的な行動を自制するようになった。そして交渉が仮合意に終わった後も、将来の合意成立のため、行動を自制し続けなければならなかったのである。こうしてイギリスは、国民政府の革命外交を封じ込めることに成功した。

イギリスとの仮合意の後、国民政府はアメリカとの交渉でイギリス以上の成果を挙げようとしたが、アメリカの交渉姿勢はイギリスよりはるかに硬直的であった。しかも、九月の満洲事変勃発により、治外法権撤廃交渉は打ち切られてしまう。

六月、国民政府は中華民国訓政時期約法を公布、七月に蔣介石は自ら三十万の兵力を指揮して第三次囲剿戦を開始した。合わせて蔣介石は、安内攘外、すなわち、国内の共産党を殲滅した後に、外敵に対処する方針を宣言した。蔣介石軍の被害は甚大であったが、それでも兵力に任せて次第に紅軍を追い詰めていった。しかし、九月に満洲事変が勃発し、十月に蔣介石は第三次囲剿戦の中止を余儀なくされる。

満洲事変に至る関東軍の動向

一九二八年十月、石原莞爾が関東軍参謀（作戦主任）として満洲に赴任した。石原の赴任後、処分前の河本大作は、満蒙問題の武力解決の必要を石原に強調し、関東軍は、奉天軍との武力衝突に際しての作戦計画を検討した。兵力一万余の関東軍に対し、奉天軍は二十五万を擁したが、奉天付近の奉天軍を短期間に撃滅し、政権の打倒を目指すという戦略が立てられた。

一九二九年七月上旬、対ソ作戦計画研究のための関東軍参謀旅行が行われた。その中で石原は、「関東軍満蒙領有計画」を提起し、満蒙問題は日本の満蒙領有によって解決でき、また、それにはアメリカとの戦争の覚悟が必要などとした。石原は、奉天政権に対する勝利の確信を得たことで、満洲を武力制圧すれば併合は可能となり、その圧倒的な成果によって満蒙問題は解決すると共に、アメリカの普遍主義ないし覇権主義との対立が不可避になると推論したのであろう。

一九三〇年十一月中旬から一カ月間、永田鉄山軍事課長が朝鮮、満洲、華北を視察し、奉天で石原や板垣と満蒙問題の解決方法について協議した。陸軍内では、満蒙問題を解決するための案として、奉天政権を親日政策へと転換させる案、親日政権を樹立して交渉を行う案、兵力に訴える案の三案が検討されていたが、この時点でも結論は出ていなかった。また、満洲事変の準首謀者となる朝鮮軍参謀の神田正種によれば、小磯や永田らは、満洲問題解決策の目標を一九三五年頃とし、まずは問題解決の必要を軍が主導して国内に宣伝し、国政の革新、すなわち国防国家態勢の整備や軍の拡張を進めようとしていたという。

神田はまた、満洲事変の背景について、次のように回想している。

「レーニンからスターリンに移つた大正末期より昭和に入るに及び、ソは所謂一国社会主義に其極端なる統制力の発揮に依り、ソの軍備工業、施設、所謂国防国家の形態は年毎に著大なる発展を遂げて来た。之を日本の政党政治のダラシなさに比する時、真に寒心に堪へぬものがある。是は何とかして国政を改めねばならぬと云ふ考へも起る。[…] 即ち満洲事変に依つて政党政治を打破して、国防国家を樹立しようと云ふ考へが逐次起つて、濃厚になつて行つた。是が真因と見らるゝと思ふ(3)」

一九三五、六年の危機を想定し、国防強化のため、ソ連の計画経済に特に関心を持ったのが、おそらく永田鉄山であった。それは、自由主義経済や反ソ的軍人を敵視し、統制経済の導入やソ連との不可侵条約の締結を目指す、後の永田の行動に反映されていく。

三月事件と石原莞爾の構想

一方、国内では、浜口首相が狙撃され、重症を負った後の一九三一年二月から三月にかけ、陸軍内で三月事件と称される狂言的クーデタ計画が持ち上がった。

きっかけは、大川周明という国家主義運動に関わった思想家が、内閣総辞職後の宇垣一成内閣の実現を画策したことであった。大川は宇垣に面会の上、首相就任に向けた宇垣の虚勢的言辞を取り付けた上で、陸軍幹部の建川美次参謀本部第二部長や小磯国昭陸軍省軍務局長に宇垣擁立のための運動をけしかけたところ、小磯や建川も計画に同調した。結局、宇垣は放言のみで、何もしなかったが、小磯の命令を受けた永田鉄山軍事課長は、宇垣を首相に奏上する手続きをまとめた三月事件計画書を作成した。計画の存在は満洲事変勃発後に実態以上に誇張されて政界に広がり、様々な余波を引き起こす。

事件は陸軍幹部の軽率、無能を示すものであったが、その背景は、国内改造に対する陸軍内の観念的な期待であった。これに関して石原は、一九三一年五月の「満蒙問題私見」で、日本の現状で一九三六年までの国内改造は不可能と批判した。石原は、それよりも国家を動員して対外発展を進め、状況に応じて国内改造を断行すべきとし、また、軍部が団結して戦争計画を確立し、「謀略により機会を作製し軍部主導となり国家を強引する」[4]ことは可能とした。

後の満洲事変との関係で問題となるのは、一九三六年を問題解決の期限としていること、それまでに軍部の意思統一を図るとしていること、その上で謀略によって機会を作るとしていることである。石原莞爾日記の一九三一年五月三十一日に「朝、花谷、今田両氏来り、板垣大佐宅にて謀略に関する打合せ」「軍主動の解決の為には満鉄攻撃の謀略は軍部以外の者にて行ふべきもの也」(5)との記述がある。後の柳条湖事件と同様の、満鉄を利用する謀略がこの時点で構想されていた。

とはいえ、石原は一九三六年を念頭に、軍全体の行動を想定していた。また、謀略は軍部以外の者で行うとされていた。それは、張作霖爆殺事件の結果を意識したものであろう。後の柳条湖事件はこの時以来の検討に基づくものであっても、石原はこの時点でも九月の謀略決行を想定してはいなかったのである。

首謀者はわずか四、五人——満洲事変の勃発

一九三一年六月、関東軍は参謀本部に奉天政権に対する武力行使に関する意見を具申し、南次郎陸相は十一日、陸軍省と参謀本部による検討会議を設立した。同会議は、張学良政権の排日緩和は外務当局の交渉を主とすること、排日が熾烈になれば軍事行動が必要なこと、内閣や外務省と連絡の上、国民や列国に満洲における排日の実情を周知させ、軍事行動が必要となった場合の理解を得られるよう努めること、軍事行動のための計画を参謀本部で立案

することと、内外の理解は来年春までに得られるようにすることなどで合意した。

七月、満洲の長春北西において、漢族地主と朝鮮族農民の大規模な衝突が発生した。万宝山事件という。事件を受け、朝鮮でも華僑が大規模に襲撃された。

次いで七月下旬、六月二十七日に陸軍の中村震太郎大尉が民国側によって殺害されていたことが明らかになった。中村大尉は部下一名他、ロシア人、モンゴル人の四人で、六月上旬、中東鉄道博克図《ブヘド》駅付近から洮南に向けて出発したが、六月末に民国側官憲に拘束され、消息不明になってしまう。同地域はソ連軍との想定戦場であったことから、中村大尉は地誌の調査に当たっていたのであろう。

その後、関東軍に内通があり、調査の結果、中村大尉が洮南北方約百二十キロの地点で六月二十八、九日頃に拘引され、七月一日に銃殺、焼却の上、遺棄されていたことが確実となった。事件について民国側に抗議したところ、民国側は、当初は事件の存在を否認し、次に中村をスパイとし、さらには麻薬密売人として非難した。事件は現場の独断によるもので、政府当局は関知していないとしても、スパイを理由とした虐殺と隠蔽を許容できるはずもなく、関東軍は姿勢を硬化させた。

一方、日本政府は事件に関する報道を差し止めた。深刻な事件であったため、報道の自由より緊張回避を優先したのである。石原は永田鉄山軍事課長に、外交の無力を批判し、関東軍が中村事件の解決に当たること、特に一個小隊を現地に派遣の上、民国側との共同調査に当たるか、拒否された場合は実力調査を決行すること、解決条件として、謝罪、賠償および洮南地方の開放を要求することを提案するが、永田は否定的であった。陸軍上層部は、民国側との外交交渉を目指すという政府方針を支持した。

八月四日、南陸相は、軍司令官および師団長会議において、緊縮財政の中で軍制改革を進めるため、経費を陸軍内で支出しなければならず、そのため、既存部隊の改廃を行わざるを得ないことを述べると同時に、満蒙の事態が重大化しつつあることに触れた。会議には、本庄繁関東軍司令官に板垣征四郎参謀長が、林銑十郎朝鮮軍司令官に神田正種参謀が随行して参加し、軍内に満洲の危機的状況について訴えた。花谷正《はなやただし》の戦後の回想によれば、首謀者で計画を練る一方で、中央に軍事衝突発生の場合の対応検討を要請し、各方面に謀略について示唆していたという。

とはいえ、参謀本部ロシア班長で、後に十月事件を引き起こす橋本欣五郎は、当時の軍上層部の態度について、「公式の情勢判断に於て満洲を処理せざるべからざる結論に達したるも、軍高級者は例の如く机上の文案と心得、恰《あたか》も何等処置する処なき事例の如し」(6)と記している。

石原が独断行動を決意したのは、こうした陸軍中央に対する失望からであろう。つまり、軍部の主導による国家の牽引ではなく、関東軍の行動による軍部、そして政府の牽引である。このように満洲事変は、計画的というより、軍の総意としての行動を断念する緊急措置として引き起こされた。また、石原にとっておそらく、武力行使を決意した以上、新たな日本人殺傷事件の発生を待つ方がむしろ不合理であった。

九月十八日、柳条湖事件が引き起こされた。公式発表された経緯は、奉天郊外の満鉄線路上で爆発があり、部隊を現場に派遣したところ、民国軍部隊と衝突したというものである。線路に被害はあったとされるが、事件後、列車が現場を無事に通過している。

満洲事変を決行した首謀者は、わずか四人ないし五人であった。石原莞爾と板垣征四郎は関東軍参謀、今田新太郎は張学良の顧問、花谷正は奉天特務機関で、石原と板垣以外は所属部署が異なる。この四人が中核で、他に神田正種朝鮮軍参謀が首謀格の協力者となった。それに柳条湖事件の実行部隊となった奉天独立守備第二大隊の一部将校が加わる。

事件前、建川美次参謀本部第二部長が満洲に派遣されている。石原らが軍事行動について中央各方面に示唆していたため、自制を求めるためであった。事件直前の九月十五日の石原日記に、「午後九時半より機関にて会議、之に先ち建川来る飛電あり午前三時迄議論の結果中止に一決」という記述がある。花谷は事件後、決行を知らされていなかったと片倉衷に弁明する一方で、後の回想では、今田に押されて決行に同意したと記している[7]。重大事だけに、石原は気後れした花谷を除外しようとしたか、石原にも躊躇があったのであろう。

一方、永田は事変勃発後、それまでの態度を一変して関東軍の行動を支持する。永田は機会主義的で、他人を利用する行動が多く、相手次第で発言も変わるため、理解や評価には注意が必要である。

満洲事変初期の経過と国際連盟の動向

柳条湖事件発生後、関東軍は付近の奉天側兵営である北大営を攻撃して制圧した。事件勃発時、片倉衷《ただし》関東軍参謀は、事件が作為であることを察したが、司令部は、それをあえて問題とせず、出兵を決定したと後に回想している。一部の謀略が関東軍を動かしたのは、関東軍内に奉天政府側への武力行使の機会を待望する素地があったためであろう。

事件直後、外交官の森島守人が奉天特務機関を訪れたところ、板垣征四郎より、緊急事態で司令官が旅順にいるため、自分が代行して出動命令を発したとの説明を受け、同席した花谷が軍刀を抜き、統帥権への干渉には容赦しない、と恫喝している(8)。花谷の行動は軍の横暴として理解されがちであるが、それはむしろ、臆病を隠すための強がりであろう。さらに森島は板垣について、頭は悪かったが、部下の献策は善悪を問わずに押し通す粘りと図太さを持ち、部下の信用を得ていたと述べている。

一方、着任から間もない本庄繁関東軍司令官は、満洲事変の計画に関知せず、事変の拡大も抑えられなかった。当時、関東軍司令官は、長州閥に属さない軍人にとっておそらく最終経歴に近い地位であったが、長州閥に属する軍人にとっては出世過程の地位に過ぎなかった。張作霖爆殺事件に際しては、長州閥に属さない関東軍司令官が警備責任を問われて更迭されたのに対し、長州閥の陸軍首脳は責任を取らなかった。こうした状況の中、本庄が関東軍の不祥事を追及し、板垣とそれを操る石原、それに同調する参謀を抑えることは、おそらく困難であった。

事件後、関東軍は口実を設けて満鉄の北端である長春に出兵し、そこから東方の吉林に出兵した。吉林鉄道は日本の借款に基づく鉄道であり、出兵は、戦線を拡大すると共に、関東軍の兵力不足を理由として朝鮮軍の出兵を引き出すためであった。朝鮮軍の出兵は九月二十一日に実現した。政府はそれを追認した。

満洲事変に際して若槻内閣は、不拡大方針を掲げながら、軍との対立を回避した。金谷範《かなやはん》三《ぞう》参謀総長と南次郎陸相は、二十二日の閣議で朝鮮軍の出動が承認されなかった場合、辞職する決意を固めていた。金谷や南の辞職は内閣倒壊に直結しかねない。朝鮮軍出動の事後承認は、越権行為の追認ではあったが、政治的にはむしろ内閣存続を図る措置であり、この後、金谷は関東軍の抑制に積極的となる。

二十一日、国民政府は国際連盟に提訴し、緊急理事会の開催を要求したが、翌二十二日、関東軍は清朝最後の皇帝の宣統帝溥儀を擁する独立政権の樹立を決定し、奉天の袁金鎧や于沖漢、吉林の熙洽《きこう》、洮索の張海鵬、熱河の湯玉麟やハルビン地方の張景恵の擁立を図った。満洲事変以前の石原は、満蒙領有論を掲げていたが、満洲に派遣された建川美次との激論を経て撤回された。陸軍中央に受け入れられる見通しがなかったためである。

関東軍は吉林出兵に続き、ハルビンへの派兵を目指した。ハルビンには中東鉄道の管理施設があり、ソ連の介入に備えるためであろう。しかし、ソ連との摩擦を警戒する政府は強く反対し、二十四日、金谷参謀総長は関東軍にハルビン派兵を禁止した。石原らは軍紀違反を回避するため、独断行動は口実を強弁できる範囲にとどめざるを得なかった。

九月二十二日、連盟理事会が開催された。施肇基《しちょうき》国民政府代表は、日本軍による占領地の拡大を非難したが、日本代表の芳沢謙吉は、事件の背景となった国民政府側の反日行為を批判すると共に、国民政府との交渉による平和的解決を保証した。理事会は審議状況や関連文書をアメリカに通告した。アメリカのスティムソン国務長官は事件について、日中間のみならず、九国条約、不戦条約にも関わる問題とし、武力による特殊権益の獲得に対する懸念を表明した。理事会は三十日、日本人の生命、財産の安全が保障されれば、すでに開始されている鉄道付属地への撤兵を継続するという日本側の声明などを採択して休会した。

満洲事変主要作戦経過

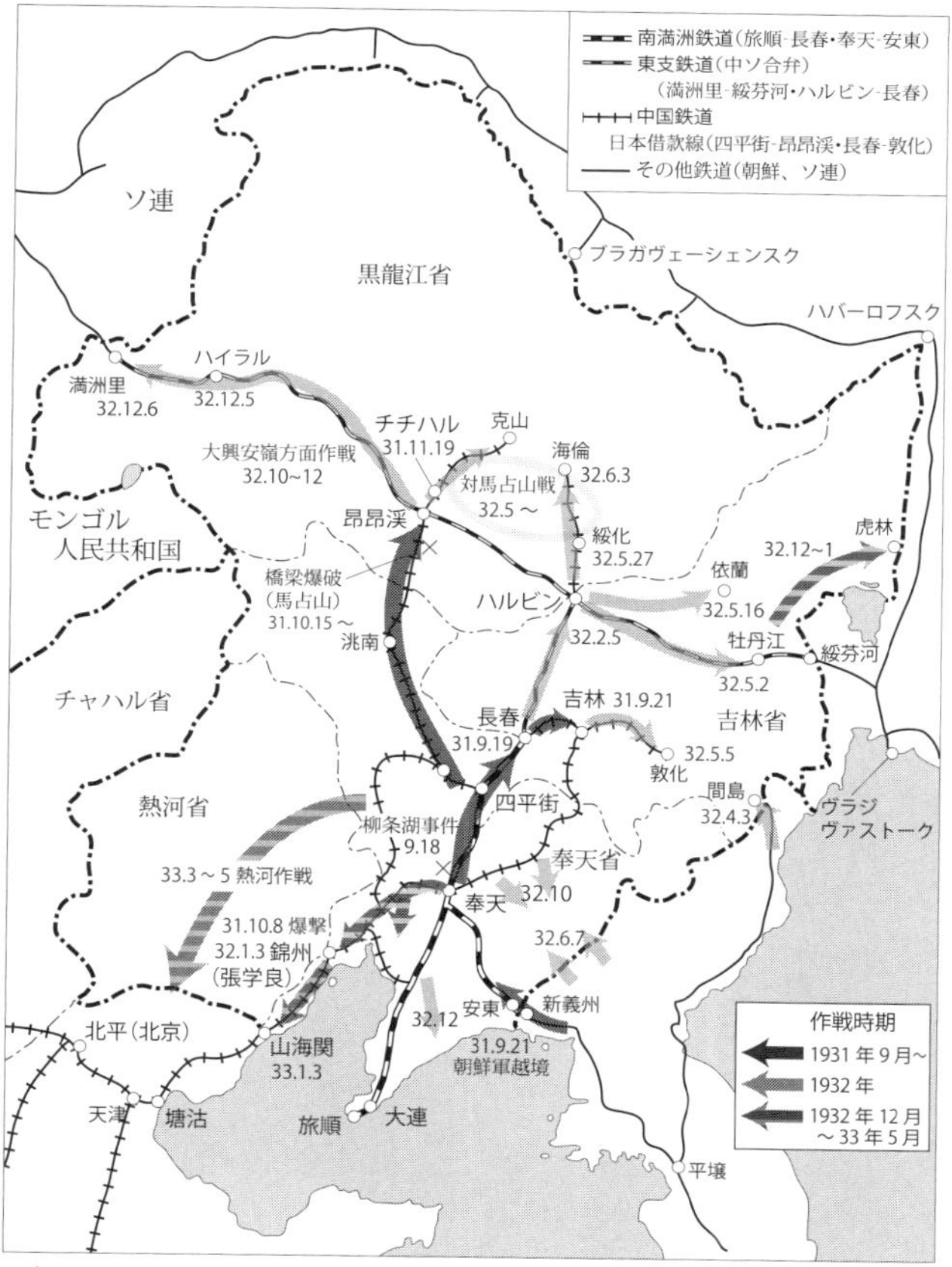

日本国際政治学会編『太平洋戦争への道』2〈満州事変〉付図より作成。

関東軍への統制強化と若槻内閣の崩壊

十月八日、関東軍は張学良の滞在する錦州を爆撃した。張学良軍を牽制し、合わせて不拡大方針を掲げる政府に非常事態を印象づけるためであろう。小規模の爆撃であったが、内外に与えた衝撃は大きかった。国際連盟では、国民政府の再度の要請により、十月十三日に理事会が開催された。理事会ではブリアン仏外相が議長となり、芳沢は日本の撤兵条件を提示した。対してブリアンはアメリカ代表を理事会に出席させる決議を成立させ、十一月十六日の理事会開催と、それまでの日本軍の撤兵を定める決議案を二十四日に採決した。結果は十三対一、日本の反対で全会一致とならず、不成立に終わった。しかし、これ以降、日本国内の新聞報道は連盟批判一色となった。

折しも十月十七日、陸軍の橋本欣五郎中佐ら十数名がクーデタ計画で拘束された。十月事件という。二十六日、若槻内閣は、権益の擁護と、事態を悪化させる撤兵への反対姿勢を声明を発したが、内外情勢の悪化で、十月末に若槻首相は辞意を漏らすようになった。

十月下旬、馬占山が満洲軍の張海鵬との戦闘で、チチハル南方の橋梁を爆破した。四平街から昂昂渓に至る路線も日本の借款鉄道であり、十月三十日、関東軍は嫩江《のんこう》支隊を編成し、チチハル方面に派遣した。ハルビン占領に代わる北満洲への出兵であった。ソ連との衝突を懸念した金谷参謀総長は、十一月五日、上奏の上、勅令によって関東軍司令官を参謀総長の指揮下に置く委任命令権を設定した。これに基づく参謀総長命令を臨時参謀総長委任命令、略して臨参委命という。これにより、関東軍は馬占山追撃を口実とする北満における戦線拡大を阻止された。

嫩江支隊は十七日にチチハルに進出したが、臨参委命により撤兵期限が設けられた。ただし、撤退は遅延したまま、十二月に長期駐留が認められるが、その一方で十一月にもかかわらず、日本軍に防寒装備はなく、戦闘による被害に加え、多数の将兵が凍傷となった。また、その間の八日、天津で土肥原賢二奉天特務機関長が暴動を起こした。第一次天津事件という。十日、土肥原は天津日本租界から溥儀を連れ出した。しかし、陸軍中央の姿勢から、石原は独立国の樹立を悲観するようにもなった。

十一月十六日、連盟理事会が開催された。国民政府は、日本軍がモンゴル人や不満分子に武器を提供し、あるいは溥儀を天津租界から連れ出したことなどを報告した。

しかし、二十一日に、日本は国際連盟による現地調査団の派遣を提案し、十二月十日の理事会は、調査団の派遣を全会一致で決議した。国民政府は時間稼ぎとして反発したが、イギリスやフランスは日本寄りの姿勢を示した。調査対象は満洲のみならず、民国全体にわたるものとされ、日本側の要望に応えていた。イギリスが日本寄りの姿勢を示したのは、連盟を諸国間の調整機関として捉え、宣伝活動の場とする中華民国に反発していたからである。

チチハル出兵に続き、関東軍は錦州の制圧を目指した。十一月二十六日、土肥原は支那駐屯軍と民国軍の衝突を引き起こした。第二次天津事件という。関東軍は支那駐屯軍の救援を名目として、山海関に出兵しようとした。しかし、金谷参謀総長は四回にわたる臨参委命により、関東軍の独断行動を阻止した。

ところが、二十六日、アメリカのスティムソン国務長官は日本を非難し、さらに日本側との折衝を経て、日本の陸相、参謀総長が錦州に進攻しない旨の言質を与えていることに言及する。これが軍機を外国に漏洩したものとして非難を招いた。

こうした世論の動向が、若槻内閣の危機を招いた。若槻内閣の外交および金融政策への批判の高まりにより、安達謙蔵内相は政友会との連立を構想した。イギリスでも経済危機に対処するため、連立政権が成立していたことから、西園寺公望など宮中周辺では、連立政権による陸軍の抑制も期待された。しかし、幣原外相と井上準之助蔵相は政友会との連立を拒否した。

十二月十一日、若槻内閣は閣内対立のため、総辞職した。安達は世論への配慮から、おそらく政友会および陸軍との調整によって外交と金融政策の転換を行い、危機への対処と、民政党の政権参加の継続を図ろうとしたのであろう。その点で、安達の構想と西園寺には距離があり、また、金谷参謀総長が臨参委命によって関東軍を抑えていた時だけに、若槻内閣の総辞職は満洲事変の既成事実を確定する結果となった。

内モンゴル自治運動と満洲事変

満洲事変は、内モンゴル自治運動にも影響を与えた。事変勃発後、日本留学中のアスガン、オユンダライ、フフバータル、チョクバータル、チョロバータル、徳古来らは帰国し、九月末にバボージャブ次男のガンジョールジャブらと合流、奉天で内モンゴル独立軍を結成し、モンゴル独立宣言を可決した。ガンジョールジャブは板垣と会見し、支援を要請した。関東軍もこれに応じ、独立軍は内モンゴル自治軍と改称されている。

また、チョロバータル、チョクバータル、徳古来らダグール人留学生は、興安嶺の東のブトハ地区に戻り、ブトハ革命軍を結成した。チョロバータルはチチハル特務機関に支援を求め、徳古来は関東軍に、宣統帝を擁する独立国家樹立を求める意見書を提出している。ただし、モンゴル王公は清朝の復活を自らの地位保全の手段としたのに対し、内モンゴル自治軍は平民を中心としており、内部には方向性の違いがあった。さらに郭文林がフルンボイルの凌陞《りょうしょう》と共に十月二十三日に奉天で板垣、片倉と会見し、モンゴル自治への協力を求めた。

十二月、ジャルート旗の東の泰来や、鄭家屯で、ジリム盟と黒龍江省の特別旗などが会議を開催し、内蒙古自治準備委員会の設立と、関東軍の指導によるモンゴル民族の自治を請願する決議が行われ、満洲国の建国にも影響を与える。

中華民国情勢

満洲事変の勃発時、張学良は軍の精鋭十万余を率いて北京に出動中であった。事変勃発後、張学良は事態を把握できないまま、積極的対応を控えた。日本軍との全面衝突は、自軍の崩壊を招くからである。一方、国民政府は蔣介石と広東派で分裂し、やはり積極的対応は難しかった。とはいえ、全国の新聞や学生の抗日気運は激しく、九月二十八日に王正廷外交部長が学生に殴打され、辞職している。

十月、蔣介石は第三次囲剿戦を中止し、胡漢民の監禁を解いた。十月末、上海で南京政府と広東政府の和平会議が開催されたが、広東政府は蔣介石の下野を要求した。十一月七日、国民党四全大会において広東派と蔣介石の妥協が成立し、蔣介石は十二月十五日に政府を離れた。このように、関東軍の軍事行動が拡大する中でも、民国側は有効な対処を打ち出せなかったばかりか、混乱を深めたのである。

日本に対する民国側の対抗策は、馬占山などの非正規軍による抵抗と、国際連盟への提訴にとどまった。しかし、馬占山の抵抗は、関東軍のチチハル出兵を招き、連盟も日本を批判する以上の対応はできなかった。

一方、中国共産党は、蔣介石の攻撃中止を受け、十一月に江西省瑞金で全国ソヴェト区代表者大会を開催した。十一月末、毛沢東が党の主席に就任したが、実権は王明（陳紹禹）、博古（秦邦憲）、周恩来らが握っていた。中国共産党は日本によるソ連攻撃に警戒すると共に、一省ないし数省での最初の勝利を目指し、一九三二年二月から五月にかけて五万余の兵力で福建省を攻撃した。

以上のように、満洲事変に対する国民政府の対応は不手際の連続であった。長年にわたって日本の侵略を非難し、民衆の反日感情を煽りながら、政府は関東軍の武力行使に備えていなかった。しかも、日本に対する事変前の国民政府や奉天政府の攻撃的姿勢は、日本の広範な反発を招いており、日本政府の不拡大方針に対する障害となった。さらに国際連盟を通じて日本を非難したことは、日本の国民世論の反発を強め、関東軍に対する強権的統制を開始した若槻内閣を苦境に追い込んだ。

国民政府が初動において日本政府に過去の不祥事の非を認め、民衆の反日活動を抑制しながら、日本政府と撤兵に関する合意を成立させていれば、若槻内閣による関東軍の統制という点でも、欧米からの同情獲得という点でも、現実より成果を挙げられたはずである。しかし、蔣介石が日本政府との合意を通じて日本軍出先の暴走を抑えようとする外交を展開するのは、満洲事変の終結以降となる。

犬養内閣の成立と陸軍

若槻内閣総辞職後、犬養毅政友会内閣が成立し、即日、金輸出を再禁止した。さらに日本銀行による利下げも実施され、まずは金融緩和による不況対策に着手した。ただし、金本位制からの離脱と円相場の暴落、通貨膨張の結果、貿易決済や外債償還は深刻な問題となった。一九三二年三月より、政府は日銀に対し、金地金を時価で購入させると共に、その金を従来の通りの金と円の比率で日本銀行券の準備金とさせた。つまり、下落する円で金を買い続け、外貨の枯渇に備えたのである。

犬養内閣の陸相には荒木貞夫が就任した。陸相の選定に際し、南次郎は阿部信行を推そうとしたが、部内の反発は強かった。特に永田鉄山は、陸軍内で候補を三人に絞り、犬養首相に選択させるよう工作し、並行して政友会に荒木陸相の実現を働きかけた。つまり永田は、政友会の力を借りることで、自らの望む陸相を実現したのである。

荒木陸相は、宇垣系の幹部人事を更迭し、真崎甚三郎が参謀次長に就任した。合わせて陸軍省、参謀本部は、満蒙を中華民国から分離独立した政府の統治地域とした上で、帝国の保護的国家に誘導していくことで合意した。

これで陸軍は関東軍の行動を承認すると共に、満洲事変への対応をめぐる内部対立を克服した。ただし、陸軍省軍務局長の交代に伴い、放置されていた書類の中から、三月事件に際し、永田が起案した宇垣内閣樹立のための計画書が荒木や小畑敏四郎に渡った。荒木、小畑は、計画書の存在を真崎にも知らせず、極秘としたが、これにより小畑敏四郎と永田鉄山の関係は決定的に断絶してしまう。

関東軍は一九三二年一月三日に錦州を占領した。これを受け、アメリカのスティムソン国務長官は、武力による現状変更を認めないとする宣言を発した。スティムソン・ドクトリンという。しかし、一月初めに板垣関東軍参謀長は上京して新国家建設案を陸軍中央に伝え、陸軍と外務省の間で、満蒙を「逐次一国家たるの形態」に誘導する方針で合意した。外務省との折衝には永田が当たった。永田は関東軍の方針を外務省にも同意させたのである。ただし、関東軍が二月下旬の国家樹立を目指したのに対し、陸軍中央は政府との関係に配慮し、拙速な新国家樹立に表面的には慎重であった。

犬養内閣は一月二十日に衆議院を解散した。二月二十日に投票が行われ、政友会が三百議席以上を確保する大勝を収めた。しかし、その間、上海で日中両軍が衝突し、また、選挙中の二月九日に井上準之助が暗殺されていた。次いで三月五日には、三井合名理事の団琢磨が暗殺された。血盟団事件である。上海事変の勃発に伴い、青年将校運動の先駆者で、血盟団員の同士である藤井斉《ひとし》海軍大尉が出征していた。深刻な不況と同志の出征が、連鎖的に要人暗殺への気運を高めたのである。

上海における排日貨運動の激化と情勢の緊迫化

一九二〇年代後半、上海でも過激な排日貨運動が展開されていた。日本人と取引のある民国商人を対象とした抗日団体による契約破棄の強要や、日本商品販売に際しての許可証導入と寄付金の強要、さらには日本商品の没収と強制競売などである。満洲事変勃発直前の八月十日、十二日には、日本の麻袋や綿糸などの商品が反日組織に没収され、あるいは没収されそうになり、海軍陸戦隊が出動して対処している。

満洲事変の勃発後、排日、排日貨運動はさらに激化し、上海情勢は緊迫化した。十月十八日、内外棉工場付近で学生ら群衆が同工場社宅を破壊する事件が発生した。同事件に対し、第一遣外艦隊司令・塩沢幸一海軍少将は、陸戦隊一個中隊と装甲車六台を出動させ、重光葵駐華公使も南京政府に抗議した。

上海の日本人居留民の保護は海軍の担当であり、揚子江流域および同江以南の警備を第一遣外艦隊が、揚子江以北については第二遣外艦隊が担当していた。第一遣外艦隊の戦力は、旗艦安宅以下軽巡一、砲艦九、駆逐艦等十四隻、上海陸戦隊約六百八十名であった。

上海租界・各国警備範囲

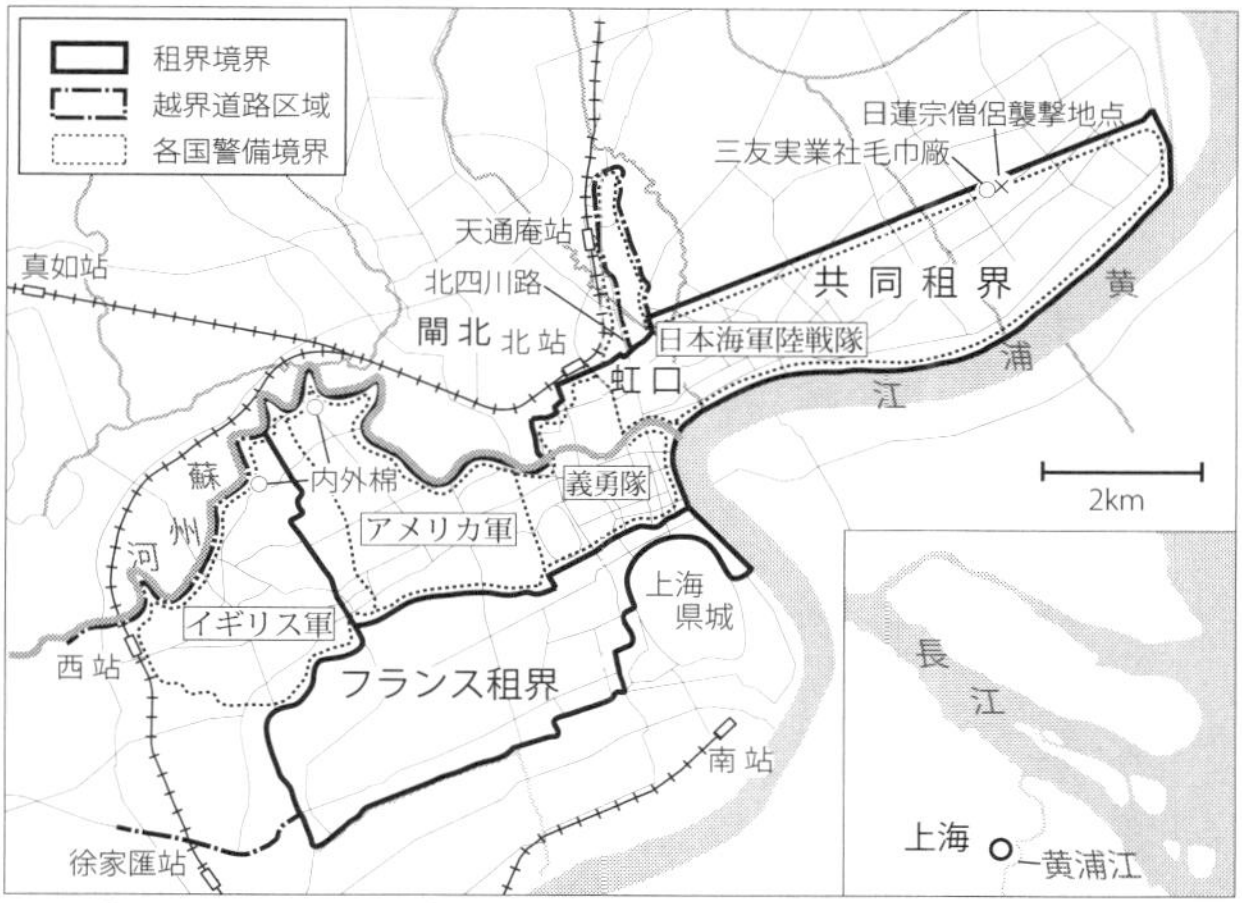

木之内『上海歴史ガイドマップ』66〜67頁、影山「第一次上海事変の勃発の構造」103頁引用図より作成。

海軍中央も上海の情勢悪化に対応し、佐世保鎮守府司令長官に艦艇、陸戦隊の待機を、呉鎮守府司令長官に特別陸戦隊の編制を指示した。上海在留邦人は翌年一月末までに数千人規模の居留民大会を開催し、民国側も抗日義勇軍を組織した。その上、国民政府は十一月十七日以降、第十九路軍を上海に移駐させた。十九路軍は、広東、広西方面で編成された、鉄軍と称される精鋭部隊であった。

十九路軍を創設した陳銘枢は広東出身であったが、蒋介石との関係も密接で、十九路軍は一九三一年以降、江西省の共産軍討伐に従事していた。しかし、満洲事変に対する南京政府の対応に不満を募らせ、蒋介石と距離を生じる中、十一月に蔣介石と広東派の妥協が成立したことで、上海防衛に任じられたのである。

上海共同租界には、上海駐在各国部隊指揮官からなる防備委員会が存在した。委員会は、共同租界の治安維持や、民国の敵対的軍事行動に対する防備計画の策定を行い、共同租界参事会が非常事態を布告すると、計画が実行されることとなっていた。一九二七年の国民革命軍の上海接近に際しても、防備計画が発動されている。

満洲事変勃発後の上海でも防備委員会が開かれた。十二月十八日の委員会では、日本の分担区域に変更が加えられた。一九二七年の計画では、北部越界道路の北四川路東側のみであった日本の警備区域が、北四川路西方の淞滬《しょうこ》鉄道まで拡大された（313頁地図）。この方面に日本人居留民が多く居住しており、また、警備区域を北四川路東側までに限定すると、道路西側の建築物を民国軍が防御に利用でき、日本側に不利と判断されたからであった。ただし、北四川路西側区域は租界ないし越界道路区域外で、しかも租界当局は防備計画の変更を民国側に通告しなかった。この点が、上海事変勃発の重大な原因となる。

日蓮宗僧侶襲撃事件と三友実業社襲撃事件

一九三二年一月八日、朝鮮人による昭和天皇暗殺未遂事件が発生した。桜田門事件という。翌九日、上海民国日報は暗殺の失敗を惜しむ記事を掲載し、日本人居留民の反発を招いた。さらに十八日午後四時頃、日蓮宗僧侶の天崎啓昇、水上秀雄他、信徒三名が、共同租界外の三友実業社工場付近で、同工場抗日義勇軍約百名に襲撃されて重軽傷を負い、後に水上が死亡した。警察の到着が遅れたため、犯人は逃亡した。

塩沢司令官と村井倉松上海総領事は協議の上、翌十九日に村井より呉鉄城上海市長に口頭で抗議した。しかし、二十日午前二時半頃、日本の青年同志会が三友実業社を襲撃した後、上海租界の警官と衝突し、日本人一名、民国警官二名が死亡した。村井総領事は二十日早朝、租界当局に遺憾の意を示すと共に、犯行者を逮捕した。

日蓮宗僧侶襲撃事件に関しては、後に田中隆吉上海駐在武官補佐官が自らの謀略であったと証言し、以後、日本軍の謀略によって第一次上海事変が勃発した、という認識が一般化した。片倉衷「満洲事変機密政略日誌」（昭和六年十二月十日）に「軍は此際寧ろ北京南京上海の官場、民衆の輿論を錦州撤兵反対錦州政府撤去反対に指導するを以て学良、蒋介石を窮地に陥らしめ、局面打開の策を講ずる上に有利なりとし［…］北京上海天津各関係向に依頼せり」「本件は外務側の撤兵交渉の裏を掻くが如きも、之に依り支那民心を混迷に陥らしめ、反張運動を促進するに力あり、上海田中武官最も活動せり。（板垣参謀と連絡）」とある。[9] 田中が関東軍の指示を受け、謀略に従事していたことは、確実である。

田中によれば、田中は事変勃発後の十月上旬、板垣征四郎と花谷正に奉天に呼び出され、列国の注意を満洲から逸らすため、上海で騒擾を引き起こすよう依頼された。その際、工作資金として二万円を渡されたという。田中は準備の後、「日蓮宗妙法寺の僧侶が托鉢寒行で廻っているのを、買収した中国人の手で狙撃させた。[…] 待ち構えていた日本青年同士会員三十余人が、ナイフと棍棒を持つて犯人が匿れていると主張して、三友実業社を襲つて放火し、帰路警官隊と衝突して死傷者を出した。之が上海事変の発端である」と記している。

謀略の一つの類型は、ある行動を実行、正当化するための口実作りであるが、逆に自らは表面的に行動せず、複数の当事者を特定の行動へと誘導しようとする謀略について、すべてを計画的あるいは思惑通りとすることは、非現実的である。僧侶の襲撃に田中が関与していたとしても、田中が暴徒を操縦できたわけではない。田中の回想でも、三友実業社襲撃が本来の目的であったようで、その意味で僧侶襲撃事件は、三友実業社襲撃の口実を作るために仕組まれ、結果的に死亡事件となった可能性もあろう。

関東軍が田中に謀略を指示した目的は、史料によって一致しないが、いずれも口実であろう。仮に満洲以外の地域でも紛争が発生すれば、日本政府は一層、日本の強硬姿勢を国際的に正当化せざるを得なくなる。そのような事態は、関東軍の行動をより正当化する。関東軍が田中に謀略を指示したのは、そうした、他を巻き込むことで自らの行動を正当化しようとする心理が働いたためであろう。それが、国際的な注意を逸らす、という田中への指示の表現にもつながったのであろう。しかし、そこに合理的な国際情勢分析があったとは考えられない。

同様に、田中が三友実業社襲撃でどのような事態を招こうとしたのかについても、合理的な推定は困難である。田中にとって目的は重要でなく、破壊活動そのものに興じたか、関東軍への迎合として謀略に従事した可能性がある。田中は回想において、関東軍の方が罪は重い、と開き直っており、その人間性も大きく影響した。

二十一日、村井総領事は呉上海市長に日蓮宗僧侶殺害事件に関する正式抗議文を提出し、市長の陳謝、加害者の処罰、被害者への補償、排日団体の解散の四項目を要求した。日蓮宗僧侶殺害事件は重大な事件ではあったが、その影響を過大に評価すべきではない。上海事変はむしろ、その後の日中双方の対応によって勃発するのである。

日中交渉と南京政府の混乱

一月二十一日の村井上海総領事の要求に合わせ、塩沢第一遣外艦隊司令官は、民国側が要求を履行しない場合、必要な手段に出ることを声明した。そして海軍省に対し、呉鉄城上海市長が要求を拒否した場合の対応として、(1)呉淞《ウースン》沖での民国船の封鎖、(2)抗日会の弾圧、(3)航空機による示威偵察、(4)租界外在留邦人の現地保護、(5)民国側の積極行動がなされた場合の呉淞砲台の占領、の五方針を上申し、(2)(3)(4)について了承を得た。

民国側は、村井総領事の要求に反発した。村井は上海市各界抗日救国会を名指ししており、同会は翌二十二日、国民政府に対日絶交を、呉市長に日本の要求拒否を求めた。

日本政府は、巡洋艦一隻、駆逐艦四隻、特別陸戦隊四百名の上海派遣を決定し、増派艦艇は二十三日に上海に到着、翌二十四日には水上機母艦・能登呂も到着した。これにより、上海の日本軍艦は十一隻、陸戦隊は千三百六十五名となった。

国民革命軍第十九路軍は、上海情勢の緊迫化と日本による海軍艦艇の派遣などに対応し、二十三日正午、蔣光鼐《しょうこうだい》第十九路軍総指揮、蔡廷鍇《さいていかい》軍長、戴戟淞滬警備司令以下の幹部が対応を協議、「決心死守上海」などを決議した(10)。午後七時、十九路軍の部隊配置が発令された。十九路軍は第六十師、第六十一師、第七十八師の三師からなり、張君嵩第七十八師百五十六旅六団団長が鉄道砲隊や北站憲兵営を指揮下に置いた。日本海軍陸戦隊と衝突したのはこの部隊である。

二十四日、日本では参謀本部が海軍側に陸軍部隊の派遣について打診したが、海軍側は局地解決を模索中として派遣を求めなかった。しかし、民国人の間には、日本軍による攻撃開始の観測が、日本人居留民の間には国民革命軍による攻撃開始の観測が広まった。民国民衆は大挙して共同租界に避難し始め、租界の防備委員会も連日、対応を協議した。

十九路軍は二十六日までに北四川路付近から淞滬鉄路にかけて土嚢や鉄条網などの施設を構築し、機関銃や高射砲を配備した。日本側は自衛措置として、抗日団体の排除に加え、十九路軍の陣地撤去を必要と判断するようになった。

一方、南京政府では、蔣介石が十二月十五日に政府を離れ、一九三二年一月一日、孫科が国民政府行政院長に就任した。しかし、蔣介石不在の政権は機能せず、孫科は蔣介石の政権復帰を求めた。蔣介石は一月二十一日に南京に戻った。蔣介石が上海情勢に対処できたのはそれからのことであった。

一月二十八日、汪兆銘を行政院長、蔣介石を軍事委員会常務委員とする新政権が発足した。蔡廷鍇の回想によれば、蔡は二十四日に何応欽軍政部長と面会し、日本の要求は受諾できないが、国力を保持するため、十九路軍に撤退を求める方針であることを伝えられた。蔡はその夜、寝つけなかったという。二十六日、政府より撤兵命令が発令され、翌日、憲兵第六団の上海派遣とそれに伴う第七十八師の真如、南翔への撤兵が命じられた。しかし、十九路軍は憲兵の到着まで小部隊に陣地を保持させることとした。つまり、南京政府の混乱が、衝突回避のための民国側の対応を遅らせる結果となったのである。

二十七日、呉市長は、日本側要求の内、抗日団体の禁止を内々に行うとして理解を求め、あるいは国民政府との協議が必要として、三十日までの回答期限の延長を求めた。しかし、日本側は回答期限を翌日午後六時とした。

この日夜九時過ぎ、蔡廷鍇は張君嵩より、憲兵が到着しないために警備の引き継ぎができないこと、日本軍による今夜の攻撃に関する情報があることについて報告を受け、日本の攻撃があった場合の対応を照会された。対して蔡廷鍇は、現在の防衛線を固守し、日本の挑発に対して自衛措置を取り、痛撃を加えるべきことを命じた。

このように、蔣介石は南京政府内の政治的駆け引きに忙殺され、日本との軍事衝突を避けようとしながらも、上海事変勃発直前まで衝突回避のための行動を取れなかった。一方、十九路軍は、蔣介石の撤退命令に従う意思を表明したものの、日本軍との戦闘回避より陣地保持を優先した上、日本軍の進攻を予期し、反撃の方針を固めていたのである。

第一次上海事変の勃発

一月二十八日午前七時半、塩沢司令官は列国駐屯部隊の先任指揮官であるイギリスのフレミング少将に、翌日の行動開始を予告した。午後三時十五分、呉市長は日本側の要求四項目を受諾した。しかし、呉市長の対応に不満を募らせた民国側の騒擾も発生しており、防備委員会は午後四時、戒厳令を布告した。

戒厳令布告後、イギリス、アメリカ、フランス、イタリアの軍隊と義勇隊は警備区域への配置に着き始め、六時に完了した。一方、塩沢司令官が閘北《こうほく》《ざほく》方面の民国軍に対する撤退要求と海軍陸戦隊の兵力配備を声明したのは、戒厳令布告から三時間半後の午後八時半であった。声明が民国側に通知されたのは午後十一時半前頃であったという。

午後十一時半に陸戦隊は集結し、二十九日午前零時より配置に着き始めた。北四川路で衝突が始まったのはその直後であった。事件発生後の一月三十日に海軍軍令部がまとめた報告は、衝突発生の経緯について、次のように記している。

> 我陸戦隊は、在留邦人の生命財産保護の為、工部局か戒厳令を布告したる際実施すへき列国駐屯軍防備計画に基き、日本側担任区域たる北四川路の東西両側に対し、一月二十九日午前零時配備を開始す。
>
> 陸戦隊は、敵若し攻撃に出てさるときは我より進んで攻撃行動を執るへからさる命令の下に我警部区域境界線に向ひ、配備を開始し、東側地区は無事なりしも、西側地区に於ては虹〔虬〕江路其の他閘北支那街に通する街路に到るや否や、突如支那側の射撃発砲に会ひ、我軍は自衛上已むを得す之に応戦し、茲《ここ》に交戦状態に入れり。
>
> 午前一時三十分迄に虬江路西部を除き概ね協定の警備線に到達し、防禦陣地を構築す。
>
> 我死傷者　戦死三　重傷一六(11)

塩沢が戒厳令の布告後、直ちに部隊を移動させなかったのは、民国側が要求を受け入れたため、衝突を避けようとしたからであろう。日本側は、防備委員会に戒厳令の布告を求めた時点で、民国側抗日組織の実力排除という事態も想定したであろうが、民国側の姿勢を遷延策とし、強硬姿勢を示すことで最終的に民国側は要求を受諾するであろうという予測もしていたはずである。

事件の発端について、二月六日の軍令部の報告は、次のようにまとめていた。

一、今次事件は日蓮宗僧侶惨殺事件とは別箇のものなり。

二、事件は、工部局の戒厳令に依り予め工部局首脳者及各国軍指揮官間に協定せられたる我受持区域に就かんとする陸戦隊に対し、支那側より射撃せるに始まり、我は自衛の為応戦せるものにして、尚我は不慮の衝突を惹起せさる様事前能ふ限りの手配を尽せり。

三、第十九路軍は、支那特有の内争に基き、現政府に服しあらさる無節制の軍隊にして、斯《かく》の如き軍隊か軍紀厳粛なる帝国陸戦隊に対し、国際都市たる上海に於て挑戦し、租界の安寧を脅かしつつあるは、実に世界の公敵と謂ふへく、我は支那国を敵として戦ひつつあるものに非す、十九路軍の如き公敵に対し自衛しつつあるのみ。現に先方か対敵行為に出つつあるは上海呉淞の間に局限せられある実状なり。
八、十九路軍長蔡廷楷〔鍇〕の豪語せる事実並に事件前保安隊逃亡せるは、敵に計画的攻撃の意図ありしを示すものなり(12)。

警備配置を各国より遅らせ、夜間に部隊を出動させた塩沢の判断は、結果的に不合理な印象を残し、攻撃意図を推測する文献も存在する。しかし、攻撃を行うなら、隠密に行動し、奇襲攻撃を掛ける方が効果的であろう。また、一九二八年の済南事件のように、略奪などの報告を受け、当初より鎮定を目的として兵を派遣し、戦闘に至ったのなら、塩沢はその経緯を明示したはずである。塩沢が部隊移動を遅延させた後、拙速な行動命令に転じたのは、国民革命軍との衝突を避けるために部隊配置を遅らせたものの、保安隊逃亡という事態から、警備地域における夜間の治安維持と日本人居留民の財産保護を緊急の任務として認識し、方針を転換したためであろう。

塩沢はおそらく、回答期限の設定による民国側の全面譲歩を予想したのと同様、日本軍の威令によって不測の事態を防ごうとしており、民国側からの攻撃を予想していなかった。保安隊の逃亡を民国側の攻撃計画を示すものとする右の推測は、だまし討ちを受けたという印象に基づく事後の邪推であろう。この推測は、塩沢にとって保安隊の逃亡が部隊配置決行の契機となり、しかもその情報に接した時点で塩沢は、民国側の攻撃を予測していなかったことを示唆している。

塩沢が保安隊逃亡の情報に接した時刻は不明であるが、後に海軍省から外務省に伝えられた説明では、「閘北保安隊が二十八日夕刻より全部逃亡せしは彼等が事件発生を予知し居たるものと認めらる」[13]とされている。逡巡の末の方針転換は、結果的に不合理であったとしても、非現実的ではない。塩沢の判断に問題があったとすれば、保安隊の逃亡から事態の緊迫と衝突の危険性を想定すべきであったという点であろう。

上記のように、十九路軍は、憲兵隊の到着まで小部隊に陣地を保持させ、日本軍の挑発や進攻に全力で反撃する方針を定めていた。民国側に、保安隊の逃亡という事態に対する関心や認識はなかったようである。しかし、下記のように、夜間に憲兵も駅員も不在で、小部隊が陣地に潜んでいる状況は、保安隊の逃亡という日本側の情報におそらく対応し、日本側にだまし討ちの印象を与える原因ともなった。

二十九日の『申報』は、記者による実地調査として、事態の経過を次のように報道している。十九路軍への取材に基づくものであろう。

天通庵戦　昨晩十一時十分、日本陸戦隊一小隊約数十人、機関銃を携行し、自動二輪に乗車し、腕に白布をつけ、便衣で天通庵站に入り、占領した。その時、駅員はすべて前線から避難し、退去していた。多くの我軍が各所に散って隠れ、静かに防衛戦を守り、極々鎮静を保っていた。

第1次上海事変勃発地周辺

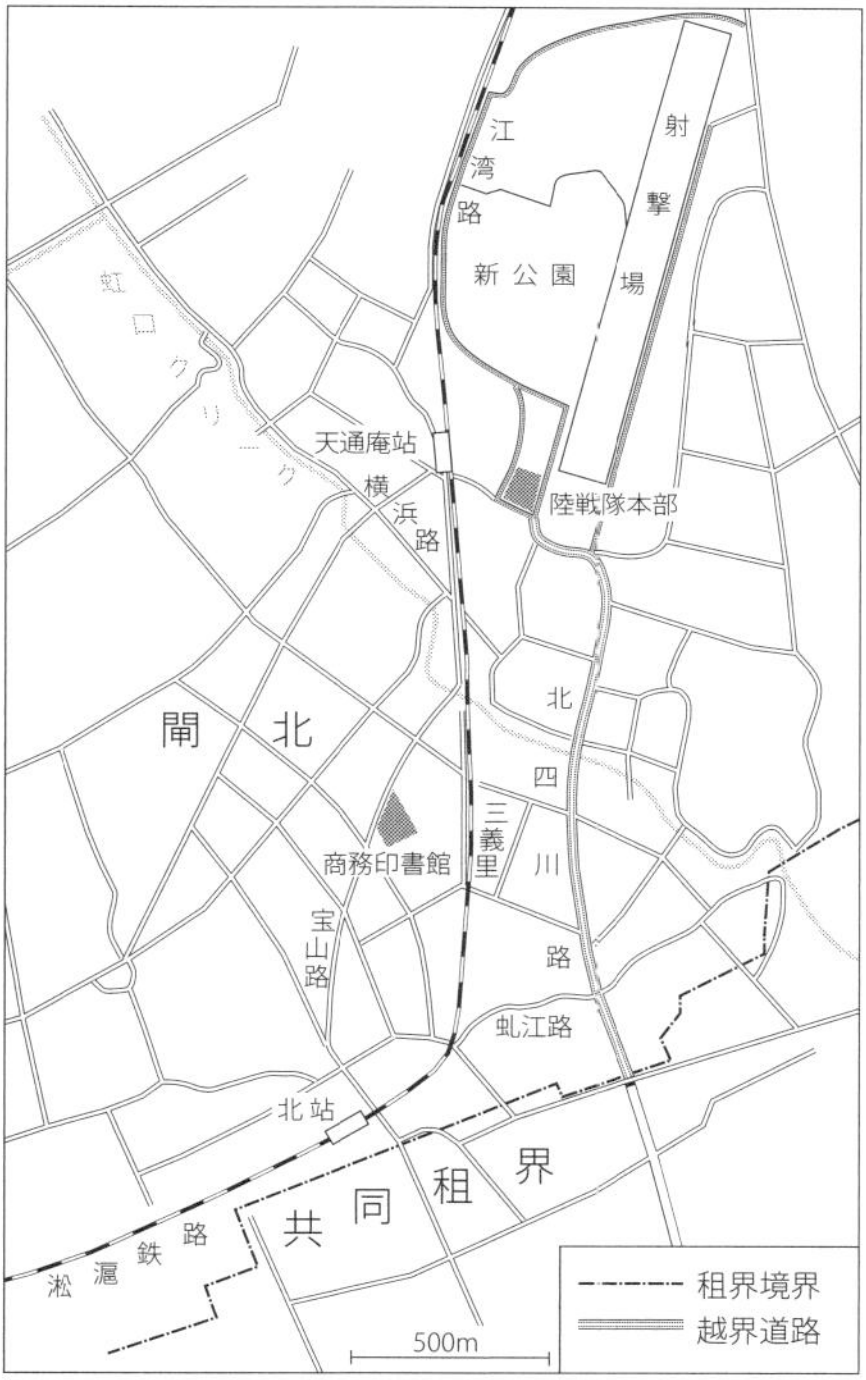

臼井『満州事変』163頁より。

閘北巷戦　昨晩十一時後、天通庵方面の日本陸戦隊が最初に我が十九路防衛軍に向かって数発の小銃を発砲し、直ちに淞滬鉄路および虬江路両方面で我が防衛線に向かって突撃し、我が軍兵士は非常に憤激し、勇気を奮い、遂に機関銃による射撃を行った。日本軍は数次にわたって突撃し、我軍によって撃退された。この後、双方が小銃で応戦し、十二時五十分に至って日本軍は後方から部隊を補充し、我軍に猛攻を加え、我軍は死力を尽くして攻撃を続けた。一時二十分に至り、日本軍は意図を達成できず、天通庵以東に撤退した(14)。

最初の発砲は、天通庵站(停車場)付近でなされたようである。十九路軍の現地部隊は、身を隠し、挑発に反撃するよう命令を受けていたことから、国民革命軍側が日本兵の接近を攻撃と判断し、最初に発砲した可能性が高い。おそらく、海軍陸戦隊が警備地域の配置に着く中で、民国兵による最初の発砲があり、その発砲音を国民革命軍全体が日本軍の攻撃によるものと判断し、各所で発砲したため、戦闘が始まり、一気に拡大したのであろう。

海軍陸戦隊による戦闘から第九師団の増援へ

一月二十八日深夜の戦闘開始後、日本側は第一水雷戦隊他、水上機母艦・能登呂を増派した。午前四時半、能登呂艦載機による吊光弾および爆弾の投下が行われ、午前五時に日本側は警備区域を占領した。

一月二十九日、早朝から能登呂艦載機により、閘北方面の民国軍陣地を爆撃したが、民国側は北站に装甲列車を配置し、野砲などで日本側を砲撃した。航空攻撃により一旦は装甲列車を撤退させたが、鉄道や商務印書館に被害が発生した。この日の日本側の戦力は約二千七百であった。戦闘と並行し、イギリス、アメリカの領事による調停も試みられ、午後八時に停戦合意が成立した。しかし、翌三十日早朝より民国側は再び装甲列車などによる砲撃を開始し、戦闘が再開された。

二月一日以降、佐世保、横須賀から第一航空戦隊（加賀、鳳翔）、龍田、第三戦隊他の艦艇および陸戦隊約千人が増派された。さらに二日、政府は陸軍派兵を決定した。これを受け、陸軍は第九師団に応急動員を、第十二師団に混成旅団の編成を下令し、海軍では野村吉三郎海軍中将を司令官とする第三艦隊が編成された。三日、日本の駆逐艦が呉淞砲台より砲撃を受けたため、砲台への攻撃も開始された。

四日、日本側は民国側陣地の掃討を決意し、午前七時より砲撃を、十一時頃に攻撃を開始し、新公園（虹口公園）西方を制圧した。しかし、商務印書館付近の民国軍による抵抗は激しく、能登呂艦載機による攻撃も行われた。五日、商務印書館は制圧された。また、藤井斉海軍大尉が戦死したのもこの日であった。藤井は加賀より発艦し、真如方面に航空偵察を行ったところ、被弾し、撃墜されたのである。

六日、呉淞から南翔に至る区域の民国軍部隊や塹壕、真如周辺の塹壕、北停車場北方や新

第１次上海事変　2月20日～25日の戦闘

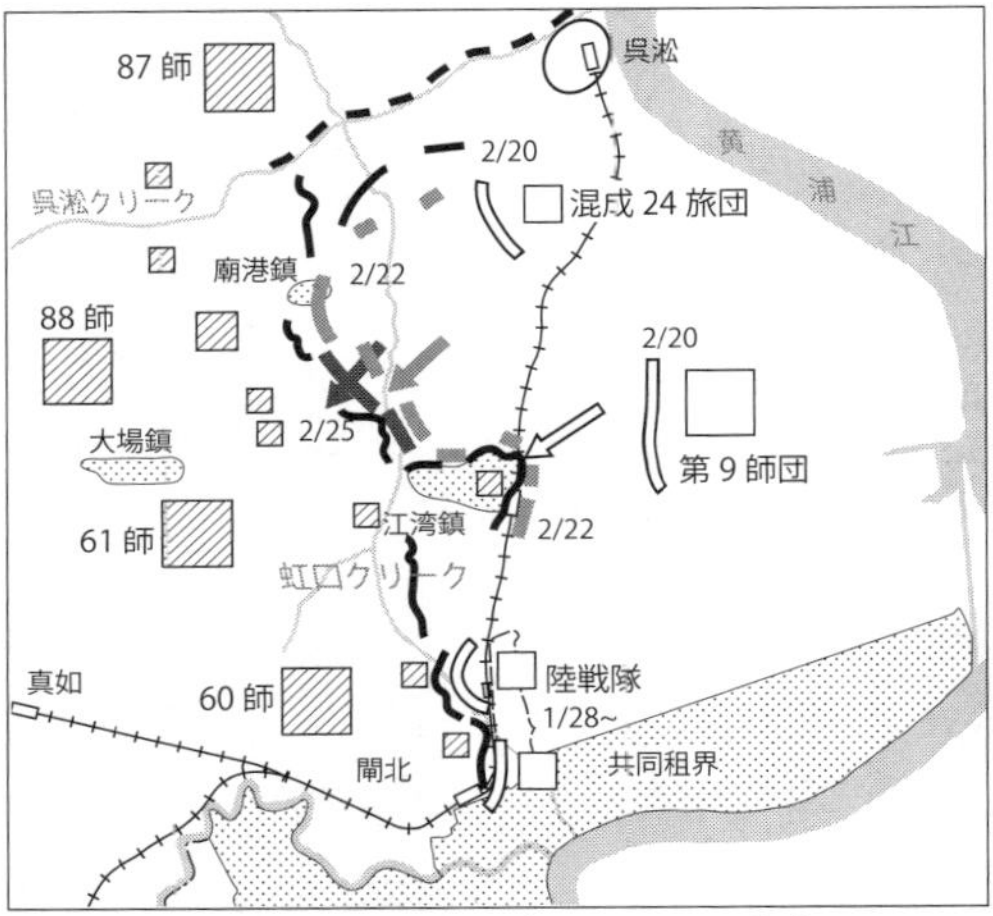

桑田・前原編『日本の戦争—図解とデータ』図15より作成。

公園北方の民国軍に対し、艦載機による爆撃が行われた。しかし、十九路軍は三万以上の兵力を擁し、士気も高く、日本軍は苦戦した。

七日、混成第二十四旅団が呉淞鉄道桟橋に上陸した。これに合わせ、陸戦隊も植松練磨《とうま》少将指揮下の百名の兵と装甲自動車五台を呉淞に派遣し、クリークを挟んで民国軍と戦闘を行い、上陸作戦を支援した。一方、民国側も第五軍（張治中軍長）の二個師を増派し、兵力は約五万五千となった。民国軍主力は上海北方の呉淞鎮から南西の江湾鎮、真如にかけて展開していた。

十四日、第九師団の主力は上海埠頭に、一部は呉淞に上陸した。これにより、日本軍の総戦力は一万七千となった。日本側は民国側に撤退要請を行ったが、民国側はそれを拒否したため、二十日より第九師団は江湾鎮を、混成旅団は廟巷鎮《びょうこうちん》（廟行鎮）を攻撃し、合わせて航空攻撃も実施された。

十二日、国民政府は国際連盟理事会に、連盟規約第十五条九項に基づき、紛争の審議を総会に移すことを要求した。十九日、連盟理事会は、三月三日の臨時総会開催を決定した。二十二日、野村司令長官は兵力の増援を要請した。翌日、閣議で第二次増援が決定され、第十一、第十四師団が増派されることとなった。

廟巷鎮攻撃と爆弾三勇士

ところで、二月二十二日未明、混成第二十四旅団独立工兵第十八大隊（久留米）の江下武二、北川丞《すすむ》、作江伊之助の三人の一等兵が、廟巷鎮前面の民国軍陣地の破壊作業で戦死し、直後の新聞報道で「爆弾三勇士」「肉弾三勇士」として称えられた。

東京朝日新聞は、「『帝国万歳』と叫んで吾身は木端微塵　三工兵点火せる爆弾を抱き鉄条網へ躍り込む」などと大々的に報道した。二十八日には『大阪毎日新聞』『東京日日新聞』が三勇士を称える歌詞の懸賞募集を行い、与謝野鉄幹作詞で「爆弾三勇士の歌」が制作、発売された。三勇士の演劇や映画も多数制作された。

三勇士による攻撃の背景は、二十二日未明五時三十分の廟巷鎮総攻撃が決定されたことであった。そこで二十一日午前十一時、工兵隊に対し、民国軍陣地前面の鉄条網の破壊命令が下された。部隊は午前三時以降、金馮宅から廟巷鎮に向かい、敵陣地より五十ないし百メートル付近より土嚢や墓石を用いて陣地を構築しながら前進し、三カ所の鉄条網の破壊を目指した。しかし、敵陣地より三十ないし五十メートル付近より敵の機関銃による射撃が熾烈となった。工兵隊は、発煙筒による煙幕を展開しながら前進を試みたが、時間の切迫により、突撃を敢行せざるを得なくなった。数次の突撃が失敗した後、江下ら三名が青竹の破壊筒に点火して突撃し、自らを犠牲に、鉄条網の破壊に成功したのである[15]。

一方、第九師団司令部は、戦闘経過について次のようにまとめている。

二十二日午前五時半下元少将の混成旅団は碇大隊を右第一線、森田大隊を左第一線として廟巷前面の陣地に突入した。

[…]

一方碇大隊は敵弾最も激しく最初部署した馬田軍曹の三組の破壊班は悉く不成功に終り、内田伍長の予備班二組が之に代り、強行破壊を試みた。内田伍長は破壊筒に点火して投込むより外に手段なしと判断し、三十糎の導火索に点火し、障碍物の線に突進させた。「イ」の部分は旨く成功し、作業手は安全に後退したが、「ロ」に向つた江下、北川、作江の三人は途中負傷者を出して時間を費やしてる間に導火索は燃え尽し、爆薬を挿入した瞬間轟然たる一大音響と共に全身粉砕して飛散した。
此の貴き犠牲は遂に其地点に一条の突撃路を開いた。何と云ふ壮烈さだらう。日本魂の権化として中外に一大「センセーション」を捲き起したのも宜なるかなである。
また最初不成功だつた馬田軍曹は死傷者の手榴弾をかき集め、自分の鉄兜に打ちつけて発火させ、一発、二発と投げつけ、敵が頭を引込めてる間に悠々と鉄条鋏で「ハ」の部分に突撃路を開いた。まさに殊勲である。

以上の如き混成旅団の勇戦苦闘により、さしも堅固な廟行鎮の一角は崩れた。

鹵獲した書類其他で当面の敵は警衛八十八師であることを知つた(16)。

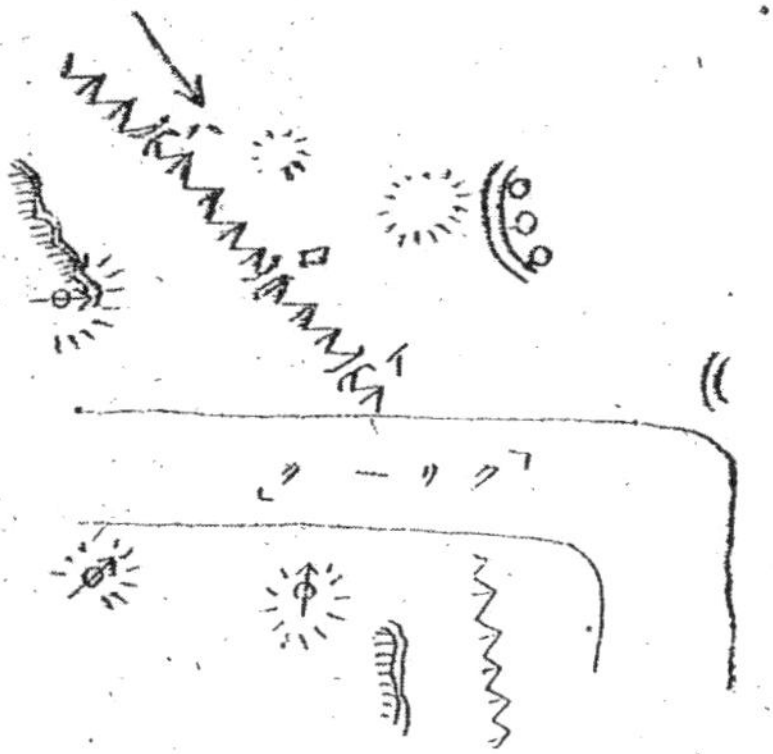

右の史料は他の文献と異なり、江下らの直前に突撃した工兵が生還していたことを伝えているが、未明の総攻撃のため、時間に迫られて余儀なく実施された危険な任務であったことに変わりはない。江下、北川、作江の三人は、被弾しながらも任務を遂行し、戦死し

廟巷鎮附近混成第二十四旅団戦闘経過要図　昭和七年二月二十二日

Virtual Shanghai (http://www.virtualshanghai.net) Document ID: 526
上記サイトに典拠は記されていないが、原本は参謀本部編『満洲事変史』第16巻〈上海附近ノ会戦・上〉の付図。同書はGHQ国際検察局押収資料としてアメリカ国立公文書館に現存し、国立国会図書館がマイクロフィルムを所蔵している[IPS-18 R335]。
廟巷鎮を□で示した（下図で拡大表示）

廟巷鎮、金馮宅の拡大図

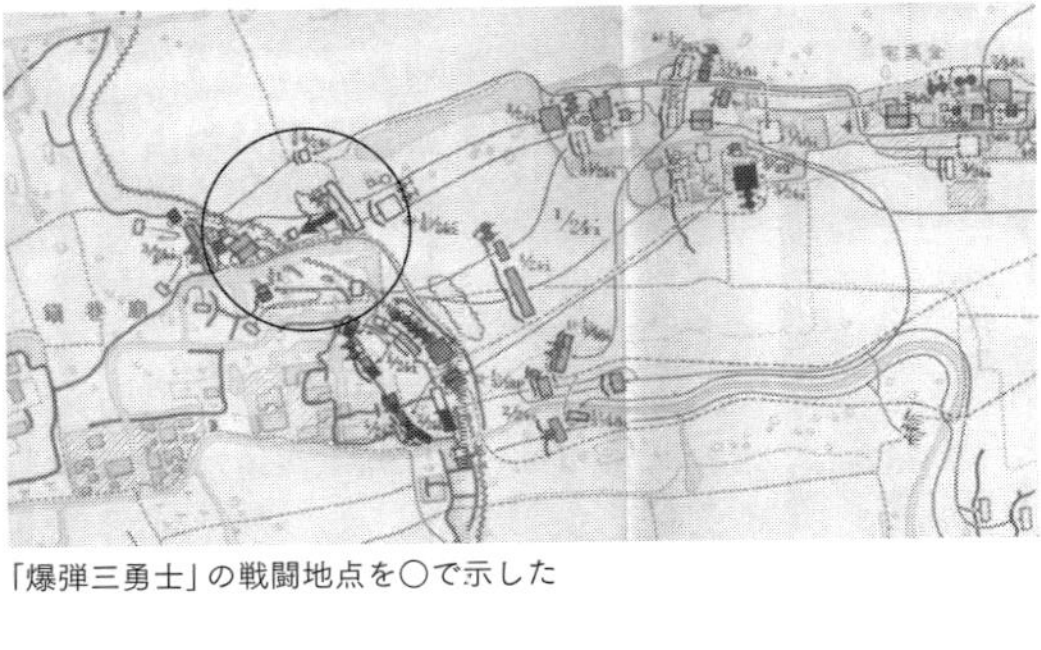

「爆弾三勇士」の戦闘地点を○で示した

た。その責任感が陣地破壊につながったのである。

朝日新聞は、当初より生還を放棄した作戦であったかのような創作的美談を大々的に掲載したため、陸軍には非合理な報道に対する批判もあった。とはいえ、多くの国民は、華族や名士ではない一般庶民の自己犠牲に感動したのである。

日本陸軍第九師団から見た国民革命軍

日本陸軍第九師団は、二十二日までの戦闘から得た所見を戦闘詳報の中で次のようにまとめている。戦場の様子や民国軍の特徴を伝える史料である。

二、敵陣地の編成に就て

敵陣地の編成は巧妙にして持久防禦に適す。即ち優勢なる火砲を有する我軍に対して短射界を以て満足し、自動火器を巧に配合し、縦横に分散配置し、住民地内の家屋囲壁を利用し、墓地、竹林、「クリーク」其他所有地物を巧に利用して所在を秘匿し、互に側防の処置を講し、濃密なる火網を編成し、火線は掩蓋を以て覆ふもの多く、銃眼を利用し、或は帽堡を作り、為めに我攻撃部隊は殆んと至近の距離に至るまで敵影を認むる能はすして有効なる射撃を受け、敵火力を制圧することに苦しめり。而して敵の拠れる囲壁家屋等は抵抗力大なる不燃物多く、小銃及口径小なる火砲を以てしては十分なる効力を期待するを得す。空中よりの爆撃、口径大なる重砲を以てする破壊又は焼却を必要とし、焼夷弾、火炎放射器の必要を認む。

三、敵兵の能力に就て

防禦力は靭軟頑強にして予想外の抵抗力を発揮せり。特に住民地の防禦に於ては、縁端を奪取せらるるも内部の家屋を利用し、各独立して頑強なる抵抗を試み、之か掃蕩には多大の努力を要せり。

攻撃力は其能力、訓練劣等にして、大なる兵力を以て統制的に実施する能力殆と皆無と称し得へく（但我の弱勢を知れは優勢の兵力を以て陣地を構築しつつ近迫することあり）、逆襲し来るも我陣地前至近の距離に止まり突入すること稀なり。従て此敵に対しては極めて寡少なる部隊を以てしても其要点を守備すること敢て難からす［…］

四、敵の戦法に就て

1、敵は夜間攻撃を推賞す。此れ蓋《けだ》し砲兵の劣勢なりしと飛行機を有せさりし為めならん（夜襲を推奨せることは鹵獲《ろかく》書類に見えたり）。然れとも其実施の方法たるや、単に我陣地前五十―百米附近に接近し、喊声《かんせい》を挙け、或は射撃し、或は喇叭《らっぱ》を吹奏する等単に脅威するに止まり、敢て突入せす。従て之等至近距離に誘致し、一挙に掃射するときは多大の損害を与ふることを得。

又其進退には携帯電灯を以て記号し、前進には赤、退却には青を使用せるか如し。

2、陣地の警戒は厳にして、夜間の如きは間断なく射撃を継続し、戦線頗る賑かなり。然れとも積極的に斥候を派遣して捜索する等のことなし。［…］

五、敵陣地に対する攻撃に就て

1、部落内の家屋を飽く迄頑強に死守する敵に対しては、該家屋を破壊又は焼却するを必要とす。而して一挙に縦深深く攻略する為めには第一線突撃部隊の直後に有力なる掃蕩部隊を設け、逐次掃蕩するにあらされは、後方部隊の前進、交通連絡共に妨害せられて十分なるを得す。

本次に於ける兵力及編成を以てしては各部落、各陣地毎に「虱潰しに」逐次攻略することと必要にして多大の時間を要するものあることを考慮せさるへからす。

此場合瓦斯《ガス》煙を有利に使用することを得へく、本戦闘間敵は我無毒発煙筒の使用に当り瓦斯と誤認し急遽警報を伝へ、一部の敵は退却せることあり。

2、煙の利用は啻《ただ》に敵に恐怖の感を与ふるのみならす、遮蔽近接等に大なる効果あり。各部隊は之か使用を熱望せるも、準備材料不足し、十分使用するを得さりしは遺憾なり(17)。

国民革命軍の兵士は、日本軍からの攻撃に対する個々の抵抗においては優秀であったが、技術的知識やとりわけ組織的行動においては未熟であった。それは、爆弾三勇士を生んだ日本とは対照的な、近代的な国家と国民の関係の未熟さによるものであり、それはそのまま、民国における国家形成の困難さを表していた。

七了口上陸作戦と停戦

二月二十二日の第二次増援の決定後、二十四日より第十一師団の上陸地点の検討が始まった。真崎甚三郎参謀次長は、民国軍背後の七了口を強く主張したが、海軍は戦線の拡大を懸念し、消極的であった。しかし、二十八日に白川義則陸軍大将が上海派遣軍司令官として上海に到着し、翌日の海軍との協議を経て、七了口への上陸作戦が決定された。

三月一日、第十一師団は七了口に上陸した。民国軍は即日、撤退を開始した。二日、呉淞砲台は占領され、第十一師団は瀏河鎮を占領、第九師団は大場鎮西方に進出した。三日、第九師団は嘉定、南翔の線に進出した。この日の午後二時、白川軍司令官は戦闘中止の声明を発表した。国際連盟の総会直前の停戦であった。上海事変において、日本軍は民国軍の強固な陣地に苦戦し、民国軍後方に部隊を上陸させることによって、ようやく事態を打開したのである。

第1次上海事変　3月1日〜3日の戦闘

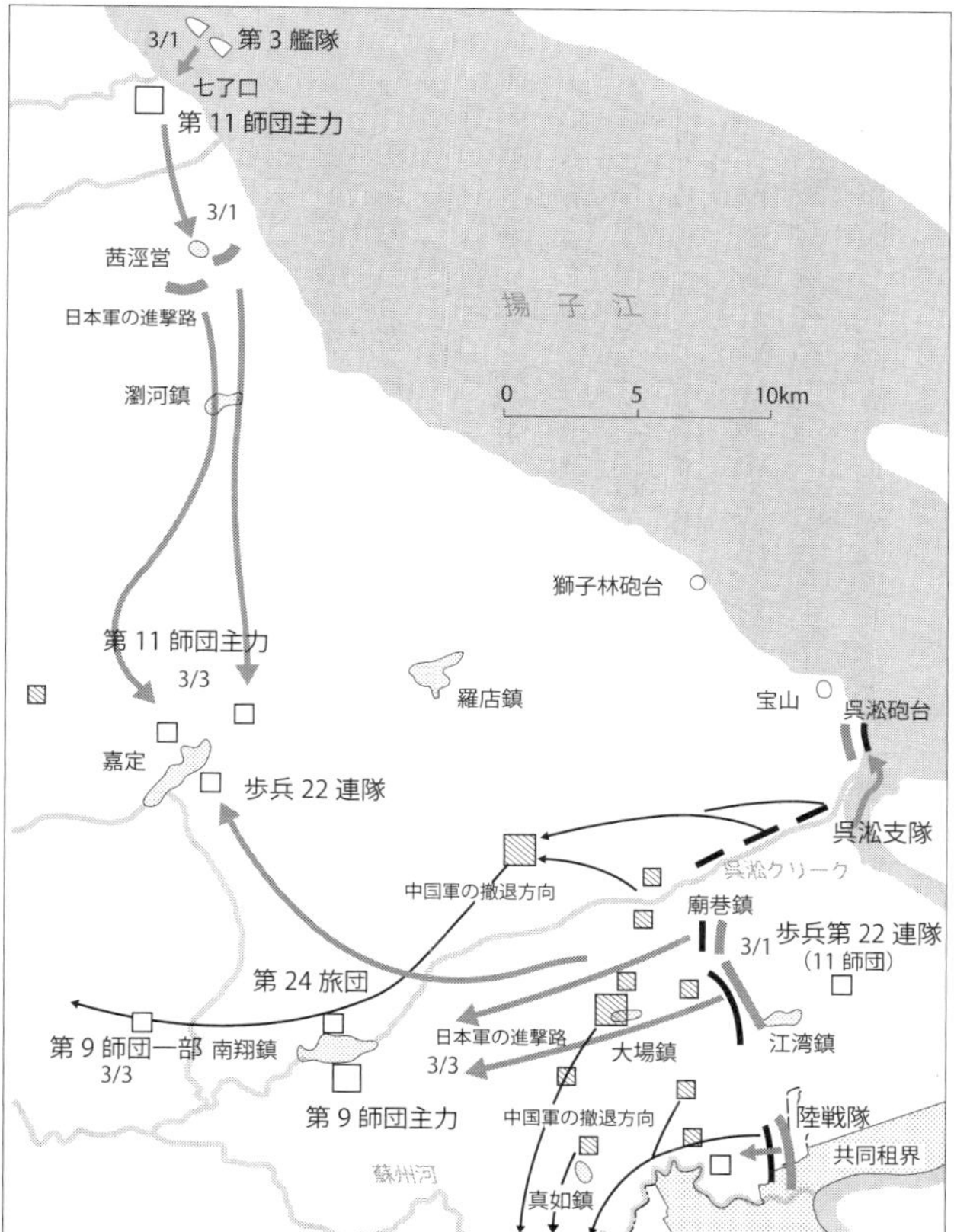

桑田・前原編『日本の戦争―図解とデータ』図15より作成。

三月四日の連盟総会の勧告により、英米仏伊日中からなる共同委員会が設置され、三月二十四日よりイギリス総領事館で停戦本会議が開催された。焦点は日本軍の撤収区域と撤収時期、民国側の浦東地域への駐兵制限の三点であった。四月二十九日、上海の新公園で行われた天長節祝賀式において朝鮮人・尹奉吉が爆弾を炸裂させ、白川大将、野村中将、重光公使らが重傷を負い、後、白川大将は死亡した。しかし、五月五日に停戦協定が成立した。停戦協定により、民国軍の部隊展開に制約が課されたが、この後、民国軍はドイツ軍事顧問団の指導の下、広範囲により頑強な陣地を構築することになる。

満洲国の成立とリットン調査団

上海事変が勃発した一月二十八日、関東軍はハルビンを占領した。関東軍は馬占山を黒龍江省長に任命して帰順させ、二月十六日、奉天省長臧式毅《ぞうしきき》、吉林省長熙洽《きこう》、東省特別区（中東鉄道付属地）行政長官張景恵、馬占山による東北行政委員会を発足させた。この内、熙洽は満洲族で、臧式毅と共に日本留学経験を有した。

一方、国際連盟調査委員会、いわゆるリットン調査団は、二月三日にヨーロッパを出発し、二十九日に東京に到着した。関東軍は三月一日、東北行政委員会に、熱河の湯玉麟、内モンゴルのジリム盟長チメトセムピル、フルンボイル副都統の凌陞を加え、満洲国の建国が宣言された。合わせてモンゴル自治に配慮し、興安省の設置が決定された。三月九日、長春において溥儀が執政に就任した。長春は満洲国の首都と定められ、新京と改められた。しかし、犬養内閣は満洲国を承認しなかった。一方、馬占山は四月三日にチチハルを脱出し、戦闘を再開した。

リットン調査団は三月十一日に神戸から上海に向かった。また、この日、国際連盟臨時総会は、連盟規約および不戦条約に反する手段で獲得された事態、条約、協定を認めないとする決議を採択した。スティムソン・ドクトリンに対応する決議であった。さらに総会決議により、国際連盟規約第十五条第三項の和解案ないし第四項の勧告案の作成に当たる十九人委員会が設置された。

リットン調査団は三月末に南京に移動して国民政府首脳と会談を重ねた。その際、汪兆銘は二十一カ条要求に基づく一九一五年の日中条約について、袁世凱が議会を解散し、議会の承認を得ていないため無効と主張したのに対し、リットンは、一国の新しい政権が前政権の法的義務を否認すれば、国際間のすべて手続きは崩壊するという警告を発している。

リットン調査団は四月に北平に移動し、張学良と会談した。張学良は、東三省は人種的、政治的、経済的に中華民国と分離できない領土の一部であるが、日本は従来から東三省を奪取しようとしており、日本が民国の進歩を嫉妬したことが紛争の原因であると訴えた。対してリットンは、日本の侵略を強調しても事態の解決にはつながらないとし、張学良政権について、独裁的で、個人支配により腐敗しているという印象を持った。

四月下旬、調査団は満洲国に入った。調査団は四月二十一日に奉天に到着し、五月二日に長春、九日にハルビンに移動した。調査団のハルビン到着の直前、馬占山がハルビンに対する攻勢を開始している。また、その間の五月四日、長春で蒙古自治準備委員会のシューミンガ、ボヤンマンダホ、徳古来らが調査団に対し、内モンゴルの民国離脱と満洲国参加の方針を伝える陳情書を提出している。

調査団は六月四日に奉天を出発、北平に移動し、報告書の起草を進めながら、国民政府首脳とも折衝した。六月末、調査団は北平を発し、朝鮮を経由して七月四日に東京に到着した。しかし、調査団の最初の訪日後に発生した五・一五事件により、日本の政権は交代していた。

五・一五事件と政党内閣の中断

五・一五事件により犬養首相が暗殺された後、元老・西園寺公望は引き続き政友会に政権を委ねようと考慮していたが、永田鉄山は木戸幸一に対し、政党内閣継続の場合、陸相の引き受け手がなくなるという情報を伝えた。木戸や牧野伸顕内大臣らも政党への不信感を持ち、また、続発する要人暗殺への警戒から、西園寺に政党内閣継続への反対の意向を伝えた。さらに昭和天皇が後継首班について、人格に優れ、国際協調を重視し、公正な人事を行う人物を希望として西園寺に内通した。

これらの情報を受け、西園寺は政友会単独政権の継続を断念し、牧野や木戸が推していた斎藤実《まこと》を後継首班として選択した。組閣には、民政党や政友会の非主流派も協力的であった。五月二十六日、斎藤内閣が成立した。政友会から高橋是清大蔵大臣、鳩山一郎文部大臣、三土忠造鉄道大臣、民政党より山本達雄内務大臣、永井柳太郎拓務大臣が参加した、政党が協力する非政党連立内閣であった。

五・一五事件による政党内閣の中断は、陸軍が牧野ら宮中の不安につけ込み、さらに経緯は不明であるが、昭和天皇も動いたことで、避けられなくなった。西園寺が政友会の鈴木喜三郎総裁を後継首班に推薦していれば、政党内閣は継続した。しかし、西園寺は国民的理解に応えられる憲法の運用を目指し、元老の専権的行動に否定的であった。政党内閣に対する国民的不信が全体的な流れを決したのである。

不況対策の本格化

斎藤実内閣の蔵相には高橋是清が留任した。前年末に金本位制は停止されたものの、金融不安は続き、とりわけ農村恐慌は深刻であった。そこで斎藤内閣は、五・一五事件で中断した不況対策の土木事業計画や、財政出動による米価や生糸の価格維持、農村や中小企業の負債整理融資に対する損失補填などを実施した。

とはいえ、昭和七年度の一般会計予算総額は二十億円を超え、歳出決算額は前年度に比べて三十二％も増加、歳入不足は六億八千万円余に及んだ。高橋蔵相は公債発行を計画するが、金本位制停止後、円の対ドル相場は二週間ばかりで百円につき四十九・四四ドルから三十四・五〇ドルへと下落し、一九三二年七月には二十ドルを割込んだ。そのため、新規の外債発行は不可能となり、内債のみに依存せざるを得なくなった。

日本銀行は三月、六月、八月に公定歩合を引き下げた。ただし、それはさらなる円安をもたらしかねなかった。そこで政府は七月、資本の海外流出を予防するため、資本逃避防止法を制定した。と同時に、巨額の国債を処理するため、十月より国債の日銀引受発行が開始された。

斎藤内閣による公債発行は、価格維持政策のためにも行われた。一九三三年三月、米穀法が廃止され、米穀統制法が制定された。これは、事前に公表された政府の公定価格に基づき、米穀の買入ないし売渡の申し込みに無制限に応ずることで、米価の維持を従来以上に強力に図ろうとしたものであった。さらに価格調整は、アメリカ向け輸出に依存し、世界恐慌後に価格の大暴落を引き起こしていた生糸についても実施された。

損失補塡のための財政出動は、農業部門や中小企業への融資拡大にも応用された。当時、農家の負債総額は五十億円に達し、一九三三年に農村負債整理組合法案が成立する。これは、負債者が農村負債整理組合を組織し、組合が負債償還や更生計画の立案、返済条件の緩和に関する債権者との交渉斡旋、組合員への融資を行うこととし、組合の調停が不調に終わった場合、市町村負債整理委員会による調停や裁判所による調停を行うこと、市町村は負債整理組合に資金を融資し、損失が発生した場合、道府県はその内の三十%を補償すること、そしてその損失補償の半額までを三千万円までの総額限度で政府が再補償することなどを定めていた。

また、中小企業への低利貸付が大蔵省預金部資金を活用して実施された他、一九三二年八月には、道府県または六大都市に対し、指定金融機関の中小企業融資で発生した損失を一定限度内で補償する措置が実施された。さらに中小商工業金融を担当する専門金融機関としての商工組合中央金庫の創設を進め、これは一九三六年に実現する。

以上のように、斎藤内閣の財政、金融政策は、通貨供給の拡大、財政赤字による失業対策費の支出、米価や糸価の維持、外貨準備としての金購入、負債整理促進や企業融資のための損失補償などからなっていた。これは、民政党政権の緊縮財政を放棄するものであったが、その一方で、失業対策事業や米価維持政策などは、従来より、緊縮財政の下で雇用変動や物価変動を抑制するための臨時措置として実施されていた。その意味で斎藤内閣の経済政策は、一九二〇年代の臨時措置を積極財政に基づいて拡大運用するものとなった。ただし、こうした臨時措置の拡大運用に伴う費用は莫大な額に達し、財政赤字と貿易赤字を拡大した。

斎藤内閣は、労働組合法案や小作法案の制定に向けた動きは見せなかったが、この時期、小作争議の激増に対する小作調停法の適用は拡大していた。また、農民を対象とする健康保険制度の検討も開始されている。

世界恐慌期のイギリスの政治情勢と帝国経済政策

満洲事変が勃発した一九三一年九月前後のイギリスは、政治的経済的危機の最中にあり、満洲事変はイギリスの危機の頂点とその克服過程の時期に重なった。

一九三一年五月、オーストリアやドイツで金融危機が発生したため、六月にイングランド銀行は緊急融資を声明し、フーヴァー政権は一年間のモラトリアム（支払猶予）を宣言した。しかし、経済的混乱はイギリスにも波及した。七月、ポンド為替が急落し、金の国外流出が加速した。マクドナルド首相は自由党、保守党との連立によって危機に対処しようとし、八月にマクドナルドを首班とする連立政権が成立した。

ところが、連立政権の成立後、関心は総選挙の時期に移った。結局、連立内閣は有効な経済政策を打ち出せないまま、九月十八日、イングランド銀行は金の支払い停止を決定した。ただし、イギリスの金本位制離脱は、均衡財政が維持される中で決定された。そのため、国内経済に対する影響は限定され、貿易収支は改善し始める一方で、スターリングの下落も一定水準で抑えられた。それを背景に、イギリスの金本位制離脱は、イギリスの国際経済、金融政策を再編するきっかけとなった。

イギリスによる金本位制離脱後、カナダを除く帝国諸領域やポルトガルや北欧諸国など、イギリスとの金融、貿易関係が密接な諸国は、自国通貨をスターリングと連結させた。カナダが参加しなかったのは、アメリカに対する債務の増加を懸念したからである。スターリング・エリアとは、こうした、スターリングを基軸通貨とする広域貿易圏であり、それは、イギリスが金本位制後の国際金融における基幹的役割を果たすと共に、イギリスと利益を共有する諸国ないし帝国領域が、独自の判断と利害に基づいて参加するものとされた。

連立政権の成立後、一九三一年十月に執行された総選挙で、労働党は大敗した。党内分裂を抱えた自由党も議席を減らした。保守党は大勝を収めたが、保守党は選挙後もマクドナルドを首班として支持し、連立政権を継続した。自由党からはサイモンが外相として入閣した。実質的な保守党政権の下、ネヴィル・チェンバレンの主導権が確立し、政策上の関心は関税政策、とりわけ帝国特恵の導入へと移った。

一九三二年二月の輸入関税法や七月から約一カ月間にわたって開催されたオタワ会議により、帝国特恵が成立した。それは伝統的な自由貿易主義を修正し、帝国全体を統合する保護関税を採用したが、それは何より財政出動を伴わない景気、失業、産業対策であり、保護主義への全面転換を意味せず、むしろ産業合理化や市場調節を目指すものとなった。

帝国特恵関税の適用は、イギリスとドミニオンの間の輸出入について、異なった制度を採用していた。まずドミニオン向け本国輸出品は、工業製品が中心であったが、各ドミニオンは一九二〇年代より独自の保護関税政策を採用していた。そこで各ドミニオンは、イギリス本国からの輸入品に対し、ドミニオン側の国内品に準ずる価格になる範囲内で本国製品に関税を課す準国内品待遇を設定した。これにより、各ドミニオン内における商品の自由競争を維持しようとしたのである。

一方、各ドミニオンから本国への輸出品についてイギリスは、特恵関税と割当制度を並用した。割当制度とは、貿易品目毎にイギリス本国が製品の輸入総量について規制を行い、外国製品よりもドミニオン側に多くの割当率を配分することとし、この場合、関税を原則として徴収しないという制度である。

イギリス本国がドミニオンから輸入する製品は、農畜産物や鉱物資源が中心であったが、小麦をはじめとするドミニオン側の生産量は、イギリス本国の消費量を凌駕していた。こうした中で割当制度は、ドミニオンにイギリス本国に対する一定の輸出量を確保すると共に、過剰生産物の生産調整を促し、しかも高率関税を回避できる利点があった。

このように、帝国特恵とは、世界恐慌による世界的な貿易収縮局面において、イギリス本国と各ドミニオンが相互に限定的な自由貿易市場を提供し合うというものであった。そこでオタワ会議は最終議決において、ブリティッシュ・コモンウェルス内の貿易活性化が世界貿易の活性化につながるという展望を打ち出した。帝国特恵は実質的に、帝国外との貿易を帝国内の貿易によって代替する機能を果たしたが、イギリスは自由主義国際経済を維持、再建する手段として、スターリング・エリアや帝国特恵を位置づけていたのである。

イギリスは、自国経済、金融の国際的信用や、外交上の主導権を中心としながらも、各国の主体的な利害の共有や調整によって成立する自由主義的国際秩序を理想とした。イギリスが満洲事変に際し、国際連盟の主導権に期待せず、大国間の合意を重視したのもそのためであった。ただし、国家主権の尊重という国際原則がその前提となっていた。その点が、後の満洲国承認問題をめぐるイギリスの判断に影響を及ぼすことになる。

アメリカ外交の中の東アジア

一九三二年一月、フーヴァー政権は、第一次世界大戦中の戦争融資会社を原型とする復興金融公社を成立させ、連邦準備銀行と合わせた金融政策により、恐慌に対応しようとした。また、五月以降のヨーロッパの金融危機により、六月に政府間債務の一年間の支払猶予を実施した。とはいえ、六月の失業率は十五％、一九三三年には二十％を超えた。

一九三二年七月、フーヴァー政権は非常救済建設法を成立させ、十億ドルの公共事業や、州の救済事業に対する三億ドルの融資を行うと同時に、増税に踏み切った。連邦政府による公共事業の拡大は、州政府や市政府による公共事業の不振を受け、連邦政府が融資を行い、代替的に公共事業を行っていくという形で実現していたが、一九二〇年代の政策を転換するものであり、一九三〇年代のニューディール政策に引き継がれていく。

満洲事変が勃発したのはこうした中でのことであり、アメリカの対応には限界があった。当初、スティムソン国務長官は、幣原外相の不拡大方針に期待していたが、十月八日の錦州爆撃以降、日本への不信感を高めた。アメリカの世論も、日本の武力行使を容認していなかった。ただし、世論はアメリカが武力紛争に巻き込まれることへの抵抗感をそれ以上に強く感じており、政府の対応は大きく制約されたのである。

そこでスティムソンは、武力に対する世論の抑制効果、具体的には国際連盟が日本の自制を促すことに期待した。十月十六日、アメリカのジュネーヴ領事が連盟の理事会に出席した。十七日、理事会は不戦条約の参加国たる日中両国に、不戦条約の義務を喚起することを決議した。アメリカ代表の連盟出席は、かつて連盟へのアメリカ参加を主張した人々にとって画期的であった。しかし、反対派はフーヴァーとスティムソンを非難した。スティムソンは連盟に関する行動について、慎重に判断しなければならなかった。

日本のチチハル出兵後、スティムソンはより積極的な措置が必要と判断するようになった。十一月半ば以降、スティムソンは不承認宣言について検討を始め、翌年一月初めの錦州占領を受け、七日に日本と国民政府に通告を行った。内容は、民国におけるアメリカの権利を侵害し、あるいは民国の主権や独立を侵害する状況や条約、協定、門戸開放やパリ条約に抵触する手段によって成立した状況、条約、協定を承認しないというものであった。それは、満洲におけるアメリカの権利保護を、普遍的な理念に基づいて求める内容になっていた。ただし、アメリカには、それ以上、満洲事変に介入する意思はなかった。

第一次上海事変の勃発により、日本に対するアメリカの反発はさらに強まった。アメリカでは、満洲事変や上海事変に対し、日本に対する制裁を求める世論と、極東からの撤退を求める世論が交錯していた。スティムソンは、駐日大使を交代させることとし、グルーを任命した。グルーは六月に東京に到着し、六月十四日の国会による満洲国承認決議やリットン調査団の訪日を迎えた。

リットン委員会には、アメリカよりマッコイが参加していた。マッコイは、一九二八年にニカラグアの大統領選挙の監視に当たり、翌年にはボリビアとパラグアイの紛争の調査委員長を務めていた。リットン委員会においてマッコイは、満洲国を認められないとするリットンと日本寄りの態度を取るフランスのクローデルを調停した。

アメリカにおけるリットン報告書に対する評価は高かった。また、グルーは日本の穏健派に期待し、強硬姿勢は日本の反発を招くだけと判断した。スティムソンも、それまでの失敗からこれに同意した。そのため、リットン報告書が発表され、国際連盟における審議が再開されたことで、満洲事変に対するアメリカの対応は実質的に終わった。

満洲事変に対してアメリカは、不承認政策という普遍的理念を掲げたが、それは日本を牽制しながら日本との対立を回避するためであった。しかも、一九三二年十一月の大統領選挙で、フーヴァーは民主党のフランクリン・ローズヴェルトに大敗を喫する。

満洲事変への対応と並行し、アメリカの東アジア政策においてそれ以上に重要であったのが、フィリピンの独立問題であった。世界恐慌勃発後、アメリカの農業団体がフィリピンからの砂糖、マニラ麻、ココナッツ製品などに対する関税を導入し、また、低賃金労働の流入を阻止するため、フィリピン独立運動を展開した。それは、フィリピン産農産物をアメリカから排除しようとする、スムート＝ホーリー関税に連なる動きであった。

一九三二年十二月、フィリピン独立に関する法案が議会で可決された。フーヴァーは拒否権を発動したが、翌年一月に法案は再可決され、拒否権は無効化された。ただし、同法はフィリピン議会で否決された。そこで一九三四年にアメリカ議会は再度フィリピン独立法案を可決し、フィリピン議会もそれを批准した。

フィリピンの独立は、段階的な関税の導入と最終的な国民投票を経て実現されることとなっていた。まず、フィリピンに憲法制定議会を設置し、二年間の制定期間が与えられる。そこで起草された憲法草案がアメリカ大統領によって承認された場合、十年間のコモンウェルスの地位が与えられる。その間、特定品目を除くアメリカ向けフィリピン製品に関税が課される一方で、フィリピンは、アメリカからの輸入品に課税できなかった。そして十年間の試行期間を経た後、フィリピンは憲法の是非を問う国民投票を行い、可決された場合に独立が承認されることとなっていた。

フィリピンの独立には、関税の他、アメリカの海軍基地の維持など、様々な条件が付されていた。このように、フィリピン独立法案は、アメリカの認める憲法をフィリピン側の選挙を通じて受け入れさせるものとなっており、その点でアメリカの理想とする民主主義をフィリピンに適用することにより、地域の安定化を図りながら、アメリカの影響力を保持し、しかもアメリカの負担を軽減しようとしていたのである。

アメリカは満洲事変に対して不承認宣言と連盟への限定的な関与のみで関わった。一方、フィリピンに対しては、不平等条約によってアメリカの権益を確保しながら、アメリカの承認する憲法の下での独立付与という理想を具体化した。いずれにおいても、アメリカの権利を普遍的理念と一体化させて確保し、しかも負担を回避しようとする姿勢が一貫していたのである。

満洲国承認問題

斎藤内閣の成立後、六月十四日に衆議院は全会一致で政府に満洲国の承認を促す決議を行った。対してイギリスは日本側に、九国条約は満洲の独立宣言を禁止していないが、条約国がそれを推奨する行為については禁止している、との見解を通知した。しかし、七月十二日、内田康哉外相は再来日したリットンと会見した際、満洲国承認を唯一の解決方法とする強硬な姿勢を示した。

六月下旬、満洲国政府は領内の海関の接収を開始した。同じ頃、真崎参謀次長は満洲を視察し、関東軍司令官が参謀を統制できていない実情に直面する。結果、八月の陸軍人事異動で関東軍首脳部は更迭される。石原莞爾はジュネーヴ軍縮会議随行員に、板垣征四郎は奉天特務機関長に任命された。さらに武藤信義が関東軍司令官、関東長官、特命全権大使に任命され、陸軍中央による関東軍への統制が回復する。

満洲国への大使の派遣は実質的な国家承認であったが、九月十五日、武藤大使と満洲国国務総理鄭孝胥《ていこうしょ》により、日満議定書が調印された。これにより、日本は満洲国を正式に承認し、満洲国は日本の権益尊重と日本軍の駐屯を認めた。日本の満洲国承認は、リットン調査団の報告前になされた。報告が日本に不利な内容となることを予想し、それを牽制すると共に、報告発表後の承認よりも事態の悪化は軽減されると判断したのであろう。とはいえ、日本による満洲国承認に対し、イギリスは九国条約に抵触するものとして危機感を強めた。イギリスにとって、民国の主権尊重を掲げる九国条約が無視されることは、条約による大国牽制が機能しなくなることを意味したからである。

九月二十四日、ジュネーヴにおいてリットン報告書が連盟事務局に提出され、三十日、東京と南京で報告書が日中両国に提出された。報告書は、民国を無政府状態とする日本の主張を否定し、また、日本の一連の軍事行動を自衛行為とは認めず、さらに満洲国を自発的な独立運動の結果とは評価しなかった。

その一方で報告書は、九月十七日以前の状況への復帰は問題の解決につながらないとして、満洲に民国の主権の下に広範な権限を持つ自治政府を創設すること、自治政府には国際連盟を通じて外国人顧問が派遣され、指導にあたること、域内の治安維持には外国人教官の育成する特別警察が当たり、日中両軍は撤退すること、民国は日本、ソ連などと不可侵条約を締結し、外部からの侵略に対する安全保障とすること、外国人顧問について十分な割合を日本に当てること、日本人の商業に対する組織的な排斥運動を禁止することなどを提案していた。

リットン報告書を審議するための国際連盟の理事会は十一月二十一日に開催され、十二月六日に総会が開会した。日本の首席代表は松岡洋右であった。総会は九日、十九人委員会にリットン報告と総会の討議をふまえた報告案の作成を委任した。委員会は和解案を作成、十五日に日中両国に提示したが、日本側は反発した。和解案が満洲国を否認していたためである。和解案の調整は以後も続くが、日本に対する委員会の反発は劇的に高まった。

連盟における審議と並行し、関東軍は満洲国内での軍事行動を継続した。一九三二年九月末から十二月にかけて日本軍に対する抵抗の中心となったのが、ハイラルを拠点に中東鉄道沿線で活動した蘇炳文《そへいぶん》であった。蘇炳文は居留日本人を抑留したため、ソ連領事が仲介し、居留民の釈放を実現している。関東軍は十二月五日にハイラルを占領、蘇炳文はソ連領に撤退し、武装解除されている。

満洲事変とソ連

満洲事変勃発時、ソ連は五カ年計画の遂行中で、民国と対立していたこともあり、満洲事変が各国による反革命戦争のきっかけとなることを極度に警戒した。資本主義国すべてを敵とすることから生じた、被害妄想的な対外認識である。

満洲事変の勃発を受け、ソ連は中華民国側に国交回復を提案する一方で、一九三一年十二月末以降、日本に対し、不可侵条約の締結を繰り返し提議した。ソ連は、一九三二年一月にフィンランド、ポーランド、二月にラトビア、五月にエストニア、十一月にフランスと不可侵条約を調印していた。ソ連は個別各国との対立を回避しながら、その際、相手国に他国の脅威を強調することで、反革命連合の形成を阻止しようとしたのである。

国民政府はソ連の提議に当初は消極的で、国際連盟の対応に期待していた。しかし、一九三二年六月にソ連との国交回復交渉を決定、交渉が始まった。交渉において、ソ連は不可侵条約の締結も提議したが、国民政府は過度なソ連接近に消極的であった。十二月十二日、ジュネーヴでリトヴィーノフ外務人民委員と顔恵慶の間で国交回復の合意が成立した。

熱河作戦と国際連盟脱退

一九三二年七月十七日、朝陽寺事件が発生した。これは、熱河省の南嶺―朝陽間の鉄道乗車中に関東軍嘱託が熱河省義勇軍に連行された事件である。事件発生の報を受け、第八師団は部隊を朝陽寺に派遣した。しかし、連行された嘱託は救出できず、後の熱河作戦時に死体で発見される。第八師団の熱河進出に対抗し、北平の張学良も部隊を熱河省境に集結させて湯玉麟と接触、次いで古北口から熱河省に部隊を侵入させた。

次いで十月一日、山海関で満洲国国境警備隊と張学良直系の何柱国軍が衝突、さらに十二月八日にも第八師団と何柱国軍が衝突した。一九三三年一月一日にも小競り合いから武力衝突に発展し、三日に第八師団が山海関を占領した。関東軍は春以降に予定していた熱河作戦を繰り上げ、第八師団と、前年十二月に満洲に派遣されたばかりの第六師団を投入して実施することとした。

熱河作戦の実施が迫る中、国際連盟の審議は最終段階を迎えていた。日本側は一月末から二月初めにかけ、十九人委員会の報告について、満洲国を否認するのではなく、日本と他の連盟加盟国およびリットン報告が満洲国の承認をめぐって意見を異にしているという両論併記的な現状確認の記述とすることを求めた上で、リットン報告を実質的に受諾しようとした。しかし、連盟側は日本代表に、満洲国承認の実質的撤回を要求した。十九人委員会の姿勢はリットン報告より踏み込んで日本を非難するものであり、これにより、和解手続きは失敗し、勧告がなされる見通しとなった。

二月八日、斎藤首相は昭和天皇に、熱河作戦の実施に連盟との関係で問題があり、閣議で検討することを上奏した。十日、昭和天皇は熱河作戦の中止を奈良武次侍従武官長に打診し、さらに奈良を通じて真崎参謀次長に、万里の長城を超える作戦を禁止する意向を伝えた。十一日、斎藤首相は、熱河作戦を実施した場合、連盟規約第十二条により除名される危険があるが、軍は作戦中止を拒否していると上奏した。昭和天皇は、奈良侍従武官長に天皇からの作戦中止命令の可否について質問したが、奈良は、作戦中止は内閣の責任で行うべきと奉答している(18)。

以上の日本政府の混乱から、日本政府が連盟脱退を決定したのは、連盟の和解案が挫折し、連盟の勧告がなされた後の熱河作戦の実施は連盟からの除名処分を招きかねず、かといって熱河作戦の中止は不可能であったため、とする説がある。しかし、連盟規約は、戦争の可能性のある当事国に対し、開戦を禁止した上で和解や勧告の手続きを行うことを規定していたものの、規約に違反して開戦した国に対する連盟加盟国の対応に、和解手続き中か和解成立後か、あるいは勧告後であるかによる違いはない。また、除名は加盟国に対してしか適用できないが、制裁は加盟国、非加盟国いずれに対しても実施可能であった。連盟の和解手続きが失敗し、勧告手続きへ移行したことと熱河作戦が重なったことを日本の連盟脱退の理由とする説は、誤りである。

日本政府が和解手続きの失敗後に熱河作戦の実施をめぐって混乱した原因は、上記のように、連盟側が和解条件として日本に満洲国承認の撤回を求めたことであった。それにより、熱河作戦を含め、満洲における軍事行動を満洲国の国内措置とする日本の主張が成り立たなくなったのである。

日本政府は、交渉の最終段階でも連盟脱退を想定していなかったが、想定外の連盟による満洲国承認撤回要求により、混乱の末、連盟脱退を決意した。日本の最終譲歩に対し、リットン報告以上に日本の立場を否定した連盟に対する異議を明確にし、自由行動の権利を保留するためであった。そこに除名という不名誉を回避する意図があったとしても、それは決定的理由ではない。日本はその後も制裁の可能性を警戒しており、連盟脱退によって連盟の対抗措置から解放されたわけではない。

交渉の最終段階で連盟側が日本に強硬な姿勢を示した背景には、イギリスの判断があった。イギリスは、連盟と日本の対立が深刻化した十二月末から翌年初めにかけて、十九人委員会の大勢に配慮し、むしろ日本を非難し、日本を国際連盟から脱退させることで、国際連盟の立場を擁護しつつ、連盟の審議から満洲事変を切り離すこととした。その一方でイギリスは、今後の事態の推移に応じ、満洲国と外交関係を持つ可能性についても想定していた。イギリスにとって満洲事変は、宥和政策の対象を中華民国から日本へと転換するきっかけともなった。

塘沽停戦協定の成立と満洲事変の終結

日本の国際連盟脱退により、国民政府は国際的支援の可能性を失った。二月二十三日、関東軍は熱河作戦を実施し、三月二日に赤峰を占領、四日には承徳を占領した。湯玉麟は財産と共にチャハルに逃れた。張学良も世論の批判を受け、下野せざるを得なくなった。上海で麻薬中毒の治療をした後、イタリアへ旅立った。

関東軍は引き続き、喜峰口、古北口、界嶺口を占領したが、何応欽指揮下の国民政府軍主力が展開したため、関東軍は灤東《らんとう》作戦を実施、四月十日に長城線を超えた。危機感を強めた昭和天皇の意向を受けた真崎次長の指示で、関東軍は一旦撤兵するが、国民政府軍の攻撃に反撃するため、五月八日に関東軍は再び長城以南に出兵、五月二十日以降、関東軍は北平から五十キロ以内に接近した。

この間、奉天特務機関長に実質的に左遷された板垣征四郎は、一月に真崎参謀次長に面会

塘沽停戦協定による非武装地帯

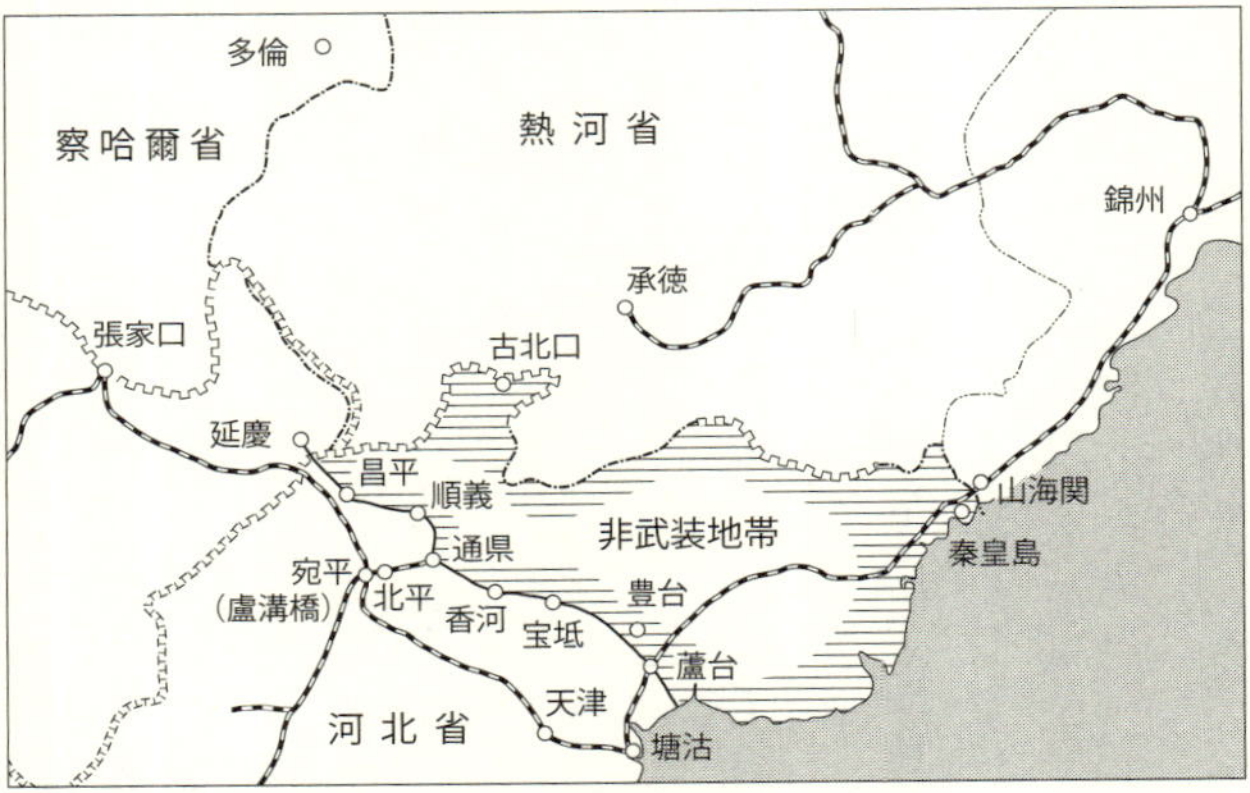

日本国際政治学会編『太平洋戦争への道』第３巻巻末地図より作成。

し、長城南部での作戦行動に制約があることを口実に、北平に自ら赴いて謀略に従事することを直談判し、了承を取り付けた。

板垣はその後、北京に元軍閥の張敬堯を擁立して政変を起こそうとした。しかし、五月三日に張敬堯は暗殺されてしまう。ところが、板垣は謀略の失敗を認めず、五月下旬にかけてむしろ謀略を成功させるためとして、関内への軍事圧力の強化を関東軍に求めた。永田鉄山はそれを支持した。

しかし、五月二十五日に国民政府軍が関東軍に停戦を求め、関東軍は停戦交渉を受け入れた。交渉には岡村寧次関東軍参謀副長が当たった。五月三十一日、塘沽《タンクー》停戦協定が成立した。これにより、長城線の南側に非武装地帯が設定され、満洲事変は終結した。

おわりに　満洲事変、満洲国と近代日本

近代日本と満洲の関わり

日本と満洲の政治的関わりは、日清戦争で遼東半島が戦場になったことに始まる。その講和交渉において、遼東半島を日本に割譲する合意が成立するが、三国干渉によってそれは撤回された。その後、遼東半島はロシアの租借地となり、ハルビンから旅順、大連に至る鉄道がロシアによって建設された。さらに清朝における義和団の乱により、ロシア軍が満洲を制圧した。

日清戦争直前より、朝鮮に対する内政干渉を積極化していた日本は、満洲および朝鮮に対するロシアの勢力拡大に直面し、朝鮮半島におけるロシアとの勢力均衡を図ろうとした。しかし、ロシア軍の満洲駐留の長期化が事態を変えた。日本は、ロシア軍の満洲駐留が朝鮮の反日運動に及ぼす影響を懸念し、ロシアの満洲駐兵を容認する代償として、朝鮮に対するロシアの干渉を自制させようとしたのである。しかし、合意は成立しなかった。日露戦争開戦まで、日本は満洲を朝鮮との関連で捉え、満洲に対する勢力拡大を目指してはいなかった。

日本はロシアとの緊張回避を優先し、朝鮮の併合も考えていなかった。しかし、日露戦争の勃発により、事態は大きく変わった。

日露戦後、日本はロシアの満洲権益の一部を引き継ぎ、満洲に勢力を保持した。日露戦争直後の時点では、日本の国力やロシアの脅威に照らし、満洲権益を長期保持することへの消極論も存在した。しかし、日本政府は日英同盟を更新し、日露協商を締結すると共に、清朝との協定を重ねることで、満洲権益の基礎を固めた。また、満鉄の経営も順調で、これによって満洲における権益は、日本の大国としての地位を象徴するものの一つとなった。

ところで、十九世紀後半、清朝はチベットや朝鮮の開放を欧米諸国に承認することで、チベットや朝鮮に対する支配権を欧米に承認させようとした。その後、辛亥革命によって成立した中華民国は、外モンゴルの支配権についてやはり同様の姿勢でロシアと交渉した。ところが、満洲と内モンゴルには日露戦争以前より多数の漢族が移住し、満洲族を人口比で圧倒するようになっていた。日露戦後には漢族の統治機構が満洲に導入され、満洲に対する漢族の支配が確立しつつあった。

中華民国の成立後、日本は満洲に対する中華民国の支配権を実質的に承認し、民国との交渉により満洲権益を保持しようとした。しかし、民国は、満洲支配の既成事実化を進める中、日本による承認を必要とはしなかった。中華民国は、満洲族、モンゴル族、ウイグル族などを漢族支配下の民族と位置づけ、また、満洲を自らの歴史的支配地域とする意識を形成し始めることで、満洲の日本権益に一貫して敵対的な姿勢を示したのである。

一九二〇年代の国際情勢と満洲事変

第一次世界大戦後、民族主義の昂揚を背景に、経済的に自立可能な国家の建設と少数民族の権利保護という理念が成立し、ヨーロッパではイギリスとアメリカの主導により、新たな国家と国際連盟が創設された。この理念は、内戦状態にあった中華民国の行政および経済再建構想につながっていく。

他方、ロシア革命によって成立したソ連は、ヨーロッパにおける共産主義革命の失敗を背景に、ヨーロッパ支配下のアジアにおける民族主義運動への支援を重視するようになった。その際、特に注目されたのが、排外主義が昂揚し、国共合作が実現した中華民国であった。一九二〇年代半ばからの中国国民党による北伐は、ソ連の軍事支援を背景に成果を挙げ、イギリス、アメリカ、日本が主導した民国再建構想を挫折させた。

しかし、蔣介石は南京の占領後、アメリカやイギリスによる政権承認を求める方針に転じた。それを利用し、イギリスは関税条約の締結や治外法権撤廃交渉を通じて中国国民党の革命外交を封じ込めることに成功した。

一方、満洲では張作霖が満洲の支配権を確立し、一九二〇年代半ばには北京政府を掌握する。しかし、張作霖の勢力拡大は、満洲経済を破綻に追い込んだ。対して第一次世界大戦後の日本は、国際連盟常任理事国となり、ワシントン軍縮会議を成功させるなど、大国としての地位を確立し、国際秩序の安定化に向けた責任を自覚するようになった。

こうした日本における大国意識の形成と、民国における排外主義の昂揚により、日本における満洲に対する意識の幅は広がった。

幣原外交は、張作霖に依存せず、中華民国や奉天政府との交渉を通じて満洲の権益を保持し、あるいは張作霖支配下の満洲経済の安定化のための支援を行おうとした。対して田中義一は、張作霖の私的支配状況を利用し続けようとした。一方、関東軍の強硬派は奉天政権に対する武力行使を必要とし、陸軍中堅層は奉天政権を日本に従属させ、満洲に対する実質的支配権を確立しようと考えた。

一九二〇年代後半の日本に対する国民政府や奉天政権の攻撃的な外交により、陸軍内で武力行使論への同調が広がった。しかし、そうした武力行使論は、交渉の通じない民国側の姿勢に対する不満の表れであって、民国側が日本側に武器の購入などを求めると、陸軍は積極的に国民政府の要望に応じた。民国側との緊張を避けられるなら避けたいというのが、組織としての陸軍の考え方であった。逆に民国側にとって日本とは、対立する中でも容易に協力を引き出せる対象であり、また、その侵略に備えることもせず、またそれができないにもかかわらず、その意図を曲解して非難、攻撃し、関係を悪化させることのできる対象であった。

そうした中、陸軍中堅将校は、欧米諸国に対抗するため、満洲への勢力拡大に過大な期待を寄せた。とりわけ一九二〇年代末から一九三〇年代初めにかけ、世界恐慌の勃発やロンドン海軍軍縮条約の成立を背景に、陸軍中堅将校は一九三五年ないし一九三六年を目標とする国内改造を目指すようになった。しかし、彼らの発想は、満洲の在留邦人や関東軍が切迫した事態に直面する中、自分が昇進することによって問題を解決するという、独善的な組織内の論理でしかなかった。

表面的に、満洲への勢力拡大を目指す日本の動きとそれに抵抗する中華民国の対決は不可避のようであった。しかし、それは結果論に過ぎない。日本の侵略を非難しながら現実的な対応能力を欠いた民国側と、満洲への勢力拡大を目指しながら組織の論理でしか動けない日本陸軍の関係は、むしろ均衡を保っていた。しかも、国民政府の革命外交は、イギリスによって封じ込められていたのである。

その均衡を破壊したのが、一九二〇年代末から満洲事変の直前にかけて続発した、満洲における日本人を対象とした殺傷事件と、それに対する奉天政府および国民政府の対応であった。それは、奉天政府に対する武力行使を一九三五、六年ごろまでに陸軍の総意として行うという関東軍の極一部の構想を、緊急措置的に実行させる結果となった。

満洲事変が勃発した後も、日本政府および陸軍首脳は関東軍に抑制的な姿勢で臨んでおり、一九三一年十二月まで、関東軍による満洲全域の制圧と満洲国の樹立が実現できるかどうかは、不透明であった。その間、陸軍中央の中堅将校もやはり組織の中でしか行動できなかった。

とはいえ、一九三一年十二月の内閣崩壊が転機となった。それをもたらしたのは、中華民国と中華民国寄りと判断された国際連盟の動向に対する世論の反発であった。陸軍中堅層はその機会を捉え、後継内閣を組織する政友会に働きかけて陸軍首脳の更迭を実現した。そして関東軍による既成事実を、陸軍全体から外務省にまで追認させた。これにより、関東軍による満洲国の建国も実現可能となったのである。さらに満洲国の樹立と五・一五事件を経て、むしろ国会が満洲国の承認を政府に求める事態となった。

満洲事変は日本の膨張主義的外交の必然的結果ではなかった。きっかけは満洲における日本人殺傷事件であり、しかも事変は少数の計画によって引き起こされた。事変前の日本と国民政府の外交的対立は、事変の間接的な要因ではあったが、決定的原因ではなく、むしろ事変勃発後にそれを拡大する要因となった。

さらに陸軍が政党内閣に従属していたことは、陸軍首脳を通じた関東軍の抑制を可能にすると同時に、その後の政権交代に伴う陸軍首脳部の更迭をも可能とし、事変拡大に向けた方針転換をもたらすこととなった。このように、満洲事変は限定的な原因や条件で勃発し、それに複雑な背景が絡み合うことで拡大したのである。

満洲事変の影響

満洲事変前の日中関係の全般状況も、それを取り囲む国際環境も、事変勃発を余儀なくさせるようなものではなかった。それを背景に、満洲事変の影響は、突発的事態の影響を限定しようとする、旧秩序の修正や再構築による安定化志向と、満洲事変による新たな事態に対応しようとする方向の、二つの側面に表れた。

それを大きく(1)日本と満洲の経済関係、(2)日本と国民政府の関係、(3)日本とイギリスやアメリカとの関係、(4)日本とソ連の関係の、相互に関係する四点にまとめてみる。

第一に、満洲事変後の日本は、満洲国に対する投資と貿易を拡大し、日満広域経済圏を形成する。ただし、それは、国内における円の膨張および国際的な円相場の下落、満洲に対する投資の拡大によって形成された。その点で、イギリスによるスターリング・エリアや帝国特恵が、世界的な貿易収縮局面におけるイギリスの経済的信用に基づいた広域自由貿易圏として成立したのとは、対照的であった。

また、日満広域経済圏は、欧米およびその勢力圏との貿易に依存していた。つまり、日満広域経済圏は、国際自由貿易に依存する経済圏であり、その意味で日本は、満洲国を一九二〇年代の国際自由貿易秩序の中に定着させようとしたのである。ただし、こうした日本とイギリスの広域経済圏形成における原理の違いは、イギリスの広域経済圏に対する日本の誤解と、特に陸軍内の過剰な対抗意識を生み出すこととなった。それが、次のような日満華北の広域統制経済圏構想の背景ともなる。

第二に、国民政府に対する日本の軍事的優位が確立したことによる日中関係の相対的安定化とそれを否定する新たな動きである。事変前の国民政府は、日本の軍事行動を想定せず、日本への攻撃的姿勢を激化させたが、事変の勃発により、蔣介石は日本のさらなる軍事行動を呼び起こさないための慎重姿勢に転じた。

そうした中で日本は、国民政府に対する軍事的優位を利用し、満洲国と日本の鉄道連絡や郵便、経済交流の回復を進めようとする。これは、一九二〇年代の自由貿易秩序への満洲国の編入を目指した政策の一環としてなされたもので、満洲事変後の日本は、関東軍も含め、民国に対する支配の拡大を目指していなかったのである

一九三〇年代の日本の対外政策に関して、世界恐慌後の欧米列強によるブロック経済の形

成に対する反発から、中国への侵略を進めていった、という理解が存在する。しかし、これは、マルクス主義ないし帝国主義論に基づいた解釈であり、誤りである。

その一方で、日本国内に「ブロック経済」に対する期待も生じていた。陸軍統制派による、日本と満洲に華北を加えた広域を包含する統制経済圏構想である。これは、ソ連を理想とする統制経済圏を日本と満洲に施行し、さらにその勢力範囲を華北にまで広げようとしたもので、その中心となったのが永田鉄山であった。永田は自由経済に対する不信から、統制経済への期待を高め、また、イギリスに対抗するため、日本と満洲で不足する資源の供給地として華北に注目する。

ただし、永田の広域統制経済圏構想は、皇道派と呼ばれた陸軍首脳と対立する。皇道派は自由主義を信奉し、ソ連を敵視していたからである。また、広域統制経済圏構想は、自由経済主義を維持しようとする政府、民間にも受け入れられるものではなかった。

そこで永田は、満洲事変後に登場する、国家の主導による自由主義経済の修正を目指す革新派官僚と提携し、また、五・一五事件に続く青年将校の暴発阻止を名目とした陸軍青年将校に対する強圧的行動により、政府の信頼を確立し、皇道派を失脚させる。さらに永田は、関東軍の参謀副長に板垣征四郎を就任させ、一九三五年以降、華北に対する独断的な勢力拡大行動を実行させる。これを華北分離工作という。こうした親社会主義的勢力の行動が、支那事変勃発の重大原因となるのである。

一方、満洲事変後の蔣介石は、事変に対する対応の失敗を国民政府の不安定な状況と軍事力の後進性によるものと認識し、日本との関係を暫定的に安定化しながら、国民政府内における自らの権力強化や独裁化、中国共産党の掃蕩、そしてドイツ軍事顧問団の指導による軍事力の強化を進めた。蔣介石の独裁権力の強化は、日本陸軍の警戒を呼び起こし、華北分離工作の一因となる一方で、第一次上海事変の教訓を組み入れた上海周辺の陣地強化は、一九三七年の第二次上海事変における日本軍の苦戦をもたらすこととなる。

第三に、イギリスやアメリカとの関係の不安定化である。一九二〇年代に構想されていた中華民国への国際支援構想は、満洲事変によって完全に挫折した。事変後も、国際連盟による主に衛生面での民国支援が検討されたが、日本は強く反対した。また、一九三四年よりアメリカの金融政策の影響で民国経済が混乱し、イギリスが対処に向けた国際協力を実現しようとするが、日本やアメリカの消極姿勢で失敗する。日本は、国民政府に対する国際支援が国民政府の反日姿勢を助長する可能性を懸念したのである。

このように、満洲事変後の日本は、国民政府の外交的封じ込めを図った。これは、満洲事変に際しての国民政府の連盟外交に対する反発からであった。それに伴い、日本はイギリスやアメリカと激しく対立したわけではないが、少なくとも日本と両国との安定的な関係は失われた。

また、第一次上海事変に際し、日本は国際連盟の動向を意識し、早期の停戦を実現したが、一九三七年の第二次上海事変に際しては、満洲事変後の国民政府封じ込政策の延長線上に、九国条約会議などの国際社会の動向に日本は対抗的となり、国際情勢に配慮した自制を失っていく。

この間、イギリスはむしろ日本との緊張緩和を目指す政策を展開していた。しかし、日本側、特に陸軍は、民国に最大の権益を保持し、多国間関係の調整を図るイギリス外交を敵視していく。その一方で、日本を非難しながら具体的行動については自制的なアメリカとの関係については、過度な楽観を持つようになる。以上を背景に、以後の日本外交は、イギリスやアメリカへの対応を誤っていくのである。

第四に、日本を意識したソ連の軍拡と国際共産主義運動の影響である。満洲事変後、ソ連は極東軍事力の増加を進め、一九三五年頃には関東軍を圧倒する。こうしたソ連軍の増強が、統制派による華北分離工作の一要因となり、また、イギリスやアメリカとの関係不安定化と合わせ、日本陸軍がナチス・ドイツに接近を図る背景となる。

その一方で、国際共産主義運動であるコミンテルンは、社会ファシズム論に基づき、社会民主主義勢力への攻撃を優先し、ドイツにおけるナチスの台頭に対応できなかった。しかし、一九三五年七月のコミンテルン第七回大会は、反ファシズム民族統一戦線への方針転換を決定する。これが中国共産党に与えた影響は大きかった。

当時、蔣介石は、張学良軍に共産党の掃蕩を行わせ、双方の消耗を図っていたが、これに対抗して中国共産党が張学良との抗日統一戦線を目指して働きかけ、張学良がそれに応じたのである。結果、一九三六年の西安事変を経て、支那事変後の第二次国共合作へとつながる。また、一九三〇年代のコミンテルンは、ソ連国内における大規模な粛清や、独ソ不可侵条約に至るソ連の安全保障政策や対外膨張を背景に影響力を喪失し、一九四三年に解散する。それと並行し、民国において勢力を回復した中国共産党が東南アジアにおける共産主義運動の主導権を握っていくのである。

一九二〇年代に中華民国が地理的媒介となり、華僑が中心的勢力となって始められた東南アジア各地の共産主義運動は、後の大東亜戦争における抗日運動の中心となり、さらに戦後の東南アジア各地域の共産主義運動へとつながる。

満洲国と日本

最後に、満洲国の評価についてである。一九三二年三月に建国された満洲国は、執政の下に各国家機関が直属する中央集権的外観を備えていた。ただし、国務院には総務庁が置かれ、各省にも総務が置かれていた。これら総務は、各省および国務院全体を日本が監察するための部局であった。つまり、建国当初の満洲国は、漢族や満洲族を要職に起用しながら、監察部門によってそれを監視、統制する間接統治を目指したのである。

とはいえ、満洲国の建国後、日本の大蔵省をはじめとする官庁から多くの日本人官僚が満洲国に赴任し、満洲国各省の実務を担当した。結果、日本の官僚が実務を担当する各省を、関東軍系の総務が監察するという事態となった。そのため、多くの部内対立や混乱が発生した。最終的に満洲国の実権は、日本人官僚の補佐する各省側が掌握した。これにより、満洲国の政策の決定や遂行は、各担当省の実務の積み上げによって行われることとなった。

一九三四年三月に溥儀は皇帝に即位し、満洲国は帝政に移行した。これと並行し、十二月に日本は対満事務局を設置した。これは、陸軍大臣を長とし、外務省と拓務省を除く各省の代表によって構成されており、満洲国との政策調整に当たることとなった。

外務省が除外されたのは、満洲国を外国として扱わないためである。また、拓務省とは、朝鮮、台湾、樺太や、関東州、南洋諸島など、日本の海外領および準海外領に関する事務を管掌する省であり、拓務省が除外されたのは、満洲国を日本の海外領として扱わないためであった。対満事務局の設置により、各省の積み上げによる政策決定方式を採用した満洲国に対応する、日本側の各省調整組織が確立した。こうした、満洲国に対する日本の官僚による実務補佐と、日満の官僚連絡機構による相互の政策調整のあり方を、日満特殊関係と称した。満洲国を外国とも植民地ともしないという意識からである。

満洲国の経済開発のため、関東軍は当初、一業一社という理想を掲げた。社会主義的な政府統制を行うためであった。しかし、これは成果を挙げられず、日産など、日本の新興工業の移転を目指すこととなる。

また、一九三〇年代後半、満洲に対する農業移民が本格化した。日露戦争後、日本政府は満洲に対する農業移民を試みたことはあったが、失敗していた。多数の農業労働者を抱える漢族地主のような経営をできなかったからである。そのため、一九二〇年代の日本政府は、満洲への移民には消極的であった。

しかし、満洲事変勃発後、むしろ民間と関東軍の協力により、農業移民が積極的に推進され、日本政府も方針を転換する。一九三二年中に弥栄《いやさか》村という移民村が創設された。当初の移民は、治安の悪化に対応するため、武装移民とされた。

農業移民は一九三〇年代半ば以降、本格化する。これには多くの背景があった。一九二〇年代、イギリスは帝国への農業移民に対する補助措置を拡大し、日本政府も中南米に対する移民補助を導入していた。つまり、移民に対する行政の支援制度が世界的な潮流として存在したのである。

また、満洲への農業移民は一般に集団移民として行われた。これは、農村の一定割合が村内の財産を処分することで費用を捻出し、村に残る農民の農業経営強化を図りながら、満洲に創設される分村と相互支援を行うというものであった。

さらに、満洲に対する日本の農業移民は、荒蕪地の新規開拓ではなく、既存の開拓地の購入によって進められた。日本の家族経営に基づく農業と、満洲の地主農業の間には大きな距離があったためである。満洲移民は自作地主となり、漢民族の小作や農業労働者を活用しながら農業経営を行った。地主からの土地売買は低額に抑えられたが、結果、漢族小作農に対する小作料は大幅に引き下げられた。

このように、満洲に対する農業移民が実現したのは、国際的背景、それに対応する日本政府の補助措置、移民村の相互扶助、既存の漢族による農業経営への適応とその改善などの要因による。農業移民の総数は概ね二十四万人から二十七万に達した。ただし、移民地は土地の肥沃な満洲北部が多く、そのため、一九四五年のソ連参戦により、開拓移民は最も凄惨な境遇に置かれることとなる。

満洲国とモンゴル

以上のように、満洲国は日本の保護国となり、日本主導の改革がなされ、また、多くの日本人を受け入れた。しかし、それは、満洲の漢族への同化に代わる日本への同化を意味したわけではなかった。

満洲国は五族協和、すなわち、日本、漢族、満洲族、朝鮮族、そしてモンゴル族の共存を掲げており、それはモンゴルの独立を否定するものでもあった。辛亥革命後、内モンゴルでは外モンゴルの独立運動に呼応して独立を目指す運動が展開された。しかし、内モンゴルの独立は、中華民国とロシアないしソ連によって否定された。結果、一九二〇年代後半の内モンゴルは、国民政府との交渉を通じた自治の拡大を目指し、あるいは蜂起したが、成果を挙げられなかった。

こうした中で満洲事変が勃発すると、関東軍に協力するモンゴル族の動きが生じ、満洲国もまた、モンゴル自治の要望に応え、興安四省を設置した。その意味で満洲国の成立により、内モンゴルは目標を限定的ながら達成したのである。

ただし、内モンゴルの自治といっても、旧態維持を意味したわけではない。内モンゴル東南部は漢族による開墾が進む一方で、モンゴルの土地観念は旗に所有権が属する総有的なもので、さらに王公の存続をめぐる対立も存在した。満洲国は、旧慣と実態の調査、モンゴル側の意見聴取などを進め、開放地における漢族とモンゴル間の土地権利の調整や、未開放地における遊牧生活の保護を進めた。また、王公は生活を保証した上で廃止され、各旗長は旧

満洲帝国各省

満洲帝国各省　宮脇『モンゴルの歴史』241頁より作成

王公から旗の旧役人や満洲国官吏へと移行する。それらは、民族社会に対応する近代化や、清朝以来の民族対立の緩和に向けた取り組みとなったのである。

その一方で、満洲国の成立により、モンゴル族は、外モンゴル、ソ連のブリヤート、中華民国、満洲国に分割された。その後、民国内の内モンゴルでは自治の拡大を目指す運動が継続する中、日本を利用しようとする動きも生じる。対して満洲事変後の関東軍は、中華民国との関係安定化を優先し、モンゴル民族運動への関与には消極的であった。しかし、華北分離工作の失敗後、関東軍内に民国内の内モンゴル自治運動を利用しようとする動きが生じる。さらに支那事変が勃発すると、内モンゴル制圧は関東軍の重要目標となる。その点で、華北分離工作は日本のモンゴル政策を転換する契機ともなった。

その間、外モンゴルではソ連国内と同様の大規模な粛清が行われていた。満洲国でもソ連との通牒を疑われた凌陞が殺害される事件はあったが、外モンゴルにおける粛清はその比ではなかった。

近代日本の再評価に向けて

満洲事変について、パリ不戦条約など、一九二〇年代における武力行使の国際的違法化の流れに逆行するものとする評価が一般的であろう。しかし、パリ不戦条約を締結したアメリカやフランスは、自国の武力行使を否定したわけでなく、不戦条約の実態とは、各国が自衛権を留保しつつ、他国の武力行使を牽制し合うというものであった。パリ不戦条約を崇高な理念として過大に評価するのは、歴史の実態から乖離している。

また、一九二〇年代の新たな国際理念は、不戦条約のみではない。日本による満洲国の創設は、本書が繰り返し言及してきた、経済的に自立可能な国家の創設と少数民族の権利保護という、民族自決の理念を反映し、また、先進国による国際支援の源流となった世界的理念に対応し、あるいはそれに拘束されながら進められた。発足当初の満洲国が、モンゴル族の自治に配慮し、上記のような独自の改革に着手しながら、民国内の内モンゴル民族運動と距離を取ったのは、そのためである。それは近代日本にとって、少数民族の権利保護という点で、台湾や朝鮮統治とは異なる新たな時代背景の下での経験となった。

大東亜戦争後、日本は台湾や朝鮮半島などの海外領を喪失し、満洲国も崩壊する。しかし、大東亜戦争の有無にかかわらず、日本は国際理念の変化に対応し、勢力下の各地の民族主義に対し、自治の拡大や独立承認をも含めた何らかの対応を余儀なくされていったはずである。一方、帝国主義を批判し、一九二〇年代の国際理念とは距離を取ったソ連や中華民国は、少数民族の自治運動を分離主義として否定した。戦後、満洲国を否定した中華人民共和国も、今日に至るまで、モンゴルや東トルキスタン、チベットの民族運動を弾圧し続けている。また、アジア各地の民族運動は、独立を達成すると共に多くが社会主義に傾倒し、軍事独裁政権を誕生させ、あるいは内戦を引き起こした。これに対し、戦後の日本は民主主義や経済を発展させている。

満洲事変から支那事変を経て大東亜戦争に至る日本近代史についても、社会の改良を否定し、帝国主義と民族主義の対立を絶対化する革命思想からではなく、長期的な歴史的文脈の中で、かつ、様々な制約下の行動の中にも新たな理念の影響を読み取っていくような多面的、複合的な視点から、再評価すべきであろう。

主要参考文献

本書の基礎となったのは、宮田昌明『英米世界秩序と東アジアにおける日本——中国をめぐる協調と相克 一九〇六〜一九三六』(錦正社、2014年)であり、関連する参考文献は同書に掲載している。ここでは、清朝・中華民国、ロシア・ソ連、モンゴル、東南アジアなどの諸地域を扱う文献と満洲事変に関連する文献を中心に掲載する。特に論文集には、各地域に関する有益な論文が多く収録されているが、紙幅の都合から個々の著者および論文名を掲載せず、書名のみを掲げている。

なお、本書第五章において引用するなどした史料の一部について、典拠を示した。

青木雅浩『モンゴル近現代史研究 1921-1924年——外モンゴルとソヴィエト,コミンテルン』早稲田大学出版部、2011年
麻田雅文『満蒙——日露中の「最前線」』講談社、2014年
————『シベリア出兵』中央公論新社、2016年
阿部洋『中国の近代教育と明治日本』福村出版、1990年
有馬学『「国際化」の中の帝国日本 1905〜1924』中央公論新社、1999年
家近亮子『蔣介石と南京国民政府——中国国民党の権力浸透に関する分析』慶応義塾大学出版会、2002年
五百旗頭薫『条約改正史——法権回復への展望とナショナリズム』有斐閣、2010年
池端雪浦編『東南アジア史』Ⅱ〈島嶼部〉山川出版社、1999年
池端雪浦他編集委員『岩波講座 東南アジア史』岩波書店
　第六巻　加納啓良編『植民地経済の繁栄と凋落』2001年
　第七巻　池端雪浦編『植民地抵抗運動とナショナリズムの展開』2002年
　第八巻　後藤乾一編『国民国家形成の時代』2002年
生駒雅則「ダムバドルジ政権下のモンゴル——第一次国共合作とモンゴル民族解放運動」狭間直樹編『一九二〇年代の中国』汲古書院、1995年
————「中国革命と内モンゴル問題」池田誠・上原一慶・安井三吉編『20世紀中国と日本』下巻〈中国近代化の歴史と展望〉法律文化社、1996年
石井寛治『帝国主義日本の対外戦略』名古屋大学出版会、2012年
石井米雄・桜井由躬雄編『東南アジア史』Ⅰ〈大陸部〉山川出版社、1999年
石川禎浩『中国共産党成立史』岩波書店、二〇〇一年
————『革命とナショナリズム——1925-1945』岩波書店、2010年
伊藤隆『日本の内と外』中央公論新社、2001年
岩間徹編『ロシア史』(新版) 山川出版社、1979年
臼井勝美『満州事変——戦争と外交と』中央公論社、1974年

――――『満洲国と国際連盟』吉川弘文館、1995年
宇野重昭『中国共産党史序説』上、日本放送出版協会、1973年
ＮＨＫ"ドキュメント昭和"取材班編『ドキュメント昭和』2〈上海共同租界〉角川書店、1986年
大石一男『条約改正交渉史 一八八七〜一八九四』思文閣出版、2008年
大谷正『日清戦争』中央公論新社、2014年
尾形勇・岸本美緒編『中国史』山川出版社、1998年
岡田英弘編『清朝とは何か』藤原書店、2009年
岡本隆司『世界のなかの日清韓関係史』講談社、2008年
――――『李鴻章――東アジアの近代』岩波書店、2011年
――――『袁世凱――現代中国の出発』岩波書店、2015年
――――『中国の誕生――東アジアの近代外交と国家形成』名古屋大学出版会、2017年
岡本隆司・川島真編『中国近代外交の胎動』東京大学出版会、2009年
Ｅ・Ｈ・カー（宇高基輔訳）『ボリシェヴィキ革命』第二巻、みすず書房、1967年
――――（塩川信明訳）『ロシア革命――レーニンからスターリンへ、1917―1929年』岩波書店、1979年
加々美光行『中国の民族問題――危機の本質』岩波書店、2008年
影山好一郎「上海事変と日本海軍」河野収編『近代日本戦争史』第三編〈満洲事変・支那事変〉同台経済懇話会、1995年
――――「第一次上海事変の勃発の構造」海軍史研究会編『日本海軍史の研究』吉川弘文館、2014年
――――『第一次上海事変の研究――軍事的勝利から外交破綻の序曲へ』錦正社、2019年
片岡一忠『清朝新疆統治研究』雄山閣出版、1991年
勝田政治『大久保利通と東アジア――国家構想と外交戦略』吉川弘文館、2016年
加藤聖文・田畑光永・松重充浩編『挑戦する満洲研究――地域・民族・時間』東方書店、2015年
加藤陽子『満州事変から日中戦争へ』岩波書店、2007年
金子文夫『近代日本における対満州投資の研究』近藤出版社、1991年
川島真『中国近代外交の形成』名古屋大学出版会、2004年
――――『近代国家への模索 1894-1925』岩波書店、2010年
川田稔『満州事変と政党政治――軍部と政党の激闘』講談社、2010年
――――『昭和陸軍の軌跡――永田鉄山の構想とその分岐』中央公論新社、2011年
菊池秀明『ラストエンペラーと近代中国』講談社、2005年
北村稔『第一次国共合作の研究――現代中国を形成した二大勢力の出現』

岩波書店、1998年
木之内誠編著『上海歴史ガイドマップ』増補改訂版、大修館書店、2011年
木村靖二編『ドイツ史』山川出版社、2001年
教育総監部編『満洲事変忠勇美譚』川流堂小林又七、1933年
久保田裕次『対中借款の政治経済史―「開発」から二十一ヵ条要求へ―』名古屋大学出版会、2016年
倉山満『学校では教えられない歴史講義 満洲事変――世界と日本の歴史を変えた二日間』ＫＫベストセラーズ、2018年
桑田悦・前原透編『日本の戦争―図解とデータ』原書房、1982年
胡縄（小野信爾・狭間直樹・藤田敬一訳）『中国近代史　1840―1924』平凡社、1974年
小谷汪之編『南アジア史』第二巻〈中世・近世〉〈世界歴史大系〉山川出版社、2007年
小林隆夫『19世紀イギリス外交と東アジア』彩流社、2012年
小林道彦「危機の連鎖と日本の反応――朝鮮・満州・「北支」上海 一九一九～一九三二年」小林他編『歴史の桎梏を越えて――20世紀日中関係への新視点』千倉書房、2010年
小松久男編『中央ユーラシア史』山川出版社、2000年
小峰和夫『満洲――マンチュリアの起源・植民・覇権』講談社、2011年
後藤春美『上海をめぐる日英関係1925-1932年――日英同盟後の協調と対抗』東京大学出版会、2006年
左近幸村編著『近代東北アジアの誕生――跨境史への試み』北海道大学出版会、2008年
参謀本部編『満洲事変作戦経過ノ概要』巌南堂書店、1972年
柴宜弘編『バルカン史』山川出版社、1998年
斯波義信『華僑』岩波書店、1995年
澁谷由里『馬賊で見る「満洲」――張作霖のあゆんだ道』講談社、2004年
島田俊彦『関東軍』講談社、2005年（原著は中央公論社、1980年）
　　　　『満洲事変』講談社、2010年（原著は人物往来社、1966年）
フィリップ・ショート（山形 浩生、守岡桜訳）『毛沢東――ある人生』上下、白水社、2010年
ウィリアム・スキナー（山本一訳）『東南アジアの華僑社会――タイにおける進出・適応の歴史』東洋書店、1981年
杉山祐之『覇王と革命――中国軍閥史一九一五―二八』白水社、2012年
ボリス・スラヴィンスキー、ドミートリー・スラヴィンスキー（加藤幸広訳）『中国革命とソ連――抗日戦までの舞台裏【1917-37年】』共同通信社、2002年
高橋秀直『日清戦争への道』東京創元社、1995年

高村直助『近代日本綿業と中国』東京大学出版会、1982年
橘誠『ボグド・ハーン政権の研究——モンゴル建国史序説1911-1921』風間書房、2011年
田中克彦『草原の革命家たち』中央公論社、1990年
————『ノモンハン戦争』岩波書店、2009年
千葉功『旧外交の形成——日本外交一九〇〇～一九一九』勁草書房、2008年
趙景達『異端の民衆反乱——東学と甲午農民戦争』岩波書店、1998年
趙景達編『近代日朝関係史』有志舎、2012年
塚瀬進『マンチュリア史研究——「満洲」六〇〇年の社会変容』吉川弘文館、2014年
筒井清忠『満州事変はなぜ起きたのか』中央公論新社、2015年
中見立夫『「満蒙問題」の歴史的構図』東京大学出版会, 2013年
中村元哉『対立と共存の日中関係史——共和国としての中国』〈叢書東アジアの近現代史〉講談社、2017年
日本学術振興会編『条約改正経過概要』〈日本外交文書・条約改正関係〉日本国際連合協会、1950年
日本国際政治学会太平洋戦争原因研究部編『太平洋戦争への道——開戦外交史』新装版、朝日新聞社、1987年 第1巻〈満州事変前夜〉、第2巻〈満州事変〉、第3巻〈日中戦争〉
野沢豊・田中正俊編『講座中国近現代史』東京大学出版会、1978年
第三巻〈辛亥革命〉第四巻〈五・四運動〉・第五巻〈中国革命の展開〉
箱田恵子『外交官の誕生』名古屋大学出版会、2012年
波多野善大『中国近代軍閥の研究』河出書房新社、1973年
原不二夫編『東南アジア華僑と中国——中国帰属意識から華人意識へ』アジア経済研究所、1993年
原田敬一『日清・日露戦争』岩波書店、2007年
坂野潤治『近代日本の外交と政治』研文出版、1985年
坂野正高『近代中国政治外交史——ヴァスコ・ダ・ガマから五四運動まで』東京大学出版会、1973年
姫田光義他『中国近現代史』上巻、東京大学出版会、1982年
広川佐保『蒙地奉上——「満州国」の土地政策』汲古書院、2005年
フィル・ビリングズリー（山田潤訳）『匪賊——近代中国の辺境と中央』筑摩書房、1994年
深町英夫『孫文——近代化の岐路』岩波書店、2016年
古田元夫『ホー・チ・ミン——民族解放とドイモイ』岩波書店、1996年
古屋哲夫『日露戦争』中央公論社、1979年
防衛庁防衛研修所戦史室『大本営陸軍部』1〈戦史叢書〉8、朝雲新聞社、

1974年
防衛庁防衛研修所戦史室『陸軍航空の軍備と運用』1〈戦史叢書〉52、朝雲新聞社、1971年
ケヴィン・マクダーマット、ジェレミ・アグニュー（萩原直訳）『コミンテルン史——レーニンからスターリンへ』大月書店、1998年
松丸道雄他編『中国史』第5巻〈清末〜現在〉山川出版社、2002年
水野明『東北軍閥政権の研究——張作霖・張学良の対外抵抗と対内統一の軌跡』国書刊行会、1994年
溝口雄三他編〈アジアから考える〉東京大学出版会
第一巻『交錯するアジア』1993年
第二巻『地域システム』1993年
第三巻『周縁からの歴史』1994年
第六巻『長期社会変動』1994年
宮脇淳子『世界史のなかの満洲帝国』PHP研究所、2006年
————『モンゴルの歴史—遊牧民の誕生からモンゴル国まで』増補新版、刀水書房、2018年
室山義正『松方正義——我に奇策あるに非ず、唯正直あるのみ』ミネルヴァ書房、2005年
森久男『日本陸軍と内蒙工作』講談社、2009年
森久男編『徳王の研究』創土社、2000年
安井三吉『帝国日本と華僑』青木書店、2005年
山室信一『キメラ——満洲国の肖像』中央公論社、1993年
楊海英『チベットに舞う日本刀——モンゴル騎兵の現代史』文藝春秋、2014年
横山宏章『中華民国史——専制と民主の相剋』三一書房、1996年
吉澤誠一郎『清朝と近代世界』岩波書店、2010年
吉田金一『近代露清関係史』近藤出版社、1974年
歴史学研究会編『講座世界史』3〈民族と国家——自覚と抵抗〉東京大学出版会、1995年
和田春樹『日露戦争』上下、岩波書店、2009－2010年
和田春樹他編集委員『岩波講座東アジア近現代通史』岩波書店
第一巻『東アジア世界の近代——19世紀』2010年
第二巻『日露戦争と韓国併合——19世紀末-1900年代』2010年
第三巻『世界戦争と改造——1910年代』2010年
第四巻『社会主義とナショナリズム——1920年代』2011年
第五巻『新秩序の模索——1930年代』2011年
Porter, Andrew (ed.), *The Oxford History of the British Empire*, vol. III, *The Nineteenth Century* (Oxford University Press, 1999)

引用史料等の典拠

(1) 内山完造『中国人の生活風景——内山完造漫語』東方書店、1979年、75頁。
(2) 国立公文書館・アジア歴史資料センター(防衛省防衛研究所所蔵史料)
「兵器払下並借用の件」[C01003949500]「密大日記」第四冊・昭和六年
「兵器払下並借用の件」[C01003951200]「密大日記」第四冊・昭和六年
「南京政府へ兵器供給の件」[C01003951600]「密大日記」第四冊・昭和六年
「南京政府應聘教官に関する件」[C01003957400]「密大日記」第二冊・昭和八年
「北平陸大教官報酬増加要求に関する件」[C01003957300]「密大日記」第二冊・昭和八年
「應聘武官の件」[C01003957500]「密大日記」第二冊・昭和八年
(3) 神田正種「鴨緑江」『現代史資料』7〈満洲事変〉みすず書房、1964年、466頁。
(4) 角田順編『石原莞爾資料——国防論策篇』原書房、1967年、76-79頁。
(5) 角田編『石原莞爾資料——国防論策篇』21頁。
(6) 中野雅夫『橋本大佐の手記』みすず書房、1963年、88頁。
(7) 角田編『石原莞爾資料——国防論策篇』28頁。花谷正(秦郁彦編)「満洲事変はこうして計画された」『別冊知性』5〈秘められた昭和史〉1956年12月号。片倉衷『回想の満州国』経済往来社、1978年、48-56頁。
(8) 森島守人『陰謀・暗殺・軍刀—— 一外交官の回想』岩波書店、1984年。
(9) 田中隆吉「上海事変はこうして起された」『別冊知性』5〈秘められた昭和史〉1956年12月号。片倉衷「満洲事変機密政略日誌」(昭和六年十二月十日)『現代史資料』7、293頁。
(10) 蔡廷锴『蔡廷锴自传』黒龙江人民出版社、19821年、275頁以下。
(11) アジア歴史資料センター(防衛省防衛研究所所蔵史料)「上海事件情報(其一)」(支那特報第二号ノ一)[C14120133900] 画像13[1966]
(12) アジア歴史資料センター(防衛省防衛研究所所蔵史料)軍令部「上海事件情況(其ノ五)」(支那特報第二号ノ五)[C14120134300] 画像7-9[2008-2010]
(13) 外務省編『日本外交文書』〈満州事変〉第2巻第1冊、外務省、1979年、25頁。
(14) 上海社会科学院历史研究所编『"九・一八"—"一・二八"上海军民抗日运动史料』上海社会科学院出版社、1986年、196頁。
(15)「大和民族が千古の誇り肉弾三勇士を語る 上海戦記の豪華版として後世に記録すべき陣営座談会」「東京朝日新聞」昭和7年3月6日付号

外、『朝日新聞縮刷版・昭和7年3月』日本図書センター、2002年。教育総監部編『満洲事変忠勇美譚』川流堂小林又七、1933年、「責任観念之部」99-106頁（国立国会図書館近代デジタルライブラリー・コマ番号175-179）。

（16）アジア歴史資料センター（防衛省防衛研究所所蔵史料）第九師団司令部「上海附近第九師団戦記　昭和七年三月」［C13050041100］画像25-27［1118-1120］

（17）第九師団「上海事変戦闘詳報・上海付近の会戦」自昭七・二・二〇・至昭七・三・五）第三章［C13050042700］画像25-31［1391-1397］

（18）波多野澄雄、黒沢文貴他編『侍従武官長奈良武次日記・回顧録』第3巻、柏書房、2000年、508-511頁。

PHP新書

PHP INTERFACE
https://www.php.co.jp/

宮田昌明［みやた・まさあき］

1971年、石川県生まれ。94年、京都大学文学部史学科卒業。99年、京都大学大学院文学研究科博士後期課程研究指導認定退学。京都大学博士（文学）。現在、一燈園資料館「香倉院」（財団法人懺悔奉仕光泉林付属）勤務。主な論文に「再考・済南事件」（『軍事史学』第42巻第25号）、「日本はなぜ東南アジアで戦ったのか」「支那事変を再評価する」（『Voice』465、477号）、著書に『西田天香――この心この身このくらし』（ミネルヴァ書房）、『英米世界秩序と東アジアにおける日本――中国をめぐる協調と相克　一九〇六～一九三六』（錦正社）などがある。

満洲事変

「侵略」論を超えて世界的視野から考える

（PHP新書1209）

二〇一九年十二月二十七日　第一版第一刷

著者――宮田昌明
発行者――後藤淳一
発行所――株式会社PHP研究所
東京本部――〒135-8137 江東区豊洲5-6-52
第一制作部PHP新書課 ☎03-3520-9615（編集）
普及部 ☎03-3520-9630（販売）
京都本部――〒601-8411 京都市南区西九条北ノ内町11
組版――有限会社エヴリ・シンク
装幀者――芦澤泰偉＋児崎雅淑
印刷所
製本所――図書印刷株式会社

ISBN978-4-569-84295-0

PHP新書刊行にあたって

「繁栄を通じて平和と幸福を」(PEACE and HAPPINESS through PROSPERITY)の願いのもと、PHP研究所が創設されて今年で五十周年を迎えます。その歩みは、日本人が先の戦争を乗り越え、並々ならぬ努力を続けて、今日の繁栄を築き上げてきた軌跡に重なります。

しかし、平和で豊かな生活を手にした現在、多くの日本人は、自分が何のために生きているのか、どのように生きていきたいのかを、見失いつつあるように思われます。そして、その間にも、日本国内や世界のみならず地球規模での大きな変化が日々生起し、解決すべき問題となって私たちのもとに押し寄せてきます。

このような時代に人生の確かな価値を見出し、生きる喜びに満ちあふれた社会を実現するために、いま何が求められているのでしょうか。それは、先達が培ってきた知恵を紡ぎ直すこと、その上で自分たち一人一人がおかれた現実と進むべき未来について丹念に考えていくこと以外にはありません。

その営みは、単なる知識に終わらない深い思索へ、そしてよく生きるための哲学への旅でもあります。弊所が創設五十周年を迎えましたのを機に、PHP新書を創刊し、この新たな旅を読者と共に歩んでいきたいと思っています。多くの読者の共感と支援を心よりお願いいたします。

一九九六年十月

PHP研究所

PHP新書

［歴史］

954 哀しき半島国家 韓国の結末　宮家邦彦
964 中国外交の大失敗　中西輝政
965 アメリカはイスラム国に勝てない　宮田 律
967 新・台湾の主張　李 登輝
972 安倍政権は本当に強いのか　御厨 貴
979 なぜ中国は覇権の妄想をやめられないのか　石 平
982 戦後リベラルの終焉　池田信夫
986 こんなに脆い中国共産党　日暮高則
988 従属国家論　佐伯啓思
989 東アジアの軍事情勢はこれからどうなるのか　能勢伸之
993 中国は腹の底で日本をどう思っているのか　富坂 聰
999 国を守る責任　折木良一
1000 アメリカの戦争責任　竹田恒泰
1005 ほんとうは共産党が嫌いな中国人　宇田川敬介
1008 護憲派メディアの何が気持ち悪いのか　潮 匡人
1014 優しいサヨクの復活　島田雅彦
1019 愛国ってなんだ 民族・郷土・戦争　古谷経衡［著］／奥田愛基［対談者］
1024 ヨーロッパから民主主義が消える　川口マーン惠美
1031 中東複合危機から第三次世界大戦へ　山内昌之
1042 だれが沖縄を殺すのか　ロバート・D・エルドリッヂ
1043 なぜ韓国外交は日本に敗れたのか　武貞秀士
1045 世界に負けない日本　薮中三十二
1058 「強すぎる自民党」の病理　池田信夫
1060 イギリス解体、EU崩落、ロシア台頭　岡部 伸
1066 習近平はいったい何を考えているのか　丹羽宇一郎
1076 日本人として知っておきたい「世界激変」の行方　中西輝政
1082 日本の政治報道はなぜ「嘘八百」なのか　潮 匡人
1083 なぜローマ法王は世界を動かせるのか　徳安 茂
1089 イスラム唯一の希望の国 日本　宮田 律
1090 返還交渉 沖縄・北方領土の「光と影」　東郷和彦
1122 強硬外交を反省する中国　宮本雄二
1124 チベット 自由への闘い　櫻井よしこ
1135 リベラルの毒に侵された日米の憂鬱　ケント・ギルバート
1137 「官僚とマスコミ」は嘘ばかり　髙橋洋一
1153 日本転覆テロの怖すぎる手口　兵頭二十八
1157 二〇二五年、日中企業格差　近藤大介
1169 韓国壊乱　櫻井よしこ／洪 熒
1180 プーチン幻想　グレンコ・アンドリー
1188 シミュレーション日本降伏　北村 淳
1189 ウイグル人に何が起きているのか　福島香織
1196 イギリスの失敗　岡部 伸

［地理・文化］

264 「国民の祝日」の由来がわかる小事典　所　功
465・466 ［決定版］京都の寺社505を歩く（上・下）　山折哲雄／槇野　修
592 日本の曖昧《あいまい》力　呉　善花
639 世界カワイイ革命　櫻井孝昌
650 奈良の寺社150を歩く　山折哲雄／槇野　修
670 発酵食品の魔法の力　小泉武夫／石毛直道［編著］
705 日本はなぜ世界でいちばん人気があるのか　竹田恒泰
757 江戸東京の寺社609を歩く 下町・東郊編　山折哲雄／槇野　修
758 江戸東京の寺社609を歩く 山の手・西郊編　山折哲雄／槇野　修
845 鎌倉の寺社122を歩く　山折哲雄／槇野　修
877 日本が好きすぎる中国人女子　櫻井孝昌
889 京都早起き案内　麻生圭子
890 反日・愛国の由来　呉　善花
934 世界遺産にされて富士山は泣いている　野口　健
936 山折哲雄の新・四国遍路　山折哲雄
948 新・世界三大料理　神山典士［著］／中村勝宏、山本豊、辻芳樹［監修］
971 中国人はつらいよ――その悲惨と悦楽　大木　康
1119 川と掘割〝20の跡〟を辿る江戸東京歴史散歩　岡本哲志
1182 京都の通りを歩いて愉しむ　柏井　壽
1184 現代の職人　早坂　隆

［文学・芸術］

258 「芸術力」の磨きかた　林　望
343 ドラえもん学　横山泰行
415 本の読み方 スロー・リーディングの実践　平野啓一郎
421 「近代日本文学」の誕生　坪内祐三
497 すべては音楽から生まれる　茂木健一郎
519 團十郎の歌舞伎案内　市川團十郎
578 心と響き合う読書案内　小川洋子
581 ファッションから名画を読む　深井晃子
588 小説の読み方　平野啓一郎
731 フランス的クラシック生活　ルネ・マルタン［著］／高野麻衣［解説］
781 チャイコフスキーがなぜか好き　亀山郁夫
820 心に訊《き》く音楽、心に効く音楽　高橋幸宏
843 仲代達矢が語る 日本映画黄金時代　春日太一
905 美　福原義春
913 源静香は野比のび太と結婚するしかなかったのか　中川右介
916 乙女の絵画案内　和田彩花

949 肖像画で読み解くイギリス史　齊藤貴子
951 棒を振る人生　佐渡　裕
959 うるわしき戦後日本
ドナルド・キーン／堤　清二（辻井　喬）［著］
1009 アートは資本主義の行方を予言する　山本豊津
1021 至高の音楽　百田尚樹
1030 ジャズとエロス　牧山純子
1035 モネとジャポニスム　平松礼二
1038 山本周五郎で生きる悦びを知る　福田和也
1052 生きてるぜ！　ロックスターの健康長寿力　大森庸雄
1103 倍賞千恵子の現場　倍賞千恵子
1109 超・戦略的！　作家デビューマニュアル　五十嵐貴久
1126 大量生産品のデザイン論　佐藤　卓
1145 美貌のひと　中野京子
1165 《受胎告知》絵画でみるマリア信仰と　高階秀爾
1191 名画という迷宮　木村泰司

［**経済・経営**］

187 働くひとのためのキャリア・デザイン　金井壽宏
379 なぜトヨタは人を育てるのがうまいのか　若松義人
450 トヨタの上司は現場で何を伝えているのか　若松義人
543 ハイエク 知識社会の自由主義　池田信夫
587 微分・積分を知らずに経営を語るな　内山　力
594 新しい資本主義　原　丈人
620 自分らしいキャリアのつくり方　高橋俊介
752 日本企業にいま大切なこと　野中郁次郎／遠藤　功
852 ドラッカーとオーケストラの組織論　山岸淳子
882 成長戦略のまやかし　小幡　績
887 そして日本経済が世界の希望になる
ポール・クルーグマン［著］／山形浩生［監修・解説］／大野和基［訳］
892 知の最先端　クレイトン・クリステンセンほか［著］／大野和基［インタビュー・編］
901 ホワイト企業　高橋俊介
908 インフレどころか世界はデフレで蘇る　中原圭介
932 なぜローカル経済から日本は甦るのか　冨山和彦
958 ケインズの逆襲、ハイエクの慧眼　松尾　匡
973 ネオアベノミクスの論点　若田部昌澄
980 三越伊勢丹　ブランド力の神髄　大西　洋
984 逆流するグローバリズム　竹森俊平
985 新しいグローバルビジネスの教科書　山田英二
998 超インフラ論　藤井　聡
1003 その場しのぎの会社が、なぜ変われたのか　内山　力
1023 大変化——経済学が教える二〇二〇年の日本と世界　竹中平蔵

［**思想・哲学**］